가족세우기 치료

트라우마에 대한 통찰과 해결

최광현 저

Family Constellation

학지사

서 · 문

필자가 가족세우기를 접하게 된 것은 독일에서 유학할 때였다. 가족치료를 공부하던 당시 대부분의 가족치료모델은 북미를 중심으로 발전하고 있었는데, 독일에서 시작된 가족치료모델이 있음을 독일의 동료들을 통해 알게 되었다. '가족세우기' 로 불리는 치료모델이 독일에서 선풍적인 인기와 관심의 대상이 되는 것을 보고 호기심을 갖게 되었고, 이 인연으로 자연스레 가족세우기를 접하고 공부하게 되었다. 2002년, 귀국하여 가족치료 분야에서 강의와 상담을 시작하면서 독일에서 접한 가족세우기를 국내에 소개해야 한다는 생각을 늘 의무감처럼 갖고 있던 중, 드디어 국내에 가족세우기를 소개할 수 있게 되어 기쁘기 한량없다.

상담은 문화적 토양 속에서 발달한다. 가족세우기는 독일의 역사적 · 시대적 배경을 전제로 발달된 치료모델이다. 독일은 세계대전을 두 번이나 치르면서 국토가 쑥대밭이 되었고, 수많은 젊은이들이 죽거나 부상당하였다. 따라서 대부분의 가정이 전쟁으로 인한 상처와 아픔을 지니고 살아가고 있다. 비록 가해자의 입장이지만 독일인들이 이전 시대 속에서 겪었던 상처는 독일의 수많은 가정 속에 아픔으로 자리잡았다. 가족세우기의 창시자인 헬링어(B. Hellinger)는 이러한 상처를 바탕으로 각 가족마다 지니고 있는 억울한 죽음과 개인적 고통에 대해 관심을 가졌다. 그리고 죽음을 당한 유대인 피해자와 독일인 가해자를 세워 시대적 아픔과 개인의 고통을 해결하고 화해하기 위한 시도를 하였다. 그 결과, 이들의 문제에 일정한 역기능적 패턴이 있음을 발견하였고, 그것을 얽힘으로 보아 해석하고 해결하는 데 중점을 두게 되었다.

독일의 문화적 토양 속에서 성장한 가족세우기가 한국에서 의미 있게 다가오는 것은 놀랍게도 한국과 독일이 유사한 경험을 공유하고 있기 때문이다. 한국은 가해자가 아닌 피해자의 입장에서 일제 강점기와 동족상잔의 비극인 한국전쟁을 경험하였다. 이러한 시대적 비극 속에서 한국의 많은 가정은 시대적 아픔으로 인한 상처를 안고 살아가고 있다. 이러한 맥락 속에서 가족세우기는 한국인과 그 가정 속에 잠재되어 있는 얽힘의 문제와 상처를 해결하는 데 의미 있는 가능성을 제공한다. 필자의 글을 통해 가족세우기에 대한 보다 깊은 이해와 이를 바탕으로 한 수용과 적용의 시도가 일어나길 소망한다.

끝으로 출판을 허락해 준 학지사 김진환 사장님과 직원들에게 감사한다. 힘들었던 유학생활에서 힘이 되어 주고 늘 사랑으로 함께해 준 아내 현이와 일곱 살인 아들 요한, 그리고 부모님께 깊은 감사를 드린다.

2008년 9월

최광현

차·례

제4장 가족세우기의 방법 165

제5장 가족세우기의 과정 217

제6장 가족세우기 사례 247

제1장

가족세우기의 이론적 배경과 이해

1. 가족치료의 역사

가족치료는 정신분석의 한계에서부터 시작되었다. 정신분석은 내담자의 문제를 해결하기 위해서 개인의 역동성과 문제에 주로 초점을 맞추었다. 그리고 내담자의 갈등과 문제, 증상은 오직 개인의 내적인 갈등과 감정에서 발생된 것으로 여겼다. 데카르트(R. Descartes)의 사유체계, 즉 "나는 생각한다, 고로 나는 존재한다."라는 인간의 정신과 신체의 분리에 의한 이분법적인 사고체계는 정신분석 안의 단선적 사고에 반영되어 있다. 여당과 야당을 나누고, 좋은 것과 나쁜 것을 나누는 이분법적 사고는 정신분석 안에서 원인과 결과라는 이분법적 사고로 발전하였다. 그러나 이러한 이분법적 사고는 한계에 부딪히고 있다. 복잡한 인간환경 속에서 단순히 원인과 결과의 도식만으로는 파악할 수 없는 복잡성이 인간체계에 존재하기 때문이다. 임상현장 속에서 많은 치료사는 내담자의 문제를 오직 내담자에게서만 찾으려는 이러한 치료방법이 때로는 효과적이지 못하다는 것을 경험하였다. 내담자의 문제를 개인의 감정과 갈등에서 찾으려는 기존 심리치료의 한계를 극복하기 위한 새로운 시도 중에 하나가 바로 가족치료다. 가족치료는 체계적 관점을 수용하여 인간을 이분법적으로 이해하는 것이 아니라 전체적이고 통합적인 시각에서 이해하였다. 체계적 관점은 어떤 현상을 이해하는 데 있어서 한 가지 시각에만 근거하여 그 현상을 보는 것이 아니라 다양하고 통시적인 관점에서 다원적으로 보는 시각이다. 즉, 체계적 관점은 어떤 형상을 부분적으로만 보는 것이 아니라 전체적으로 보는 것으로서, 전체에 대한 사고(Holism)다(Schlippe & Schweitzer, 1999).

애커먼(Ackerman, 1966)은 가족을 체계로 보고 서로 상호작용하는 요소들의 합으로 보았다. 가족은 하나의 체계를 이루며 그 안에서 가족구성원 모두는 유기적으로 연결되어 있다. 가족체계 안에서는 어떤 구성원도 독립적으로 떨어져 있지 않고 끊임없이 서로 영향을 주고받고 있다. 이러한 상호작용을 통해 가족 안에는 일정한 행동양식과 언어적 습관, 그리고 가족들 간의 일정한 관계 형태가 형성되게 된다. 한 가족이 오랫동안 상호작용을 통해 유지해 온 독특한 가족문화는 그 가족의 규칙이 된다. 만일 어떤 가족에게 문제가 있고 가족구성원을 통하여 그 문제가 나타난다면, 그동안 가족구성원들이 유지해 온 가족규칙의 변화를 통해서 그 문제를 해결할 수 있다. 개인이 아닌 가족 전체를 통해서 문제를 바라보는 이러한 시각은 내담자가 갖고 있는 병리적 증상에 대한 새로운 이해를 준다. 한 가족의 자녀가 우울증이 있을 경우 이 우울증이라는 증상은 가족 전체를 통해서 파악된다. 우울증 증상을 가진 자녀의 개인적 특성에서 문제의 원인을 찾기보다는 그 자녀를 둘러싼 가족 전체를 통해서 문제를 파악하게 된다. 자녀의 우울증은 가족이 가진 역기능적 체계, 즉 그동안 가족이 유지해 온 잘못된 규칙과 의사소통의 유형, 왜곡된 관계 형태 등 잘못 만들어져 있는 가족체계를 표현하는 도구다. 이처럼 한 가족구성원이 갖고 있는 증상은 개인의 차원에서 관찰되기보다는 가족 전체의 차원에서 이해된다. 따라서 가족치료에서는 증상을 현재 가족이 왜곡된 체계를 가지고 있다는 것을 표현하는 하나의 상징으로 이해한다. 이와 같은 애커먼의 생각은 다양한 가족치료의 이론가들과 치료사들에 의해 더욱 발전하게 되었다.

2. 가족치료의 시작과 발전

가족치료는 어느 날 갑자기 발생된 치료모델이 아니라 심리치료의 역사와 밀접하게 연결되어 있다. 호프만(Hofman, 1981)이 지적하듯이 가족치료는 1950년대에 주로 미국을 중심으로 발전하였다. 이 시기는 심리치료의 태동기라고 할 수 있다. 가족치료뿐 아니라 행동치료, 로저스(C. Rogers)의 내담자중심상담, 게슈탈트치료 등이 모두 이때 태동하고 급격히 발전하였다. 1950년대는 제2차세계대전이 끝나고 수많은 젊은이들이 다시 가정과 사회로 복귀하던 시기였다. 따라서 그 어느 때보다 많은 심리치료 내담자들이 있었고, 이러한 분위기를 타고 정신분석치료의 한계를 넘어 더 효과적으로 내담자를 치료하려는 다양한 시도들이 존재하였다.

1940년 오스트리아 출신의 생물학자 버탈란피(L. Bertalanffy)는 모든 생물체뿐 아니라 모든 인간의 행동까지 포괄시키는 일반체계이론을 발표하였다. 이 체계이론을 바탕으로, 가족 안에 있는 역기능적 의사소통으로 인해 가족구성원이 정신질환을 갖게 된다는 가족치료이론이 시작하게 되었다. 가족치료는 1950년대 정신분열증을 연구하던 일단의 연구가들에 의해 탄생하였다. 이 연구가들은 정신분열증의 원인을 개인을 둘러싼 복잡한 환경과 체계에서 찾았다. 이러한 연구는 가족치료의 선구자인 애커먼과 함께 특히 세 그룹을 중심으로 이루어졌다. 가족치료의 모태가 된 이 세 그룹은 정신건강연구소(Mental Research Institute), 예일대학의 예일정신병리연구소(Yale Psychiatric Institute), 국립정신보건원(National Institute for Mental Health)이다 (Hargens, 1994, 1995).

먼저 팰러앨토(Palo Alto)에 있던 정신건강연구소의 연구원으로 베이트슨(G. Bateson), 잭슨(D. Jackson), 헤일리(J. Haley), 위크랜드(J. Weakland)가 참여하였으며, 후에 사티어(V. Satir)와 바츨라빅(P. Watzlawick) 등이 가세하게 된다.

이들은 체계이론과 사이버네틱스이론을 근거로 정신질환자가 있는 가족을 연구하였다. 팰러앨토는 캘리포니아에 있는 한 지명으로 실리콘밸리가 있는 곳이다. 이곳은 오늘날 미국 첨단산업의 본거지라고 할 수 있는 곳이다. 연구가들은 이곳에서 기계공학이론의 원리인 체계이론과 사이버네틱스이론을 가지고 가족치료를 연구하였다. 이 연구그룹의 리더는 인류학자이자 철학자이며, 가족치료연구가인 베이트슨이었다. 베이트슨은 정신질환자가 병원에서 상태가 좋아져서 퇴원하였지만 이후 다시 상태가 악화되어 반복적으로 병원에 입원하는 것에 주목하였다. 그는 여기서 왜 병원에서는 병의 상태가 좋아지고 집으로 돌아가면 다시 재발하고 악화되는가를 관찰하였다. 그 결과 베이트슨과 연구가들은 정신병을 가족을 둘러싼 사회적 체계라는 관점을 통해서 보았고, 정신병이 가족체계가 가진 역기능적 의사소통에서 발생한다는 것을 발견하였다. 이 역기능적 의사소통을 '이중구속

(Double bind)' 이라고 한다. 이중구속이론의 발견은 가족치료의 역사에서 획기적인 사건으로 가족치료의 시작으로 볼 수 있다. 이중구속을 다른 말로 '이중메시지' 라고 한다. 즉, 역기능적 의사소통이다. 이 이론에 따르면 정신병은 부모와 자식 간의 역기능적 의사소통에서 발생한다고 한다. 정신질환자는 단지 한 번의 어떤 충격으로 정신병을 갖게 되는 것이 아니라 지속적이고 반복적인 역기능적 의사소통을 통해 병들어 가는 것이다.

이중구속의 의사소통을 통해 어린이는 엄마의 말을 듣고 이러지도 저러지도 못하게 된다. 예를 들어, "이것을 벌칙으로 생각하지 말아라.", "내가 금지하는 것에 신경 쓰지 말아라."라는 식의 모순된 이중메시지에 직면하면 어린이는 이러지도 저러지도 못하고 혼란에 빠진다. 어린이가 이런 왜곡된 의사소통을 반복적으로 접하게 되면 논리적인 사고 능력을 상실하게 된다.

이러한 이중구속의 의사소통은 가정에서뿐만 아니라 여러 사회집단에서도 존재한다. 한국의 기업 안에서 직원들은 엄격한 서열구조를 형성하고 있다. 기존의 한국 기업문화에서는 이사가 퇴근하지 않고 일을 하면 밑에 있는 부장도 퇴근할 수 없다. 이것은 계속 서열에 따라 맨 밑의 말단직원에까지 적용된다. 만일 이사가 대리에게 퇴근하라고 말한다면 이것은 일종의 '이중구속' 의 메시지가 될 수 있다. 엄격한 서열의식을 가진 기업문화 안에서 상관인 과장과 부장이 퇴근하지 못하고 자리를 지키는데 대리가 먼저 퇴근할 수도 없고 그렇다고 지금 퇴근하라는 이사의 말을 무시할 수도 없는 일이다. 대리는 분명한 정서적 혼란을 경험할 수 있다. 이처럼 반응을 해도 배척당하고 하지 않아도 배척당하게 되는 의사소통이 이중구속이다.

그러나 모든 이중구속의 의사소통이 언제나 정신질환을 유발하는 것은 아니다. 이중구속이 정신질환으로 연결되려면 이중구속에 장기간 반복적으로 노출되어야 하며, 가족처럼 피할 수도 달아날 수도 없는 관계성이 전제되어야 한다.

베이트슨과 그의 동료 연구가들은 이와 같은 역기능적 의사소통이 가족 안에서 한 구성원에게 정신분열증을 발생시키는 원인이 될 수 있음을 발견하였다. 이 연구에서 잭슨은 자문 및 슈퍼바이저로 참여하였고, 후에 '가족항상성의 원칙' 을 발전시켰다. 이 원칙에 따르면, 모든 가족구성원은 가족 안의 무게와 균형을 일정하게 유지하기 위해 각기 서로 유사한 행동양식을 갖고 있다. 만일 가족구성원 중 한 명이 알코올중독에 걸려 행동에 변화가 오면 이것은 다른 가족구성원들의 행동도 변화시킨다. 한 가족구성원의 변화에 대해 공격적인 태도로 반응하는 등의 행동 변화를 통해서 가족 안에서 일정한 균형을 유지하려고 하는 것이다. 헤일리는 가족의 문제가 왜곡된 의사소통에서 발생된다고 보았고, 따라서 가족의 문제를 해결하기 위해서 의사소통체계의 변화가 전제되어야 한다고 보았다. 그는 이러한 생각을 전략적 가족치료로 발전시킨다. 정신건강연구소 연구팀에 뒤늦게 참여하였던 사티어는 가족치료 연구가 중 몇 안 되는 여성 중에 하나로 후에 경험적 가족치료이론을 만든다.

베이트슨과 그의 동료 연구가들이 미국의 서부지역에서 가족치료이론을 발전시키고 있을 때, 반대편인 동부 해안의 예일정신병리연구소에서 리즈(T. Lidz)와 그의 동료들도 정신분열증 환자를 둔 가족을 연구하였다. 그들은 이러한 연구를 통해 '결혼 분열(marital schism)' 과 '결혼 왜곡(marital skew)' 이라는 개념을 만들었다. '결혼 분열' 은 서로 간의 갈등으로 부부 사이에 금이 가고 이것이 부부만의 분열이 아니라 다른 가족구성원들을 끌어들여 한 가족 안에서 두 집단으로 나누는 관계를 말한다(Lidz, 1963). 즉, 갈등을 겪고 있는 부부는 자녀들을 자신의 계파로 끌어들이고 반대편 집단에 반목과 갈등관계를 형성하게 하며, 자기 집단에 지나친 밀착과 충성을 유지시킨다. '결혼 왜곡' 은 부부 중 어느 한쪽이 심각한 정신적 장애 때문에 다른 쪽에 지나치게 의존하거나 다른 한 쪽이 우세한 경우에 발생한다. 이러한 가족은 가족의 역기능성을 자녀에게 있는 그대로 알리기보다는 정상적인 것으로 보이려고 한다. 아버지가 정신적 장애로 가정에서 적절한 역할을 수행하지 못하고 아들에게 남성 역할의 모범을 보여 주지 못할 때, 부부가 자녀들에게 이러한 상황을 오히려 긍정적인 것으로 받아들이게 한다면 현실 왜곡이 발생한다. 리즈와 그의 동료들은 이러한 결혼 분열과 왜곡은 자녀들에게 정신질환을 일으킨다고 보았다(Richter, 1974, 1976a, 1976b).

정신건강연구소와 예일정신병리연구소가 각기 서부와 동부에서 정신질환자를 가진 가족연구를 통해 가족치료이론을 발전시키고 있을 때, 워싱턴 근처에 위치한 국립정신보건원에서 보웬(M. Bowen)과 윈(L. Wynne) 역시 연구를 통해 가족치료에 중요한 공헌을 한다.

보웬은 정신질환이 한 세대에 갑자기 발생하는 것이 아니라 여러 세대의 미성숙 단계를 걸쳐 나타나는 것으로 보았다. 그에 의하면 정신질환 자녀를 둔 부모는 부부 사이에 일정한 '정서적 이혼' 을 갖는다. '정서적 이혼' 은 리즈와 그의 동료들이 정신분열의 한 원인으로 제안한 '결혼 분열' 의 개념과 유사하다. '정서적 이혼' 은 부부 중 한 사람은 지나게 높은 자아정체감을 가지고 있고 다른 한 사람은 지나치게 낮은 자아정체감을 가지고 있어서 중도적이고 유동적인 태도를 취하지 못함으로써 나타난다. 부부 중에 지나치게 높은 자아정체감을 가진 쪽은 항상 실제보다 강하고 확신에 차 있으며, 반면에 지나치게 낮은 자아정체감을 가진 쪽은 실제보다 심한 무력감을 갖는다. 보웬은 상반된 정체감을 가진 두 사람이 결혼하면 곧 부부간에 갈등이 일어나는 것을 관찰하였다. 부부는 어느 시기보다도 결혼 초기에 결정해야 할 다양한 문제들에 더 많이 직면한다. 한쪽이 지나치게 확신에 차 있다면 상대방에게 강하게 자기주장을 나타내려 하고 상대방은 위축될 것이다. 만일 여기서 한쪽이 실제보다 심한 무기력을 갖고 있다면 그 반대적인 성향을 가진 쪽으로부터 더욱 위축될 것이다. 부부가 이러한 상황 속에서 서로를 조정하고 이해하는 과정을 포기한다면 부부 사이에 놓여 있는 상호 불안과 갈등을 회피하기 위해 '위장된 평화'를 선택하게 된다. 겉으로 보기에는 부부 사이에 아무런 문제가 없어 보이지만 내면에는 '정서적 거리감'이 있다. 즉, 외부에서 볼 때 그들의 결혼생활은 좋아 보이지만 표면 아래를 들여다보면 갈등과 고통, 고독이 자리잡고 있다. 이런 관계 안에 놓여 있는 아이는 부부관계의 핵이 된다. 이 가족은 아이를 통한 삼각관계로 부부갈등의 긴장을 해소한다. 보웬은 이러한 '정서적 이혼'을 유지하고 있는 가정의 자녀들이 청년기에 도달하였을 때 분화에 커다란 문제를 갖는다고 보았다. 특히, 어머니는 자신의 지나치게 높거나 낮은 자아정체감을 자녀에게 투사하여 이를 수용하게 하며, 자녀를 부적절한 역할에 묶어 놓고 의존적인 관계를 유지하고자 한다(Goldenberg & Goldenberg, 1997). 이러한 역기능적 상황에 놓인 자녀는 심각한 정서적 갈등을 경험하고 정신질환을 일으키게 된다.

국립정신보건원에서 보웬의 뒤를 이은 윈은 정신분열증 환자의 가족을 연구하였다. 윈과 그의 동료들은 이 연구를 통하여 '거짓친밀성(pseudomutuality)'과 '거짓적대성(pseudohostility)'의 개념을 발표하였다.

동부와 서부로 나뉘어 각각 가족치료이론을 발전시키면서 가족치료의 모태가 된 정신건강연구소, 예일정신병리연구소, 국립정신보건원의 연구가들 외에도 다양한 가족치료 연구가들이 있다.

3. 가족치료에서부터 체계적 가족치료까지

내담자의 문제해결을 위해 개인에게 초점을 두고 개인심리의 변화를 일으키려는 것이 개인상담이라면, 개인보다 사회적 요인에 중점을 두고 가족을 비롯한 환경적 요인에 초점을 두는 것이 체계적 가족치료다. 체계적 가족치료에서는 한 가족구성원이 갖는 증상은 가족 전체가 가진 역기능적 체계를 표현하는 것으로, 그동안 가족이 유지해 온 잘못된 규칙과 의사소통 방식, 왜곡된 관계 형태 등으로 가족이 잘 기능하지 못했음을 나타내 주는 것으로 인식한다(Böse & Schiepek, 1989). 따라서 체계적 가족치료에서는 증상을 현재 그 가족이 가지고 있는 역기능적 체계를 표현하는 하나의 상징으로 이해한다. 가족과 그 구성원의 문제와 갈등을 개개인의 특성에서 파악하지 않고 그들이 구성하고 있는 체계를 통해서 바라보고 가족구성원 중 한 명이 가진 증상을 문제체계의 상징으로 파악하려는 관점은 체계적 가족치료에서의 문제해결과 치료를 위한 전제가 된다.

가족치료는 오늘날까지 미국과 유럽을 중심으로 다양한 가족치료 모델들을 통해 발전되어 왔다. 다양한 가족치료이론과 치료기법은 체계적 가족치료의 성장에 중요한 공헌을 하고 있다. 처음에는 사이버네틱스이론과 일반체계이론을 배경으로 가족을 치료하던 사이버네틱스

제1규칙의 치료모델을 가족치료라고 불렀으며, 이것은 거듭된 발전을 통해, 즉 사이버네틱스 제2규칙으로의 진보를 통해 이제는 체계적 가족치료라고 불린다. 사이버네틱스 제1규칙은 1980년대 이전의 가족치료라고 볼 수 있다. 여기에는 보웬의 다세대 가족치료, 미누친(S. Minuchin)의 구조주의 가족치료, 사티어의 경험적 가족치료, 헤일리의 전략적 가족치료, 파라졸리(M. Palazzoli)의 밀란(Milan) 가족치료 등이 포함된다.

이러한 사이버네틱스 제1규칙의 모델들은 버탈란피의 체계이론과 위너(N. Wiener)의 사이버네틱스이론에 기초한다. 오늘날 가족을 대상으로 치료하는 심리치료를 통틀어서 가족치료로 분류하지만, 원래의 가족치료는 이 두 개념에 기초한 가족치료모델에 한정한다. 1980년대 이후 사고의 패러다임의 전환을 요구하였던 포스트모던의 구성주의 출현과 더불어 가족치료의 패러다임에도 변화가 왔다. 구성주의는 철학에서 시작된 사고로 한마디로 설명할 수 없지만 모든 사물은 객관적으로 존재하지 않는다고 본다. 존재하는 모든 것은 단지 주관적으로 인간에게 인식된 것이며, 원래부터 존재하는 것이 아니라 단지 관찰되는 것으로 본다.

보스콜로(L. Boscolo)와 세친(G. Cecchin)는 이러한 구성주의를 가족치료에 적용시켰으며 이것이 사이버네틱스 제2규칙의 시작이다. 급진적 구성주의는 물리학자인 포스터(H. Foerster)에 의해 발전되었다. 급진적 구성주의는 인간의 인식이란 객관적으로 존재하지 않는 것으로, 상대적인 것이고 단지 구성된 것이라고 본다. 즉, 존재하는 모든 것은 바로 구성된 것이다(Schlippe, 1995; Schmidt, 1985, 1994).

이러한 맥락에서 가족치료는 가족체계의 문제를 관찰된 하나의 현상으로 본다. 이 가족체계에서는 원래부터 존재하는 문제들, 즉 역기능이란 없고 단지 관찰자에 의해 관찰된 것으로 본다. 따라서 역기능적인 가족의 문제는 객관적으로 존재하는 것이 아니다. 이러한 견해를 토대로 하면 사이버네틱스 제2규칙에서의 상담이란 관찰자와 관찰하는 체계 간의 상호작용이다. 치료사와 가족 전체는 서로 관찰을 통하여 역기능적 가족체계를 찾아간다. 과거에 치료사는 역기능적 체계의 원인을 찾아내고 그 체계를 바꾸는 사람이었으나, 이제 치료사는 가족이 스스로 자신들의 역기능적 체계를 찾도록 도와주는 사람이다. 즉, 치료사는 촉진자의 역할을 담당한다. 이러한 패러다임의 전환을 통해 상담과정에서는 내담자인 가족구성원들을 자원으로 최대한 활용할 수 있다. 과거에 내담자는 스스로 문제를 해결할 수 없는 존재로 보았으나, 이제는 내담자 스스로 문제를 해결할 수 있다고 본다. 치료사는 내담자가 스스로 자신의 문제해결을 발견하도록 도와주는 협력자다.

이러한 구성주의는 또한 사회적 구성주의로 발전된다. 사회적 구성주의에 의하면 가족의 문제는 관찰자에 의해 관찰된 것이 아니라, 언어에 의해 인식된 것이다. 즉, 가족의 문제와 갈등은 언어를 통해서 구성된 것이다(Reich, 2000). 이러한 개념은 가족치료에 새로운 치료방법을 제공하였다.

사이버네틱스 제2규칙에는 파라졸리와 함께 밀란모델을 발전시킨 보스콜로와 세친에 의해 새롭게 시작된 체계적 가족치료, 김인수의 해결중심 가족치료, 앤더슨(N. Anderson)의 언어적 가족치료, 화이트(M. White)의 이야기 가족치료, 헬링어(B. Hellinger)의 가족세우기 치료 등이 포함된다. 가족세우기 치료모델은 사이버네틱스 제2규칙의 치료모델에 속할 수 있다.

4. 가족세우기의 이론적 배경

가족세우기의 시작

오늘날 가족치료모델들은 인접 학문과의 만남을 통해 사이버네틱스 제1규칙에서 사이버네틱스 제2규칙으로의 발전을 거듭하고 있다. 오늘날 가족치료는 한 가지 개념을 통해 정의 내리기 어려울 정도로 광범위한 학문 분야와의 만남을 통해 그만큼 복잡하고 폭넓은 치료모델들이 나타나게 되었다. 가족치료모델의 이러한 다양성 속에 가족세우기모델이 존재한다. 가족세우기는 독일의 체계적 가족치료의 선구자 중에 한 명인 헬링어에 의해서 발전된 치료모델이다. 이 모델은 현재 독일을 중심으로 유럽에서 선풍적인 인기를 얻고 있으며 한국에도 조금씩 소개되고 있다. 가족세우기는 영어로 'Family Constellation' 이며 독일어로 'Familien-Stellen' 이다. 가족세우기는 내담자의 비언어적 의사소통 도구인 신체의 표현을 통해 가족관계가 공간 안에서 대리인을 통해 표현되게 하는 소위 '해결중심적 단기치료' 의 한 형태다 (Ulsamer, 2001). 가족세우기는 단기치료의 집단치료적인 형태이며, 내담자의 직접적인 가족이 아닌 대리인을 통해 언어적 사용을 가능한 한 적게 하면서 가족 간의 정서적 관계를 몸으로 표현하는 치료모델이라 할 수 있다.

가족세우기 치료의 선구자인 헬링어는 1925년생으로 가톨릭 신부이며 예수회 소속으로 남아프리카에 있는 한 학교의 교장으로 일하였다. 그곳에서 그는 줄루 족과 함께 살면서 교구신부로 활동하였다. 남아프리카에서 성공회 신부로부터 집단상담을 익혔으며 독일로 귀향하여 본격적인 상담 공부를 시작하였다. 콘(R. Cohn)의 게슈탈트치료 세미나에 참여하였고 빈에서 정신분석을 훈련받았다. 이후 그는 교류분석가인 잉글리쉬(F. English)의 게슈탈트 세미나를 통해 번(E. Berne)의 교류분석을 접하게 된다. 번은 유아기에 자신이 세운 인생계획인 인생각본이 인간의 삶을 방향짓는다고 하였다. 헬링어는 인간 자신의 인생각본과 가족체계 안에서 발생하는 것들과의 연결성에 주목하였다. 이러한 연결성을 통해 체계론적 다세대적 관점이 나타났다. 여기서 헬링어는 인생각본 분석을 체계와의 연관성 속에서 보았고, 맥락적 가족치료의 보스조르메니-내지(I. Boszormenyi-Nagy)의 책인 『주고받음 사이에(Between Give & Take)』에 나타나는 다세대적인 주고받음의 공평성 개념을 더욱 확장하였다. 헬링어의 가족세우기의 본격적인 시작은 가족치료 기법을 가르쳐준 맥-클렌던(R. Mc-Clendon)과 카디스(L. Kadis)에 의해서였다. 아울러 여러 치료방법들을 통합한 헬링어의 가족세우기는 미국의 최면치료사 에릭슨(M. Erickson)에 의해 큰 영향을 받았다. 또한 문제에 대한 해결중심적 관점을 NLP(신경-언어프로그래밍)에서 받아들여, 문제에 집착하지 않고 해결중심적 관점을 가지고 있다. 가족세우기의 기본적인 철학은 칸트의 인식론, 현상주의 철학, 구성주의 철학에까지 그 연결을 소급할 수 있다. 칸트는 존재와 지식 간의 차이를 설명하기 위하여 실체와 현상을 구분하여 설명하였다(Molnar & Lindquist, 1984). 헬링어는 우리 인간들이 세상을 어떻게 지각하고 이해하며 더 나아가 주체로서 어떻게 구성해 나가고 만들어 나가느냐에 따라 문제에 대한 인식도 달라진다고 보는 칸트(I. Kant)의 인식론적 관점을 받아들이고, 동시에 구성주의적 관점도 받아들여 자신의 세상에 대한 이해방식과 모델들을 새롭게 재구성할 수 있도록 도와주는 것이 의미 있는 치료사의 역할이라고 보았다.

다음은 헬링어가 영향을 받은 NLP, 교류분석, 가족조각을 통해 가족세우기의 이론적 배경을 살펴보겠다.

NLP

신경-언어 프로그래밍인 NLP(Neuro-Linguistic Programming)는 1970년대 초에 미국 캘리포니아 대학교에서 심리학 석사과정 학생인 밴들러(R. Bandler)가 같은 대학의 언어학과 교수인 그라인더(J. Grinder)와 함께 개발한 치료모델이다. NLP는 인간의 주관적 경험, 즉 주관적으로 무엇을 생각하고 느끼는지를 다룬다. NLP는 인간에 대한 깊은 호기심에서 시작한다. 사람들은 어떤 방식으로 일하며 행동할까? 왜 어떤 사람은 뛰어나지 않은 지식을 갖고도 남들보다 더 우수한 결과를 내고 반면에 어떤 사람은 그렇지 못할까? NLP의 인간에 대한 호기심은 특히 우수한 사람에게 향해 있다. 우수한 사람이 어떻게 다른 사람과 차이가 나는지, 그러한 우수성의 비결은 무엇인지를 찾아내고 그것을 따라 하면 보통 사람들도 유사한 결과를 얻을 수 있다는 전제 속에서 우수한 사람들을 모방하고자 하는 동기를 갖는다. 이러한 동기 속에서 밴들러와 그라인더는 심리치료의 세계적인 대가 세 사람을 모방하고자 하였다. 그 세 사람은 게슈탈트 심리치료의 선구자인 펄스(F. Perls)와 가족치료의 선구자인 사티어, 그리고 정신과의사이자 최면치료사로 많은 심리치료에 깊은 영향을 미친 에릭슨이었다. 이 세 명의 우수한 치료사들 외에도 가족치료이론의 선구자로서 이중구속 이론의 개발자인 베이트슨에게도 깊은 영향을 받았다. 밴들러와 그라인더는 세 명의 훌륭한 전문가들을 연구하면서 이들이 각기 다른 전문분야에서 활동하고 있지만 일정하게 유사한 패턴이 있음을 발견하였다. 그리고 이렇게 발견한 패턴을 정리하여 NLP의 기초를 세웠으며 아울러 생리심리, 신경과학, 언어학, 인공두뇌학, 정보공학, 의사소통 이론의 원리에 기초하여 인간의 사고와 경험 및 행동을 연구하였다. 이러한 연구를 통해 NLP는 인간의 우수성을 계속적으로 창출하고 원하는 변화를 이끄는 치료모델로서, 치료분야뿐 아니라 스포츠, 교육, 세일즈, 기업과 같은 분야에서도 활용되고 있다.

NLP의 의미 NLP의 'N' 은 신경을 말한다. 인간이 오감을 통해 정보를 받아들이고 처리하는 과정을 담당하는 것이 신경인데, 이러한 신경은 마음을 나타낸다. 마음은 우리가 어떻게 생각하는지에 대한 것이다. 여기서 생각이란 인간의 오감, 즉 시각, 청각, 미각, 후각, 촉각을 사용하는 것을 의미한다.

'L' 은 언어를 의미하는데, 인간이 어떻게 언어를 사용하고 언어가 인간에게 어떻게 영향을 미치는지에 관한 것이다. 어떤 일에 대하여 우리가 어떻게 언어를 사용하는가에 따라서 우리의 감정이 영향을 받을 수 있다. 인간의 감정과 사고는 언어에 의해 영향을 받는다.

'P' 는 프로그래밍을 뜻하는데, 이는 인간이 일정하게 반복하는 행동체계를 나타낸다. 우리의 행동체계를 변화시키면, 두려움과 같은 감정을 제어할 수 있게 된다.

즉, NLP는 신경, 언어, 프로그래밍의 상호작용이 어떻게 인간의 의식이나 행동에 영향을 미치는가에 대한 이해와 응용에 관한 것이다.

NLP의 시작점: 모델링 밴들러와 그라인더는 성공한 사람들의 삶에는 공통된 행동체계가 있다는 것을 발견하였다. 이들은 가난한 사람과 부유한 사람 사이에는 분명한 행동패턴의 차이가 존재한다고 본다. 성공한 사람 역시 그들이 보고 듣고 느끼는 데 어떤 일정한 행동체계의 공통점이 존재한다. NLP는 성공한 사람들이 무엇을 보고, 무엇을 들으며, 어떻게 느끼는지의 행동체계가 중요한 과제가 된다. 즉, NLP는 성공한 사람들이 구사하는 의사소통 기술이나 심리적 접근방법 등의 과정을 관찰하여 그 핵심요소를 토대로, 여기에 사이버네틱스이론, 언어학, 정신생리학, 신경학, 의사소통이론 등을 통합하여 발전시킨 새로운 형식의 심리학 체계다. NLP는 인간이 어떻게 우수성을 실현하는가를 찾아내고 스스로의 경험을 성공적으로 창조하여 그것을 마음속과 몸 속, 그리고 언어를 통해 어떻게 표현해 내는가에 관한 것이다(O' Connor, 2005). NLP의 시작점은 성공한 사람, 우수한 사람을 연구하는 것으로부터 비롯된다. 우수한 사람의 탁월성을 연구하여 따라 하는 것이 바로 모델링(Modeling)이다. 이러한 모델링은 NLP의 시작이다. 우수한 업적을 이룬 저명한 심리치료사를 비롯하여 성공한 사람들은 어떻게 그런 성공을 이룬 것인가라는 의문이 생긴다. 성공한 사람에 대한 일반적인 평가는 그들이 이미 놀라운 재능을 타고났거나 소유하고 있었다는 것이다. 그러나 NLP는 이러한 타고난 재능에 그 탁월성을 돌리지 않고 누구나 그들의 행동패턴을 모델링하면 유사한 결과를 얻을 수 있다고 본다. 탁월한 성과를 이룬 사람들을 모델링한다면 누구라도 탁월해질 수 있다고 보는 것이다. 한편, 모델링은 우수한 사람뿐만이 아니라 자기 자신을 그 대상으로 삼을 수도 있다. 우리는 언젠가 훌륭하게 일을 해낸 적이 있었을 것이다. 그렇게 훌륭하게 일을 처리한 것을 모델링할 수 있다. 자신이 충분히 힘을 발휘할 수 있었던 상태, 내적인 자원의 상태 등을 본받아 활용하면 된다. 따라서 모델링의 범위는 성공한 사람들에게만 한정되는 것이 아니라 자기 자신에게까지 확장될 수 있다.

NLP의 기본전제 바라는 특정한 목표를 성취하기 위해서 다양한 선택의 가능성을 늘려 가는 것이 NLP의 목표 중 하나다. 이 목표를 성취하기 위해서는 사고체계에 대한 폭넓은 관점이 필요하다.

딜츠(Dilts, 1995)는 NLP의 사고체계에 대한 전제를 다음과 같이 두 가지로 분류한다.

① 지도는 영토와 다르다

이는 우리가 지각하는 세계는 현실 그 자체가 아니라는 의미로, 수학자 코집스키(A. Korzybski)가 한 말이다. 지도나 레스토랑의 메뉴는 길을 찾거나 무엇을 먹을지를 선택하는 데 도움이 될 수 있다. 그러나 지도나 메뉴의 음식은 실제 길, 실제 음식과는 전혀 다르다. 즉, 지도나 메뉴는 특정한 목적을 위해 어떤 것은 선택하고 어떤 것은 생략하여 우리에게 정보를 제공하기 위해 만들어진 것일 뿐, 실제 길이나 음식과는 차이가 있다. 모든 인간은 외부 세계의 실제가 어떻든 현실 세계를 이해하기 위해 어떤 것은 선택하고 어떤 것은 생략하고 일반화하여 개개인의 독자적인 지도를 가지고 있다. 이러한 지도를 내적 지도라고 할 수 있다. 사람은 기본적으로 오감, 즉 표상체계를 통해 주위의 세계를 지각한다. 우리를 둘러싼 외부 세계는 수많은 정보가 넘쳐나고 있지만 우리는 오감을 통해 그 정보를 인지한다. 인간은 한정된 오감을 통해서 인식하기 때문에 인지할 수 있는 범위는 제한되어 있다. 따라서 우리 인간은 현실 세계의 제한된 범위만을 인식할 수 있게 된다.

우리는 내적 지도에 따라 자기가 지각한 현실의 일부를 인식하고, 우리가 인식한 현실은 현실 그 자체이기보다는 내적 지도에 의해 인식된 현실이다.

② 인간은 커다란 체계의 일부로서 서로 영향을 미치며 존재한다

NLP는 베이트슨에게 큰 영향을 받았다. 베이트슨은 위너의 사이버네틱스이론과 버탈란피의 일반체계이론을 심리치료에 적용하여 정신병리의 문제를 규명하는 이중구속이론을 발전시켰으며, 이는 가족치료이론의 출발점이 되었다. 베이트슨이 사이버네틱스이론과 일반체계이론을 통해 유지하고 있는 체계적 관점은 NLP에 커다란 영향을 미치게 되었다.

NLP가 우수성을 모델링한 세 명의 전문가들 중에 한 명인 사티어는 저명한 가족치료사로서, 베이트슨의 이중구속이론을 만드는 데 참여하였으며 체계적 관점을 통해 내담자의 문제를 치료하였다. 사티어는 가족체계를 단순히 여러 개인이 모여 있는 집단이 아니라 상호작용을 통해 유지되는 요소들의 합으로 보았다. 개인은 가족체계에 하위체계로 참여하면서 상위체계를 형성하게 된다. 가족치료에서 문제의 변화는 단순히 문제가 있어 보이는 개인의 변화가 아닌 가족체계의 변화를 통해 가능하다고 인식한다. NLP는 가족만이 아니라 인간관계, 사회, 국가, 지구 등 모든 것이 다양한 상호작용의 관계로 만들어진 유기적 체계라고 본다. NLP의 중요 목적 중 하나는 문제의 변화와 해결이 단순히 개인적이고 자기중심적인 측면에서 이루어지는 것이 아니라, 보다 커다란 사회체계에 기여할 수 있게 되는 것이다.

성공의 원리 NLP는 문제해결을 위한 주요한 성공의 원리 또는

지혜의 기둥이라고 불리는 네 가지 주요원리(O' Connor & McDermott, 1999)를 갖고 있다. NLP에서는 우선 긍정적인 라포가 형성되어야 하고, 긍정적인 목표가 명확해야 하며, 현재 상태에서 문제를 변화시키기 위한 과정을 효과적으로 진행시키기 위해서는 민감성과 유연성이 필요하다.

첫 번째 원리는 라포(rapport)다. 라포는 상담에서 내담자와 치료사간의 성공적인 신뢰관계를 말하며 대인관계와 자기 자신과의 관계 안에서도 적용된다. 라포는 크게 자신과의 라포와 타인과의 라포로 구분된다. 자신과의 라포는 신체와의 라포, 마음과 정신과의 라포로 나누어질 수 있다. 신체와의 라포가 잘 형성되면 몸의 여러 부분이 조화를 이루어 건강할 수 있다. 성공한 사람들 중에는 내면적으로 불행하다고 느끼는 이들이 있다. 이들은 자신의 내적 상태에 맞추어서 외적 세계를 지각하는 것이다. 따라서 내적인 라포의 상태는 외적인 조건을 뛰어넘어 그 영향을 미치게 된다. 타인과의 라포는 다른 사람을 본질적으로 그의 세계 안에서 만나는 것을 의미한다. 반드시 그의 세계관에 동의할 필요는 없지만 그를 인정하고 존중하는 태도를 말한다. NLP는 먼저 자기 자신과의 라포를 형성하고 그런 다음에 타인과의 라포를 형성할 수 있다고 본다.

두 번째 원리는 목표다. 즉, 무언가 해결하기를 원하는 목표를 알고 있는 것이다. 문제해결이란 자신이 원하는 목표에 도달하는 것이다. 문제 앞에서 자신이 무엇을 원하고 무엇을 진정으로 바라는지를 분명히 알고 있어야 한다.

세 번째 원리는 민감성이다. 사람은 감각기관을 통하여 보고 듣고 느낀다. 문제해결의 목표에 대한 도달은 감각기관을 통해 아는 감각적 예민함, 즉 감각적으로 알아채는 것이 요구된다.

네 번째 원리는 유연성이다. 특정 행동패턴이 별로 효과가 없는 경우 융통성 있게 행동패턴을 바꿀 수 있어야 한다. 지금까지 시도한 행동의 결과가 좋지 않은 경우 다른 방식으로 접근하는 것이 필요하다. 그러기 위해서 우선적으로 행위자는 유연성이 있어야 한다. 우리가 얼마나 유연성을 갖는가는 그만큼 문제해결의 목표에 도달하기 위한 선택의 폭이 넓다는 것을 의미한다.

NLP의 기법 NLP의 기법은 아주 방대하다. 그것은 무의식의 작용원리, 인간관계 상황에서 작용되는 의사소통의 원리, 언어 및 비언어의 작용원리, 최면의 원리, 변화의 원리 등 많은 내용을 다루고 있다. 따라서 NLP의 기법을 한번에 정리하기는 매우 어렵다. 여기서는 NLP의 실천기법 중 가장 중요한 개념의 하나인 보조맞추기(pacing)와 이끌기(leading)의 개념을 서술하여 NLP의 기법을 소개하고자 한다.

NLP의 실천기법 중에서 다른 사람들과의 의사소통을 더욱 촉진시켜 주는 기법으로 보조맞추기와 이끌기가 있다. 의사소통은 단순히 언어에 의해서만 이루어지는 것이 아니라 비언어적 요인과 더불어 발생한다. 보조맞추기는 상대방의 신체언어와 언어에 일치시키고 그의 생각과 가치관을 존중하는 기법이다. 보조맞추기는 의사소통 과정 속에서 상대방이 나에게 일치시키기보다 내가 상대방에게 일치시키는 것이다. 이는 마치 내가 어떤 사람과 길을 걸을 때 그의 속도에 보조를 맞추어 걸어가는 경우와 같다. 여기서 내가 상대방의 속도에 보조를 맞추었지만 나의 생각과 가치관에는 변화가 없다. 보조맞추기는 두 사람을 연결해 주는 라포를 형성하도록 해 준다. 라포가 형성이 되면 상대방을 자신이 원하는 방향으로 이끌 수 있다. 따라서 이끌기가 이루어지기 위해서는 먼저 보조맞추기가 선행되어야 한다.

보조맞추기 기법은 상대방과의 대화 속에서 상대방의 감정과 생각에 보조를 맞추고 공통의 화제를 통해서 친밀감과 신뢰감을 바탕으로 한 우호적인 관계를 형성하게 할 수 있다. 또한 이렇게 형성된 라포관계를 통해 상대방의 변화를 이끌어 내는 것이 이끌기 기법이다. 보조맞추기와 이끌기 기법은 NLP의 기본적인 실천기법이며 기본적인 사고방식이다. 이러한 기법 외에도 NLP에는 다양한 실천기법들이 존재한다.

NLP와 가족세우기 NLP는 우수한 사람들을 연구하여 그들의 탁월성을 모델링하는 실천기법이다. 이러한 NLP의 특징은 무엇보다 해결중심적이라는 점이다. 문제의 변화와 해결은 과거의 무의식 속에 담겨 있는 역동을 변화시키는 것이 아닌, 현재 속에서 지각과 생각의 변화를 이끌어 내고 우수한 사람들의 의사소통 방식과 사고체계를 따라 함으로써 해결중심적 치료체계를 갖는다. 가족세우기의 선구자인 헬링어는 NLP의 특징인 해결중심적 치료체계를 받아들인다. 이를 통해 가족세우기는 문제보다 해결에 중점을 둔다. 치료방식은 단기치료의 형태로 짧은 치료시간을 통해 내담자의 문제를 해결하고 치료의 가능성을 얻고자 한다. 헬링어는 치료과정 안에서 모델링 기법을 적극적으로 활용한다. 내담자는 가족세우기를 이끄는 치료사의 언어를 따라 하며 커다란 마음의 변화와 감정의 변화를 경험하게 된다.

교류분석

교류분석(Transactional Analysis)은 번(E. Bern)에 의해서 개발된 치

료모델로 인간관계 교류를 분석하며 집단상담에 특히 적합한 상담방법이다. 교류분석은 긍정적인 인본주의 철학에 근거한다. 결정론적 철학에 반대하며 어린 시절에 조건형성되었거나 길들여졌던 인생각본을 극복할 수 있다는 점을 강조한다. 우리는 어린 시절 부모를 비롯한 가까운 타인들에 의해 영향을 받아 왔다. 이 시기에 우리는 자연스럽게 그런 타인들에게 의존하였으며 이를 통해 생각이나 행동방식에 깊은 영향을 받게 되었다. 교류분석은 타인의 영향에 의해 형성된 인생각본이 더 이상 자기에게 맞지 않는다면 이를 거부하고 다른 인생각본을 선택할 수 있다고 보았다.

교류분석의 특징은 계약과 결단을 중시한다는 점이다. 교류분석은 내담자와 치료사가 서로 합의한 계약에 관해 함께 노력하는 치료과정이다. 여기서 계약서는 엄격한 법적 문서가 아니다. 다만 내담자로 하여금 치료시간에 취해야 할 행동을 명확히 제시하게 하여 내담자에게 책임을 분담시키는 하나의 절차다. 또한 교류분석은 기초적인 내용을 내담자에게 가르쳐서 치료과정에서 간단한 개념들을 공유할 수 있도록 한다. 이를 통해 내담자가 치료과정의 동반자가 될 수 있도록 하고 인식적, 합리적, 행동적 변화가 일어나도록 이끈다. 교류분석은 구조분석과 관련이 있는 성격이론에 기초한다. 성격이론은 세 개의 분리된 자아상태—부모, 성인, 아동자아—의 분석을 위한 틀을 제공해 준다. 이 방법은 게임, 각본, 스트로크(Stroke) 등과 같은 개념들을 통해 쉽게 활용될 수 있다.

인간관 번(1966)은 인간은 모두 고귀한 존재로 태어난다고 말한다. 여기서 그가 인간성에 대해 긍정적인 견해를 갖고 있음을 알 수 있다. 교류분석에 의하면 인간은 긍정적이고 자율적인 존재로 자유롭게 자기의 인생을 선택할 수 있다. 인간은 어린 시절에 환경과 부모로부터 받은 영향을 뛰어넘을 수 있는 능력이 있다. 즉, 인간은 부모의 영향에 대해 자기 스스로 선택할 수 있고 책임질 수 있는 존재다. 부모의 강한 영향 속에서 만들어진 인생각본은 다시 선택될 수 있으며 이를 위해 재결단할 수 있다. 따라서 인간은 자기에게 결정된 인생각본을 뛰어넘어 새로운 목표와 행동을 선택할 능력이 있는 존재다. 교류분석은 내담자가 어린 시절 부모에 의해서 만들어진 인생각본을 새롭게 선택할 수 있도록 도와주는 역할을 수행한다. 즉, 내담자가 인생의 새로운 각본을 선택하고, 새로운 결정을 하며, 행동할 수 있도록 도와주는 것이다.

번(1970)은 인간이 태어나는 순간에는 자유로운 존재이지만 부모에 의해 예속당하게 되면서 부모의 교훈을 일생 동안 따르게 된다고 보았다. 인간은 종종 자신만의 인생각본을 선택하기도 하지만, 대체로 부모에게 영향받은 인생각본 속에서 살아가게 된다고 한다. 그러나 인간은 이러한 인생각본을 수정하도록 결단할 수 있으며 과거에 얽매이지 않을 수 있다. 결국 인간에게는 인생각본을 선택할 수 있는 선택권이 있다고 본다. 따라서 인간은 자신의 감정, 인식, 행동에 대해 책임질 수 있으며 근심 걱정이나 문제에 대한 책임을 타인에게 돌리지 않을 수 있다. 즉, 과거와 타인을 원망하는 것으로 안주하지 않고 자신의 감정, 인식, 행동을 바꾸는 것으로 선택할 수 있다.

자아이론 교류분석은 부모(Parent), 성인(Adult), 아동(Child)의 세 가지 자아상태에 근거하고 있는 성격이론을 갖고 있다. 이러한 자아상태는 프로이트(S. Freud)의 세 가지 성격 요소인 원본능(es), 자아(ich), 초자아(überlch)와 비슷한 개념으로 이해될 수 있다. 교류분석은 인간이 세 개의 나(I)를 가지고 있는 것으로 간주하고 이것을 자아상태라고 한다. 번(1964)은 자아상태를 감정, 인식, 이와 관련된 행동양식을 종합한 하나의 체계라고 하였다.

부모자아는 프로이트의 초자아에 대비될 수 있는 개념으로 부모나 부모 대리인의 내재화된 인격의 한 부분이다. 부모자아는 부모와 부모를 대신할 수 있는 중요인물들의 행동이나 태도로부터 영향을 받아 형성된다. 따라서 부모자아 안에서 부모가 가졌으리라고 느껴지는 감정들을 경험할 수 있다. 부모자아 상태 안에서 우리는 부모가 사용한 표현과 사고방식을 통해 자신과 다른 사람들을 표현한다. 부모자아는 부모가 자녀에게 내리는 징벌과 제한을 가하는 행동, 또는 다른 사람을 돌보는 것과 같은 양육적인 행동을 포함한다. 상대방을 판단하는 평가, 도덕, 윤리 등에서 기인하는 말은 부모자아에 속한다. 부모자아는 기능상으로 양육적 부모자아(nurturing parent)와 비판적 부모자아(critical parent)로 나누어진다. 양육적 부모자아는 타인에게 친절, 동정, 관용적 태도를 가지며 타인을 보살피는 보호적인 방식으로 기능한다. 비판적 부모자아는 자신의 생각과 가치관을 우선시하여 완고하고 처벌적인 방식으로 기능한다.

성인자아는 프로이트의 자아에 대비될 수 있는 개념으로 우리의 인격 중에서 사실을 객관적으로 판단하려는 부분이다. 성인자아는 감정적이거나 비판적이지 않고 자료를 처리하는 컴퓨터처럼 논리의 법칙에 의해 기능한다. 성인자아는 감정과 정서에 의해 지배되지 않고 합리성과 이성에 의해 기능하기 때문에 문제해결 능력과 깊게 연관되어 있다.

아동자아는 프로이트의 원본능에 대비될 수 있는 개념으로 어린 시절의 경험을 반복하여 아동처럼 느끼거나 행동하는 기능을 한다. 아동은 자신의 경험을 언어적 능력으로 표현하기보다는 감정적 반응으로 나타낸다. 따라서 아동자아는 감정과 충동 등으로 이루어진다. 아동자아는 그 기능에 따라서 세 가지로 구분할 수 있는데, 순응적 아동자아(Adapted Child), 자유 아동자아(Free Child), 어린 교수자아(Little Professor)로 구분된다. 순응적 아동자아는 자신의 참된 감정과 욕구를 억누르고 부모의 기대를 따르려는 기능을 가진 자아다. 자유 아동자아는 본능적이며 자기중심성과 창조성, 자발성을 가지고 쾌감을 추구하고 불쾌감을 피한다. 어린 교수자아는 탐구적이며 조정적인 기능을 가진, 아동의 훈련되지 않은 선천적인 지혜다.

인생각본 교류분석에서는 문제의 시작이 어린 시절에 있다는 견해를 갖는다. 인생각본은 유아기에 그려진 자신의 인생에 대한 이야기다. 인생각본은 유아기 시절 부모로부터 받은 가르침과 영향에 의해 만들어진 초기 결정들로 성인이 될 때까지 우리 안에 계속 남아 있는 인생의 시나리오다. 우리는 유아기에 세운 인생계획을 의식하지 못한 채 따르려고 한다. 즉, 인생각본은 무의식적인 인생계획으로서 인생의 중요 상황 속에서 우리의 행동과 선택에 결정적인 역할을 한다. 아동은 생사여탈권을 갖고 있는 부모와의 관계 속에서 인생각본을 만들기로 결단을 한다. 아동은 부모와의 관계 속에서 시험적인 가족 결단을 만들어 내고 이것을 반복하면서 평생 동안 간직할 무의식적인 인생계획을 완성하게 된다. 우리가 성인이 되어서 하는 행동들 중 많은 것이 아동기에 어떠한 각본을 만들었으며 초기의 결단이 어떠했는지에 따른 결과로 오는 것이다. 우리는 스트레스를 받으면 무의식중에 인생각본을 재연하는데, 이것은 바로 유아기의 생존전략을 재현하여 현재의 스트레스에 대응하려는 모습이다. 이러한 인생각본은 인생에 대한 네 가지 기본적인 심리적 자세의 개념을 가져온다.

① 나는 OK가 아니며 너는 OK다

해리스(Harris, 1967)는 이것이 초기 아동의 보편적 성향이고 유아기의 자연스러운 형태라고 본다. 유아는 누군가로부터 도움을 받아야만 하는 존재다. 유아는 이러한 최초의 인간관계를 통해 엄마와 밀착된다. 그러나 엄마와의 건강한 애착관계를 통해 분리가 이루어지면서 이러한 심리적 자세를 버리게 된다. 그러나 성인이 되어도 이런 유형의 심리적 자세를 맺는 사람이 있다. 이런 사람은 자기 자신에 대한 자존감이 낮고 만족스럽다고 생각되는 사람에게 의지하려고 한다. 다른 사람으로부터 칭찬과 인정을 받으려고 애쓰기 때문에 열등감에 빠지기 쉽고 우울해하는 성향을 보인다.

② 나는 OK이며 너는 OK가 아니다

부모로부터 냉담함을 느끼고 지지와 수용을 경험하지 못한 사람들에게서 볼 수 있는 인생의 심리적 자세다. 이런 사람은 남을 잘 의심하며 일상 속에서 기분 좋은 일이 거의 없다고 느낀다. 심리적으로 위축되고 어떤 것에도 의미를 부여하지 못하며 부정적이 된다.

③ 나는 OK가 아니며 너도 OK가 아니다

해리스(1967)는 아동이 부모로부터 잔인하게 학대받은 경험이 있는 경우 이러한 심리적 자세가 생겨난다고 본다. 이런 유형의 사람이 느끼는 유쾌한 감정은 다른 사람의 위로와 수용에서부터 온 것이 아니라 스스로의 위로에서 온 것이다. 그는 스스로에 의해 위로받고 기분 좋은 상태가 된다. 이 유형의 사람들은 다른 사람과 일정한 거리를 두려고 하고, 자신의 인생이 무가치하고 절망적이라고 느끼게 된다.

④ 나는 OK이며 너도 OK다

이것은 가장 건강하고 희망적인 상태다. 교류를 하는 쌍방 모두 만족할 수 있는 동등한 위치에서 직접적인 상호관계를 맺을 수 있는 심리적 자세다.

스트로크의 욕구 인생각본은 유아기의 생존전략이 확장된 삶의 방식으로 아동은 기본적인 생존 욕구 외에도 다른 사람과의 접촉에 대한 욕구가 있다. 스트로크(Strokes), 즉 접촉의 욕구는 위로받거나 지지받는 신체적인 접촉과 정서적인 접촉을 의미한다. 인생각본이 어떤 종류인가에 따라 긍정적, 부정적 접촉 중에 무엇을 얻고 싶어 하는지를 구별할 수 있다.

말과 신체적 접촉, 쳐다봄을 통해 이루어지는 긍정적 접촉은 접촉을 주는 사람이 받는 사람을 유쾌하게 하기 위한 접촉을 말한다. 긍정적 접촉은 '나는 OK이며 너도 OK다' 의 심리적 자세로 성장하게 해주는 원동력이 된다. 부정적 접촉은 받는 사람이 불쾌해하거나 환영받지 못한다고 느끼는 것을 말한다. 부정적 접촉을 받으면 아동은 성장에 방해를 받고 자존감을 상실하게 된다. 이를 통해 아동은 '나는 OK가 아니다' 라는 심리적 자세를 소유하게 된다.

게임분석 게임은 무의식적으로 반복해서 상호교류에 참여한 사람들의 관계를 악화시키고 비생산적인 결과를 초래하는 행동패턴을 의미한다. 게임의 참여자들은 언제나 불쾌감을 갖게 되며 불만이 증대되어 폭발할 수 있다.

번은 많은 종류의 게임을 소개하는데, 그중 생활게임(Life Games)에는 다음과 같은 것이 있다. '나를 차세요(Kick Me)' 는 스스로 타인에게 규칙위반이나 처벌, 버림받음, 배척, 실패를 당하도록 몰아가는 게임이다. '흠잡기(Now, I' ve Got You S. O. B.)' 는 상대방의 실수나 실패를 틈타서 그때까지 참았던 분노의 감정을 터뜨리는 게임이다. '너 때문에 이렇게 되었어(See What You Made Me Do)' 는 상대방에게 책임을 전가시킴으로써 자기를 변명하고 상대방으로 하여금 죄의식을 느끼게 만드는 게임이다.

이러한 게임의 결말은 언제나 불쾌감과 인간관계의 왜곡을 불러일으키는데도 당사자들은 왜 이러한 게임을 계속 연출하는 것인가? 교류분석에 의하면 게임은 상대방으로부터 관심을 얻기 위해서 행하는 왜곡된 수단이라고 한다. 역기능적 인간관계의 왜곡된 대화의 수단으로 게임이 사용되는 것이다. 교류분석은 인간관계에서 게임을 사용하지 않고 직접적인 마음과 마음의 교류를 나눌 수 있게 하는 것이 목적이다. 교류분석은 이를 위해 게임의 종류를 분석하고 게임을 중단하도록 돕는다.

상담의 과정 교류분석은 내담자가 자신의 현재 행동과 삶의 방향에 관하여 새로운 결단을 내리게 하는 것을 기본 목표로 하고 있다. 여기서 말하는 새로운 결단이란 치료사가 제시하는 것이 아니라 내담자 스스로가 정한 결단이다. 즉, 교류분석은 내담자 스스로가 자신의 목표를 설정하고 실천하는 것을 기본전제로 하고 있다. 이를 위하여 치료사와 내담자가 책임을 분담하고 내담자의 생각이 명료화될 때까지 토론을 한다. 치료를 통해 얻고자 하는 것이 무엇이고 구체적으로 무엇을 해야 할 것인지, 또는 계약이 이행되었는지의 여부를 어떻게 알 수 있는지 등 많은 토론을 통해 의견을 조정한 후에 내담자는 자신이 변화시키고자 하는 목록을 작성할 수 있게 된다(Corey, 1977). 이러한 상담의 과정을 통해 내담자의 부모자아와 아동자아의 오염과 문제점의 영향으로부터 성인자아를 해방시킨다. 해리스는 다음과 같이 말한다. "교류분석의 목적은 증상을 치료하는 것이요, 치료의 방법은 성인자아를 해방시켜 내담자로 하여금 선택의 자유를 경험하고 과거의 영향 때문에 받은 제한을 넘어 새로운 선택의 여지를 만들게 하는 데 있다" (Harris, 1967). 내담자로 하여금 새로운 삶의 결단을 내리도록 성인자아를 해방시키는 상담의 과정에는 네 가지 분석이 있는데 그것은 구조분석, 의사교류분석, 게임분석, 생활각본분석이다. 내담자를 변화시키는 과정은 이 네 가지 분석을 진행시키는 과정으로 상담계약과 재결단이 필요하다. 상담계약은 상담 초기 치료사와 내담자 사이의 관계형성을 이루고 상담목표를 달성하기 위해 양자 간의 합의를 전제로 만들어지는 것이다. 재결단은 내담자가 잘못된 초기결단을 재경험하고 새롭고 더욱 건강한 결단을 내리도록 도움을 준다.

교류분석과 가족세우기 교류분석은 문제의 시작이 어린 시절에 있으며, 이 시기에 인생각본이 만들어지게 된다고 본다. 인생각본은 유아기에 그려진 인생에 대한 시나리오다. 헬링어는 이러한 인생의 시나리오가 가족체계 안에서 일정하게 발생하는 행동패턴과 유사성이 있다는 것을 주목하였다. 즉, 인생각본은 단순히 개인의 차원에만 머무는 것이 아니라 가족체계 차원으로 확대될 수 있으며, 유아기에 세운 인생각본의 반복이 가족체계 안에서도 유사하게 반복될 수 있다는 것을 인식하였다. 헬링어는 교류분석의 도움으로 가족체계 안에서 일정하게 반복되는 가족의 각본을 인식하면서 여기에 일정한 패턴이 있음을 발견하였다. 그리고 이 패턴을 가족세우기를 통해 명료화시키고 역기능적 가족각본을 변화시키려고 하였다. 평생 동안 간직할 아동기의 무의식적인 인생계획이 인생각본이라면, 가족체계 안에서 여러 세대의 전수과정을 통해 무의식적으로 만들어지는 것이 가족각본이다. 헬링어는 가족각본 안에서 다세대적 전수의 흐름을 보았으며 가족각본을 다세대적 각본과 연결시켜 보았다. 인생각본이 어린 시절의 가족환경 속에서 만들어지는 까닭에 가족의 영향을 무시할 수 없듯이 가족각본은 분명히 이전 가족체계의 깊은 영향을 통해 만들어지는 것이다.

교류분석은 개인상담보다는 집단상담에 어울리는 치료모델로, 가족세우기 역시 개인상담보다는 집단상담에서 활발히 활용될 수 있는 치료모델로 발전되었다.

가족조각

가족세우기는 기존의 가족치료 방식과 전혀 다른 치료모델이라기보다는 가족치료모델 중에서 이미 익숙하게 존재하던 모델이다. 기존 가족치료의 개입모델 중에서 이러한 가족세우기 치료모델과 가장 유사한 방식이 가족조각(Family Sculpture)이다. 이론적으로 가족세우기는 사티어의 가족조각과 분명한 차이를 보이지만 그 형태에 있어서는 놀라울 정도의 유사성을 갖고 있다. 경험적 가족치료의 선구자인 사티어에 의해 발전된 가족조각 기법은 내담자와 그의 가족 모두가 비언어적 방법인 신체를 통해 문제체계를 표현하도록 한다. 가족조각은 조각가가 돌을 쪼개서 하나의 조각을 만들어 가듯이 가족구성원들이 다양한 신체적 자세와 위치 등으로 가족체계의 조각을 만들어 가는 것이다. 이렇게 생성된 조각은 상담실의 공간 속에서 가족들 모두가 다른 가족구성원들의 생각을 눈으로 직접 볼 수 있는 기회를 갖게 한다. 헬링어가 스스로 가족조각 기법과 가족세우기의 유사성을 언급한 적은 없지만 두 형태에는 분명한 공통점이 존재한다.

가족조각은 무엇인가 경험적 가족치료의 선구자인 사티어에 의해 발전된 가족조각 기법은 상담실 공간 안에서 가족조각을 통해 문제를 가지고 온 내담자와 가족에게 그동안 유지해 온 관계 패턴을 눈으로 직접 볼 수 있도록 시각적으로 나타내 준다. 가족구성원들은 보통 언어를 통해 자신들의 관계 형태나 가족 안에서의 위치와 위계질서를 나타냈지만, 이 가족조각 기법은 언어를 사용하지 않고 단지 몸짓, 서 있는 자세와 위치 그리고 표정 등을 통해서 가족체계를 분명하게 표현할 수 있다(Satir, 1979a). 가족조각 기법이 가진 장점은 언어를 통해 일어나기 쉬운 가족구성원들의 저항과 회피, 거짓말 등을 방지할 수 있다는 것이다. 가족조각은 조각가가 돌을 쪼개서 하나의 조각을 만들어 가듯이 가족구성원들이 다양한 신체적 자세와 위치 등으로 가족체계의 조각을 만들어가는 것이다. 이렇게 생성된 조각은 상담실의 공간 속에서 가족 모두가 다른 가족구성원들의 생각을 직접 눈으로 볼 수 있는 기회를 갖게 한다.

가족조각 기법을 사용하는 목적은 치료사의 관심과 가족의 참여, 상담 상황에 따라 다양한데, 가족구성원 각자가 자신의 내면적 감정에 직면함으로써 실제 자신에 대해 알고 느끼며 새로운 대처 방식을 생각해 보도록 하는 것이다. 이러한 과정에서 가족의 역동성이 구체화되는데 가족의 의사소통 유형, 권력구조, 경계선, 소속감, 개별화, 규칙, 가족체계의 융통성 정도가 파악될 수 있다(Satir, 1979a; Moskau & Miller, 1992; Morgenthaler, 1999). 이와 더불어 가족구성원 간의 물리적 거리, 얼굴과 신체표정, 자세를 통해 가족관계, 삼각관계, 동맹, 감정, 스트레스 상황에서의 대처방법 등을 알 수 있다. 이처럼 가족조각은 진단과 평가 및 치료 목적으로 사용되고 있으며 가족치료에서 널리 사용되고 있는 효율적인 기법 중의 하나로 많이 활용되고 있다. 가족조각은 내담자의 가족만을 대상으로 할 필요는 없다. 현실적으로 가족 모두가 상담에 참석하기가 불가능한 경우가 많기 때문에 다른 대리인을 통해 가족조각을 할 수 있으며, 집단상담의 경우 다른 참가자들을 대리가족으로 활용하여 가족조각을 할 수도 있다(Satir, 1979b).

지금까지의 가족조각은 두 가지 유형으로 구분할 수 있다. 하나는 가족원 간의 거리감을 표현하기 위해 주로 공간을 사용하는 것으로 가족원 간의 친밀함과 거리감, 상하관계, 소외감, 결속감 등의 가족구조와 감정적인 것을 표현하는 것이다. 다른 하나는 가족원 간의 관계 역동성을 나타내는 좀 더 치료적인 것이다. 일반적으로 긴장 시에 나타나는 행동적인 특성을 비언어적인 자세로 표현하도록 함으로써 주관적인 가족 역동성에 대한 인식을 표현하도록 하는 것이다.

〈표 1-1〉의 내담자는 직접적인 언어로 표현하기 어려운 남편과 자신의 관계, 자녀와의 관계에 대한 가족조각을 만들게 된다. 내담자는 한국의 문화적 특성 때문에 가족들을 눈앞에 두고 그들과의 친밀성과 무관심, 거리감 등을 말할 수 없다. 그러나 가족조각은 직접적인 말로

〈표 1-1〉 가족조각의 사례

"부인은 여기에 계신 남편과 딸을 움직여 보십시오. 여기에 서 있는 가족들을 하나의 조각인형이라고 생각하세요. 부인이 원하는 대로 가족들의 조각인형을 움직일 수 있어요. 부인이 느끼기에 남편과 자녀 중 가깝다고 생각되는 분을 부인 옆에 가까이 배치시킬 수 있고, 멀게 느껴지는 분은 멀리 세워 놓을 수 있어요. 자, 한번 해 보세요."

표현하기 어려운 것들을 손쉽게 드러낸다. 내담자가 남편과 자신을 배치할 때 치료사는 인내심을 갖고 내담자가 자신의 감정을 따라 가장 올바르게 배치시킬 수 있도록 한다. 치료사는 여기서 자신이 바라본 가족관계의 유형을 내담자에게 강요하거나 암시해서는 안 되며 내담자 스스로 가족조각으로서의 남편과 자녀를 배열하도록 해야 한다

내담자는 남편을 자신과 거리를 두고 배치시킴으로써 남편과의 지나친 거리감을 표현한다. 반면에 딸을 자기 옆에 서게 함으로써 딸과의 동맹을 드러내게 된다. 이렇게 만들어진 가족조각은 현재까지 내담자가 느끼고 경험한 사실들이다. 치료사는 내담자에게 가족을 이렇게 위치시킨 것에 대한 감정을 설명하도록 하고, 내담자가 변화되기를 원하는 방식으로 가족을 다시 세우게 한다.

내담자에 의해 가족이 조각되어 질 때 치료사는 남편과 딸의 모습을 주의 깊게 관찰하고 그들의 반응을 살펴본다. 그리고 내담자가 원하는 관계방식으로 변화되기 위해서는 가족 안에 어떤 변화가 일어나야 할 것인가를 토의한다.

가족조각 기법은 가족구성원들에게 감정을 폭발시키게 하지는 않지만 상당한 감정을 불러일으킨다. 예를 들어, 한 내담자는 가정폭력에 시달리고 있는 부인으로 남편과 두 아들과 함께 살고 있다. 치료사로부터 가족조각을 만들 것을 요청받은 내담자는 남편을 자신을 향해 주먹을 쥐고 바라보게 위치시켰고, 남편 바로 뒤에 등을 돌린 아들들을 위치시켰으며, 자신은 전체 가족과 동떨어져서 의자 밑에 웅크리고 있는 모습으로 나타냈다. 이 가족조각은 말로 오랫동안 설명할 수 있는 것 이상의 것을 보여 준다. 내담자는 남편에 의한 폭력, 남편과 아들 사이의 갈등 그리고 가족 안에서 느끼는 자신의 고독감과 외로움을 나타냈다. 이러한 가족조각의 과정에는 때로는 깊은 침묵이 따르

고, 완성된 가족조각의 형태에는 내담자의 감정이 내재되어 있다. 치료사의 지시에 따라 묵묵히 움직인 가족구성원들은 순간 드러난 가족체계의 모습에 여러 가지 감정적 요소를 경험하게 된다. 치료사는 가족구성원들에게 자신이 놓여진 위치에 대한 감정과 느낌을 표현하도록 요구한다. 가족구성원들은 드러난 현실을 통해 그동안 가족체계가 어떤 상태였는지를 파악하며 변화를 원하게 된다.

완성된 조각을 여러 가지 관점에서 탐색하고 조각의 의미, 그것이 주는 영향, 함축, 결과 등을 가족과 함께 토론하면서, 치료사는 다음과 같은 질문을 할 수 있다.

- 가족 안에서 자신의 위치에 대한 느낌이 어떻습니까?
- 조각하는 구성원이 가족을 그렇게 지각한다는 것을 알고 있었습니까?
- 조각하는 구성원이 당신을 그렇게 지각한다는 것을 알고 있었습니까?
- 가족이 이 조각처럼 기능한다는 것에 동의하십니까?
- 가족 안에서 어떤 것이 바뀌었으면 좋겠습니까?
- 이 장면에 제목을 붙여 보시겠습니까?

이러한 내용으로 토론한 이후에 이상적으로 원하는 것이 어떠한 것인지 다시 조각하도록 한다. 모든 가족이 각자가 희망하는 것 또는 간절히 원하는 가족의 구조나 가족관계, 특정 가족원에게 기대하는 것 등을 조각으로 표현하도록 한다. 그리고 자기가 조각한 것에 관하여 설명하도록 하고, 만일에 그와 같이 변화가 온다면 본인은 무엇을 어떻게 하겠는지 이야기하도록 한다. 또한 치료사는 가족들이 토론을 하지 않고 경험한 것을 스스로 통합하게 할 수도 있다.

이와 같은 조각과정은 치료사의 목적과 개입 정도에 따라 차이가 있겠지만 가족원들은 실제로 경험을 하면서 감정표현, 다른 가족에 대한 편견적 사고의 자각, 다른 가족이 있는 데서 자신의 다른 견해 표현, 상대방에 대한 이해, 구체적인 생활목표 설정 등을 하게 된다.

치료사는 계속해서 내담자와 가족이 현 상태에 처하게 된 과정을 이야기하고, 또한 그들이 원하는 변화를 위해서 무엇을 해야 하는지를 논하게 된다. 이를 통해 가족구성원 모두가 가족 안에서 서로를 이해하고 신뢰할 수 있으며, 의사소통을 발견하고 학습할 수 있어야 한다. 가족은 그동안 익숙하게 해 온 역기능적 관계와 의사소통 형태를 버리고 새로운 가족규칙과 가족문화를 찾는다. 이와 같이 가족조각 기법은 가족구성원 모두가 문제 상태를 파악하게 하고 이를 통해 가족의 변화를 받아들이도록 하는 상담방법이라고 할 수 있다.

가족세우기와 가족조각의 유사성 헬링어는 사티어의 영향을 시인하고 있지는 않지만 가족세우기의 형태를 보면 분명하게 그의 영향을 받았다는 것을 알 수 있다. 가족조각과 가족세우기는 형태상으로 상당한 유사성을 보인다. 비언어적인 의사소통을 이용해서 가족을 적절한 거리와 위치에 세우며, 세운 가족들에게 각자의 감정과 느낌을 말하도록 유도하는 것에서는 별다른 차이점을 발견하기 어렵다. 언어 대신 신체를 통해 무의식적이고 자연스러운 의사소통을 하기 때문에 언어적 대화에서 일어날 수 있는 언어적 산만화, 방어 및 비난적 투사의 영향을 줄일 수 있다는 점도 공통점이다. 이러한 형태상의 유사성은 가족세우기의 방법을 통해서 분명해질 것이다. 가족세우기의 방법은, 먼저 가족 중 한 명이 나와 대리인들을 통해 자신이 인지한 가족관계를 표현한다. 두 번째, 수정이 필요하면 재배치하고 움직임, 반복되는 말, 경계선 등을 추가할 수 있다. 세 번째, 대리인들의 배치가 끝나면 잠시 동안 그 위치에 머물며 모든 가족구성원이 자신의 느낌을 말한다. 네 번째, 치료사가 관찰자로서의 느낌과 관점을 이야기할 수 있다. 다섯 번째, 그 느낌을 토대로 변화에 대한 소망을 이야기한다. 여섯 번째, 치료사는 내담자의 동의 속에서 가장 만족스러운 자리로 가족들을 세운다. 일곱 번째, 내담자와 가족으로 참여한 대리인들이 만족해하면 종결한다(Hellinger, 2002a).

이러한 가족세우기의 전체 과정에서 가족조각 방식과의 긴밀한 연결성을 볼 수 있다. 또한 가족조각과 가족세우기는 참여하는 가족으로 하여금 가족의 현실을 알게 해 준다는 점에서 가족에게 있어 깨달음의 장이라 할 수 있다.

가족세우기와 가족조각의 상이성 형태상의 유사성에도 불구하고 가족세우기는 가족조각에서 볼 수 없는 전혀 다른 개념(얽힘)과 형태를 지닌다. 우선, 가족세우기에서는 대부분 대리가족을 세운다. 내담자 역시 자신의 대리인을 통해 가족세우기에 참여한다. 이것은 실제적인 가족을 주로 세우는 가족조각과의 분명한 차이점이다. 가족세우기에서는 실제적인 가족이 세워지면 현재 진행 중인 가족의 역동에 쉽게 영향을 받아서 객관성이 떨어지고 효과적으로 진행되지 못한다고 본다. 즉, 가족세우기에서 대리인들은 편견이 없기 때문에 공평할 수 있다고 본다. 이 때문에 가족세우기는 반드시 대리가족을 통해 얽힌 가족문제를 풀고 깨달음의 장을 제공한다. 두 번째로, 가족세우기는 교육적인 지시적 상담의 형태를 갖는다. 가족세우기에서 문제를 푸는 것은 치료사가 내담자에게 말하는 '문제를 풀게 하는 멘트' 에 달려 있다. 이러한 멘트는 종종 교육적으로 비쳐질 수 있으며, 가족조각에서는 볼 수 없는 가족세우기의 독특한 방식이다. 마지막으로, 가족세우기와 가족조각의 근본적인 차이점은 아마도 다세대적 관점에 있을 것이다. 사티어는 성장 중심의 관점 속에서 가족조각에 참여한 가족을 보았지만, 헬링어는 가족세우기 안에서 다세대적 관점으로 가족을 본다.

제2장
가족세우기 이론의 기본전제

1. 가족세우기는 무엇인가

가족세우기 세미나에 참석한 참가자들은 원으로 둘러앉은 상태에서 자신의 문제를 다룰 내담자를 선정하였다. 내담자는 45세의 여성으로 자살충동과 불안을 호소하였다. 그녀는 가족 안에서 늘 불안했고 자신이 누구인지, 자신의 존재가 무엇인지 몰랐다. 어느 날 청소를 하는데 아파트 베란다 밑이 마치 양탄자처럼 느껴졌고, 뛰어내리고 싶은 강한 충동을 느꼈다. 가족세우기에서는 사람들이 생각하고 행동하는 다양한 가족들의 일상을 담고 있는 상황적 정보들보다는 결정적인 사건들에 대한 정보가 필요하다. 이에 치료사는 내담자에게 다음과 같은 결정적인 사건들이 있었는지를 묻는다. 예를 들어, 형제자매의 죽음, 행방불명, 영아 때의 장기입원 경험, 출산후유증, 출산 중 어머니의 사망, 가족 중 소외된 사람(예를 들면, 두 번째 부인과 그 사이의 자녀들) 등이 있는가를 묻는다. 이러한 질문에 내담자는 외할머니가 일찍 돌아가셨고 돌아가시면서 남매인 외삼촌과 어머니에게 사이좋게 지낼 것을 당부하였으며, 특히 오빠인 외삼촌에게 여동생인 어머니를 잘 보살펴 줄 것을 유언으로 남겼다고 진술한다. 치료사는 "자 이제 남편, 부인, 두 아들의 대리인을 세우겠습니다. 네 사람이면 됩니다. 대리인을 선정했으면 각각의 대리인에게로 가서 등 뒤에 살며시 손을 대고 말없이 조용히 가족의 위치를 잡아 주세요. 대리인들도 아무 말을 하지 않습니다. 모든 대리인을 가족 안에 서 있는 실제 위치에 따라 세웁니다."

내담자는 치료사의 말에 따라 자신의 내면의 상을 대리가족을 통해 세운다. 다 세운 내담자는 옆에 서서 치료사가 대리인들에게 하는 작업을 지켜본다.

〈현가족 세우기〉

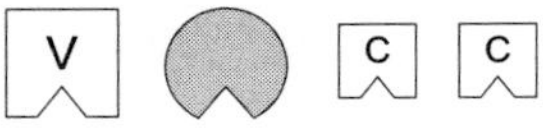

V C C

V-남편, 색깔이 있는 원-내담자, C-자녀
홈이 파진 모양은 서 있는 방향을 의미함

남편: 너무나 외롭고 답답하고 화가 날 것 같다.
내담자: 분노가 나고 답답하다.
첫째 아들: 답답하다.
둘째 아들: 분노가 나고 답답하고 뛰쳐나가고 싶다.

현가족 세우기에 이어서 바로 원가족 세우기도 하였다.

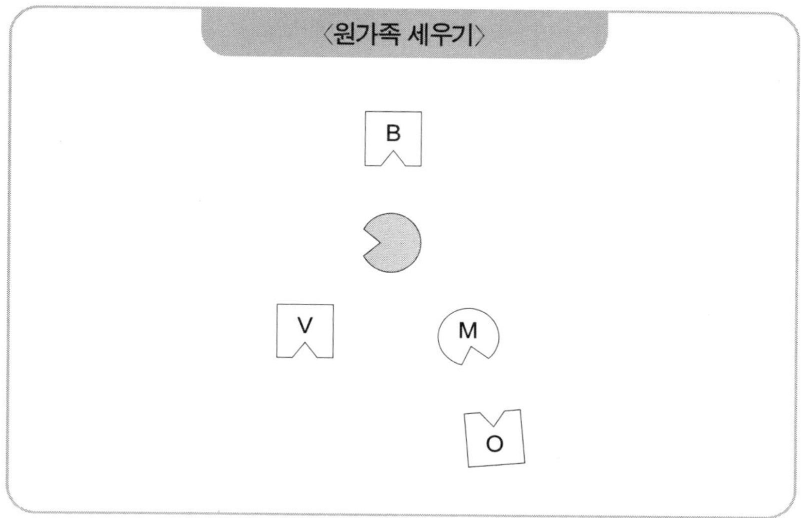

B-오빠, 색깔이 있는 원-내담자, V-아버지, M-어머니, O-외삼촌

내담자가 설명하길, 오빠는 언제나 자기만 아는 사람이었다. 아버지는 가족을 돌보지 않고 언제나 자기 일에 몰두하였으며 자신의 원가족을 살피는 일에 골몰하였다. 어머니는 언제나 외삼촌(어머니의 오빠)만을 바라보고 외삼촌의 살림과 가족의 일에 신경을 썼다. 자기 가족과 외삼촌 가족 사이에는 경계선이 없었다. 외삼촌의 부인은 그 사이에서 자살하였다. 그녀는 자살하기 전에 어머니와 외삼촌 사이를 질투하였다. 어머니는 늘 외삼촌만을 바라보지만 외삼촌은 여동생(어머니)을 정면으로 응시하지 못하고 비스듬히 서서 보고 있다.

아버지: 너무 답답하다. 그리고 화가 나지만 표현 할 수 없다. 나의 존재가 이 집에서는 없는 것 같다.

오빠(내담자의): 외롭다. 여동생만 보인다. 그리고 화가 난다.

어머니: 오빠(외삼촌)만 보인다. 오빠가 너무 염려스럽고 안되어 보인다. 다른 가족들은 전혀 눈에 들어오지 않는다. 그리고 딸이 밉다. 바보 같다. 제대로 자기를 지키지 못하는 것 같아서 화가 난다. 남편에 대해서는 거리감이 느껴지지만 미안한 느낌이 든다. 왠지 모르게 미안하다.

외삼촌: 여동생(어머니)만 보인다. 어깨에 힘이 들어가고 엄청난 힘을 느낀다. 나는 여기서 가장 힘이 센 사람인 것 같다. 여동생도, 그리고 누구라도 내 마음대로 할 수 있을 것 같다.

원가족의 얽힘을 풀기 위해 어머니와 외삼촌의 관계에 집중하였다.

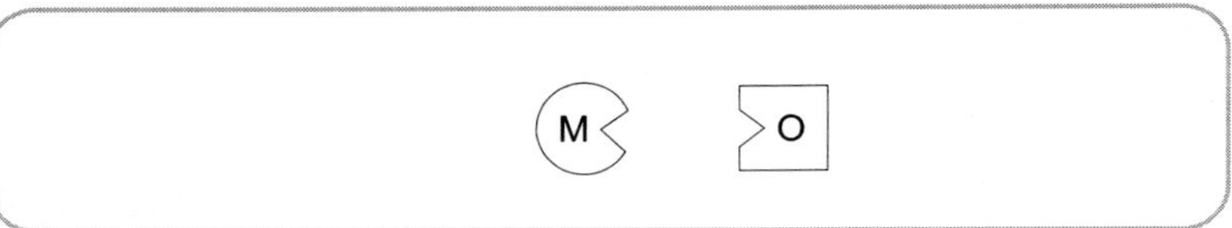

M-어머니, O-외삼촌

어머니와 외삼촌은 서로 마주본다.

어머니: 오빠만 눈에 보인다. 그런데 알 수 없는 분노가 치밀어 오른다. 그리고 고개를 돌리고 싶다.

외삼촌: 여동생을 보호하고 지켜 주고 싶다. 내가 가진 모든 것을 주고 싶다. 사랑마저도 주고 싶다. 여동생에게 내가 가진 모든 것, 남성적인 부분마저도 다 주고 싶다.

어머니: 오빠를 보기가 어렵다. 오빠를 보고 싶지만 왠지 커다란 분노와 아픔이 느껴진다. 달아나고 싶다. 그러나 갈 곳이 없다. 내가 싫

어진다. 내 자신에게 화가 난다.

치료사는 둘 사이의 얽힘을 풀 것을 시도한다.

어머니: (치료사의 말을 따라 한다.) "나는 당신의 여동생입니다. 당신은 저의 오빠입니다. 저를 지켜 주고자 했던 것을 감사합니다. 그러나 저는 이제 당신의 여동생의 자리에서 살고 싶습니다. 저를 놓아 주시고 내 본래의 자리로 돌아가고자 합니다."

외삼촌: (치료사의 말을 따라 한다.) "너는 내 여동생이고 나는 너의 오빠다. 나는 너를 지켜 준다면서 너의 당연한 권리를 남용하였다. 나는 너에게 큰 잘못을 저질렀다. 이제 나는 너에게 그 당연한 권리를 돌려주며, 너의 자리로 돌려보낸다."

어머니: 왠지, 오빠에 대한 더 큰 분노가 올라오지만 이제 남편과 아이들이 눈에 들어온다. 그들이 이제 신경 쓰인다.

치료사는 내담자와 어머니 사이의 얽힘을 풀 것을 시도한다.

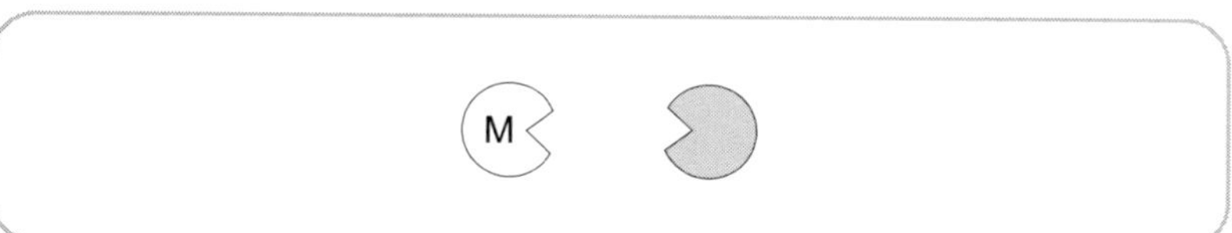

M-어머니, 색깔이 있는 원-내담자

내담자: 어머니를 보니 화가 나고 마주 보기 어렵다.

내담자: (치료사의 말을 따라 한다.) "당신은 제 어머니이고 저는 당신의 딸입니다. 저는 단지 당신의 딸일 뿐입니다. 저는 어머니의 삶을

존중합니다. 어머니가 겪어야 했던 그 삶을 받아들이고 존중합니다. 저는 당신의 딸입니다."

어머니: 이전까지는 딸이 마음에 안 들고 화가 났는데 마음이 풀리면서 지금은 안아 주고 싶고 사랑스럽게 보인다.

어머니: (치료사의 말을 따라 한다.) "사랑하는 내 딸아, 나는 너의 엄마다. 내가 너무 약해서 너를 있는 그대로 보지 못하고 내 모습을 너에게 투영하였구나. 진심으로 너에게 사과를 한다. 나는 너를 있는 그대로 본다."

내담자: (흐느껴 운다.) 엄마, 그러면 늘 나에게 바보 같고 못생기고 아무것도 잘하지 못하는 계집애라고 하신 말씀은 다 엄마의 이야기였어요! 그동안 저를 있는 그대로 보지 못하고 어머니의 상을 저에게 투영한 거예요! (길게 운다.)

내담자: (치료사의 말을 따라 한다.) "엄마, 저는 엄마의 딸입니다. 어머니의 삶을 존중합니다. 내 안에 있는 어머니의 모습을 존중합니다." (머리 숙여서 어머니에게 인사를 한다.)

내담자: 이제 내가 누구인지 알았습니다. 나는 이제 더 이상 아무것도 못하고 얼굴도 못생긴 딸이 아닙니다. 이제 제 자신을 되찾은 것 같습니다.

내담자는 자기정체성의 부재를 느끼고 있었고 이로 인해 불안과 자살에 대한 충동이 있었다. 내담자의 문제인 자기정체성의 어려움은 바로 어머니와의 관계 속에서 파악될 수 있었다. 어머니는 외삼촌과 얽힌 관계 속에서 경계선이 없었으며 이러한 상황 속에서 자기의 몸마저 지킬 수 없었다. 어머니는 딸인 내담자에게 자신의 상을 투사하였고, 내담자를 쓸모없고 자신도 지키지 못하는 딸로 비하시키며 양육하였다. 어머니가 가진 미해결의 과제는 결국 내담자에게 전수되었고 내담자는 이러한 맥락 속에서 자기정체성을 형성하기 어려웠다. 가족세우기는 이러한 원가족의 문제를 해결하고 직면시키는 데 초점을 맞추었다. 특히, 얽힘의 원인이 된 역기능적인 어머니와 외삼촌의 관계에 대해 집중적으로 가족세우기를 함으로써 내담자가 자기 문제의 근원을 깨닫게 하였고, 이를 통해 어머니를 이해하고 어머니의 고통과 문제를 인식하게 하였다. 이러한 작업을 통해 치료사는 내담자가 자기정체성을 세우는 데 도움을 주었다.

가족세우기는 대리인을 통해 내담자의 문제와 갈등을 지금 여기의 공간 속에서 나타나게 하며 이를 통해 해결해 주는 치료모델이다. 만일 가족 안에서 일정한 행동이 오랜 시간 동안 지속적으로 반복된다면 가족 안에 일정한 규칙이 발생한다. 규칙은 가족구성원들이 공동의 삶을 살아가는 데 필요한 것이다. 사회를 위해 존재하는 규칙을 법이라고 부른다. 사회적 의미 안에서 우리가 법을 잘 준수하면 우리는 올바르게 처신하고 있는 것이다. 만일 법의 규정들을 무시하고 행동하면 법과 갈등을 빚게 되고 처벌을 당하게 된다. 마찬가지로 사회규범을 어기면 처벌을 예상할 수 있다. 이와 같은 사실은 교육을 통해 인식되며 우리는 규범을 어기는 행동을 하지 않도록 주의를 받는다. 따라서 규범이나 규칙, 법은 우리의 행동에 영향을 미치며, 우리는 이에 근거하여 삶의 상황에 작용하도록 행동모범을 세우게 된다. 우리는 일정한 행동양식을 통해 일상생활을 지속해 나갈 수 있다. 역시 규칙은 가족 안에서 우리의 행동에 중요한 영향을 미친다. 이러한 규칙은 우리가 세상을 어떻게 인식하고 어떻게 반응해야 하는지에 대해 책임진다. 많은 규칙은 유용하고 도움이 되며 삶의 정황을 올바르게 평가하는 것을 가능하게 한다.

체계론적 심리치료에서는 증상을 오히려 반기며 가능한 한 빨리 제

거시켜야 할 적으로 간주하지 않는다. 대신에 증상을 역기능의 기초를 이루는 규칙으로 우리를 인도해 줄 같은 편으로 간주한다. 체계론적 심리치료에서는 오히려 이런 증상을 통해 한 단계 더 나아갈 수 있다. 우리에게 나타나는 역기능적 행동모범이나 증상은 문제 상황을 극복하기 위한 시도로 간주된다. 여기서 우리는 베이트슨의 이중구속이론을 생각해 볼 수 있다. 즉, 정신질환을 가진 환자의 증상은 그의 가족과의 의사소통 방식과 밀접한 연결성 속에서 반응한다는 것이다. 역기능적 행동모범이나 증상은 우리에게 무언가를 알려 준다. 따라서 우리는 이러한 질문을 제기할 수 있다. 당신과 당신의 가족이 갖고 있는 행동모범과 의사소통 방식은 무엇인가? 여기서 가족세우기는 가족의 행동모범과 의사소통 방식을 파악하는 데 효과적인 방법이다. 가족세우기는 내담자에게 그동안 유지해 온 역기능적 행동모범과 의사소통 방식을 변화시킬 수 있는 기회를 제공한다.

헬링어(Hellinger)는 내담자의 가족관계가 공간 안에서 대리인을 통해 표현되게 하는 해결중심적 단기치료의 형태를 발전시켰다. 가족세우기는 '기초질서'와 '원초적 질서'의 개념을 기초로 하며, 이러한 질서는 모든 가족구성원이 공간 안에서 자신의 '올바른' 자리를 갖고 있는 것이다. 가족세우기는 초기단계에서 현가족과 원가족에 관해 상대적으로 적은 외형적인 정보만을 가지고 시작된다. 특히, 종종 적절하게 표현되지 못하였던 가족의 중요사건, 부정되거나 추방되거나 또는 죽은 가족이 있는지와 같은 정보들이 중요한 가치를 가진다.

가족세우기의 목표는 모든 가족구성원이 자신의 '올바른' 자리를 갖게 되는 질서를 찾는 것이며 이것을 해결로 여긴다. 해결을 위한 가족세우기의 과정은 먼저 내담자와 대리인의 진술에 초점을 맞추고, 그 다음 치료사는 누가 어떤 자리에 속하는지에 집중한다. 가족세우기에서 감사, 인정, 존중의 의식은 특별한 의미를 갖는데, 이를 통해 지금까지 평가되지 못하였던 사람들의 죄나 공을 인정하게 된다. 가족세우기는 '기초질서', 즉 내담자 가족의 관계구조가 어떻게 존재하였는지에 대한 (표준적)규범적인 생각에 집중한다. 헬링어에 의하면 기초질서는 체계론적 의미 안에서 자기조절적인 것이 아니라 존재론적 의미 안에서 결정적인 것으로 이해된다. 이러한 기초질서가 가족세우기의 기본원칙이며, 헬링어는 이를 '사랑의 질서'라고 불렀다. 질서의 법칙에는 이전 사람이 후대 사람보다 우위를 갖는다는 시간에 따른 순위의 질서가 있다. 보다 이전 체계에 있었던 사람은 후에 들어온 사람보다 권리를 더 갖는다. 그리고 체계에 속한 모든 사람에게 이러한 사실이 인정되어야 한다. 여기에는 죽거나 추방된 가족구성원들도 포함된다. 가족세우기에서는 아버지와 어머니가 공경과 감사의 의미 속에서 인정되는 것이 가장 중심적이다. 따라서 자녀들은 언제나 공간적으로 부모 가까이에 위치시키게 된다. 기초질서는 모든 가족에게 좋게 작용하고 남을 속이거나 불이익을 받는 가족구성원은 허용하지 않는다. 개인이 기초질서와 긴밀한 연결성을 갖는다는 의미에서 참가자에게 겸손의 자세가 요구된다. 이러한 자세는 그들에게 가족의 내면세계로 들어가는 것을 가능하게 한다.

가족세우기의 병인론적인 이론의 중심적 요소는 한 가족구성원이 자신에게 속하지 않은 위치를 부당하게 차지하거나 자신에게 속한 위치를 잃어버리는 일과 같이 적합하지 않은 경우에 증상과 병리적 고통이 발생한다고 여기는 것이다. 또한 후손이나 다른 가족구성원을 통해 어떤 증상이 나타나게 된다. 예를 들면, 죽거나 추방된 사람과의 동일시 역동과 대리과정 역동이 보이는 경우다. 가족세우기에서는 이러한 현상을 '얽힘'이라고 한다. 얽힘은 개인이 다른 사람의 문제나 운명에 얽혀 있을 때 나타난다. 다른 사람의 문제와 운명에 묶여 있는 사람은 무의식적인 충성에 의해 이전 세대나 현가족 중 누군가의 감정과 운명을 자기의 어깨 위에 놓인 짐처럼 대신 짊어지고 있거나 그 사람의 삶을 대신 살아가게 된다. 이러한 얽힘으로 내담자는 문제와 증상을 갖게 되며, 가족세우기에서는 내담자가 얽힘의 문제를 깨닫고 더 나아가 해결할 수 있도록 대리인을 세운다.

가족세우기 세미나는 남자와 여자가 섞여 최소한 15명으로 구성된 집단이 가장 이상적이다. 가족세우기를 원하는 사람은 의뢰하는 문제와 증상, 해결하기 위해 노력한 것 등을 먼저 설명한다. 치료사는 문제 파악과 해결을 위해 내담자의 부모와 조부모 세대까지 거슬러 올라가서 얽힘의 관계를 파악한다. 이러한 작업을 통해서 치료사는 가족역동에 대한 그의 가설을 발달시킨다. 내담자는 스스로 세우기를 할 것을 결정하고, 집단참여자 중에서 대리인들을 선택하며, 이들을 통해 자신의 가족구성원들을 세운다. 내담자는 공간 속에 자신의 내적인 상을 세우고, 대리인들을 각자의 주시방향에 따라 세운다. 치료사는 대리인들에게 그들의 신체적 상태, 감정과 인식을 묻는다. 세워진 대리인들이 각자 서 있는 자리를 통해 실제 가족구성원들의 감정과 관계를 알게 된다는 것이 이 방법이 가지고 있는 놀라움이다. 종종 세워진 대리인들은 신체적 변화를 느낀다. 즉, 무릎이 떨리고, 몸에 기운이 하나도 없이 빠지고, 어깨가 긴장이 되고 또는 배가 아파지는 것을 느낀다. 대리인들은 역할 속에서 누구를 좋아하고, 누구를 싫어하며, 누구에게 화가 나 있고, 누구와 기꺼이 접촉을 하려는지를 느끼게 된다. 대리인들의 이러한 진술 속에서 치료사는 자신의 가설이 맞는지 틀린지를 경험하게 된다. 그리고 가족역동과 해결에 대한 생각을 계속해서 발전시키며 세워진 모습 속에서 변화가 일어나도록 작업한다. 치료사는 체계 안의 역동에 중요한 영향을 갖는 사람들의 대리인을 계속해서 세운다. 만일 대리인이 '좋은 자리' 에 서게 되면, 치료사는 내담자를 그의 자리라고 여기는 자리에 세운다. 치료사는 내담자가 좀 더 해결에 다가갈 수 있게 해 줄 문장을 내담자나 대리인에게 따라서 말하게 하거나 의식을 수행한다. 종종 가족세우기는 내담자의 건강과 상태에 영향을 준 심리내적인 역동이나 관계연결성에 관한 인식을 이끌기도 하며, 신체적 증상이나 심리적 갈등을 크게 덜어 주거나 오랫동안 계속해서 작용할 해결로 이끈다.

현상학적 인식으로서의 가족세우기

헬링어는 가족세우기를 현상학적인 심리치료라고 한다. 현상학은 철학의 한 분야로, 본질에 대해 연구하고 본질을 규정하는 일을 다룬다. 현상학은 본질을 존재의 자리에 다시 놓아두는 철학이자 인간과 세계에 대한 이해는 사실성에서 출발해야만 획득될 수 있다고 보는 철학이다. 헬링어에게 있어서 현상학은 내가 이해할 수 없는 보다 큰 본질적 내용에 나를 맡기는 것을 의미한다. 즉, 선입견이나 사전 경험, 추론 없이 온전히 나를 내어 맡기는 행위인 것이다.

인본주의 심리치료의 다양한 방향성의 기초는 치료사가 내담자를 항상 새롭게 처음인 것처럼 만난다는 생각이다. 치료사는 모든 만남 속에서 상황과 사람을 상대로 직접적이고 자발적으로 새롭게 행동한다. 이러한 자세는 가족세우기의 작업 속에서 중요하게 다루어진다. 치료사는 이전 경험을 통해 치료적 과정을 진행하지만 언제나 변화된 상황에 대해 능동적으로 대처해 나간다.

"나는 한 동료와 함께 가족세우기를 진행하였다. 내가 내담자를 세웠을 때 개인적 말 따라 하기에서 우리가 상황을 너무나 다르게 인식하고 있음을 발견하였다. 여기서 나는 선입견이 없다면 얽매이지 않고 중립적일 수 있다는 것을 알았다. 나는 가족세우기 상황 속에서 보고 들은 것만을 인식하였다. 이것은 나로 하여금 온전히 인식하도록 하였다" (Hellinger, 2001).

헬링어는 이러한 자세를 중요하게 여기고 이를 '현상학적 행동양식' 이라고 말하였다. 이것은 치료사가 내담자가 말하는, 즉 표면적으로 나타나는 현상에 자신을 내어 맡기는 것을 의미한다. 그러나 치료사는 내담자를 볼 뿐만 아니라 동시에 숨겨져 있는 그를 둘러싼 전체 주변환경이 그에게 어떻게 작용하는지를 본다. 이러한 종류의 주목은 일정한 시점을 향하지 않고 광범위하게 작용한다. 이때 치료사는 어떤 의도도 갖지 않는다.

헬링어는 가족세우기에 참여한 사람뿐 아니라 참여하지 않은 사람들의 모습도 인식하였다. "그들 모두는 내 앞에 있다. 내가 전적으로 나를 맡기고 있으면 현상의 뒷면에 있는 통찰이 번개같이 느껴진다." 예를 들어, 가족세우기 가운데 서 있던 한 여성이 가족으로부터 성적 착취를 당한 것이 보였다. 내담자는 이 부분에 대해서 언급하지 않았지만 이와 같은 사실을 인식할 수 있었다. 치료사는 가족세우기 안에서 드러난 현상에 집중함으로써 드러난 가족의 실체와 숨겨진 가족의 모습을 볼 수 있게 된다. 헬링어는 이러한 과정을 현상학적 방법이라고 말한다.

헬링어는 본질적 내용에 나를 맡기면 보이는 현상의 표면적인 것을 넘어 현상의 중심, 현상의 감춰진 질서를 파악하게 된다고 하였다. 이러한 인식의 과정은 우리로 하여금 영혼과 정신의 움직임에 관한 본질적인 통찰을 가능하게 한다. 이와 같은 인식은 자기의 의도를 포기함으로써 얻어질 수 있는 것이다.

스티븐(Steven, 1996)은 인식을 세 가지 영역으로 구분한다. 첫 번째는 외부세계의 인식이다. 이 순간 나는 이 책의 필자로서 컴퓨터 화면의 문장을 보고 있으며 PC의 잉잉거리는 소리와 거리의 경적 소리를 듣고 있다. 두 번째는 내부세계의 인식으로, 나의 피부 아래에서 느끼는 모든 것을 생각할 수 있다. 근육의 긴장, 움직임, 신체적 표현의 느낌 등과 같은 것이 여기에 속한다. 이 순간 나는 자판을 누르는 손가락의 압력을 느끼고 의자의 등받이에 기대고 있는 허리에서 약간의 긴장을 느낄 수 있다. 이 두 가지 인식은 내가 현재의 실체에 관하여 알 수 있는 모든 것을 포함한다. 이 모든 것들은 이 순간에 발생하는 내 존재의 모습이다.

세 번째 인식의 종류는 보다 다양하다. 그것은 현재 발생하는 현실 속에서 존재하지 않는 일과 결과에 관한 현상의 인식이다. 그것은 환상의 활동성에 기초한다. 여기에는 기억, 미래의 형상, 상상, 설명, 해석, 비교, 계획 등과 같은 것이 포함된다. 이러한 종류의 인식은 현실과 관계를 갖지만 그럼에도 불구하고 직접적이지는 않다.

헬링어가 말하는 인식의 방법은 스티븐이 언급한 세 번째 인식에 속한다. 헬링어에 의하면 이러한 인식은 본질적인 인식으로 설명하지 않아도 효력을 발휘한다고 한다. 이 인식은 아무런 증거를 필요로 하지 않는 창조적인 인식으로, 어떤 개념이나 이론으로 정립되지 않는다. 왜냐하면 이 인식은 개념이나 이론을 앞지르기 때문이다. 헬링어는 이러한 인식의 과정을 두 가지 단계로 나눈다. 첫 번째 단계에서 치료사는 가족세우기 안에서 나타나는 현상에 선입견과 편견을 가지지 않고 자신을 내어 맡긴다. 그리고 그 현상이 어떠한 것이든지 그것에 동의

한다. 이러한 치료사의 자세에서 가족세우기 참가자들은 그 어떤 것에도 마음의 문을 닫지 않는다. 따라서 치료사와 참가자들은 나타나는 현상 자체에 집중하며 공감하게 된다. 두 번째 단계에서 치료사는 나타나는 현상에 자신을 내어 맡김으로써 드러난 현상 뒤에 숨겨진 모습에 대한 통찰을 기다린다. 그러면 마치 번개처럼 숨겨진 현상의 실체가 치료사에게 다가오게 된다. 이러한 통찰을 통해 가족세우기는 보다 깊은 단계로 들어가며 가족 안에 있는 숨겨진 역동마저도 다룰 수 있게 되는 것이다(Mücke, 2000). 그러면 이런 질문이 제기될 수 있다. 치료사에게 인식된 통찰은 어디에서 오는 것인가? 치료사 안에서일까, 아니면 밖에서일까?

하이데거(M. Heidegger)는 고대 그리스인들의 진리의 경험과 관련시켜, 이러한 통찰은 감춰지지 않는 것이라고 하였다. 이러한 하이데거의 견해를 따르면 가족세우기 안에서 현상에 직면해서 얻게 될 통찰은 숨겨질 수 없으며 반드시 드러나게 된다고 할 수 있다. 그런데 이러한 통찰은 우리가 보고 받아들여야만 우리 안에 있게 되고 우리는 이 통찰을 통해 가족세우기를 진행할 수 있게 된다. 헬링어는 이러한 인식의 의미 속에서 가족세우기는 예술이라고 말한다. 예술이 과학적으로 검증될 수 있는 것이 아닌 것처럼, 현상에 대한 인식의 과정을 갖는 가족세우기는 과학적으로 검증될 수 있는 것이 아니라고 말한다. 현상학적 인식의 과정을 통해 가족세우기는 통찰을 얻게 되며 가족의 역동을 보다 심도 깊게 다루게 된다.

2. 가족세우기의 기본체계

가족세우기는 가족치료의 한 모델이지만 가족 전체를 대상으로 치료를 진행하는 기존의 전통적인 가족치료와는 차이가 있다. 가족세우기는 치료에 가족 전체를 참여시키지 않고 단지 가족 중에 일부만 참여한다. 내담자가 가족문제의 해결을 위해 참여하는 방식은 집단상담의 경우처럼, 집단세미나의 일원으로 참여함으로써 시작된다. 내담자들은 약 15명으로 구성된 세미나의 다른 참가자들과 함께 가족세우기를 진행한다. 기존의 가족치료는 개인을 위한 가족치료가 존재하지만 주로 가족 전체만을 대상으로 하고 가족들의 적극적 참여 없이는 치료가 힘들었다. 반면, 가족세우기는 처음부터 가족들의 참여를 배제하고 가족 중에 한 명만을 대상으로 진행한다. 그 한 명은 다른 참가자들과 더불어 가족세우기를 하고 다른 참가자들은 내담자로 선정된 참가자를 위한 대리가족의 역할을 수행하게 된다. 따라서 가족세우기는 가족 전체가 치료에 참가할 것을 요구하지 않고 대리가족만의 참가로 진행된다. 이러한 가족세우기의 치료방식에서는 가족치료를 일종의 워크숍처럼 진행하는 것이 가능하다. 여기에 좀 더 대중적이면서 많은 사람을 가족치료의 현장으로 불러들일 수 있다는 장점이 있다.

헬링어의 집단세미나에서 내담자들은 치료사와 함께 원으로 앉아 있으며 먼저 한 명씩 자신이 가져온 문제와 자신의 가족문제에 대해 이야기를 한다. 이때 치료사는 참가자들 중에서 누가 가족세우기를 원하는지를 묻는다. 가족세우기를 할 내담자가 결정되면 치료사는 내담자의 원가족을 세울지, 현가족을 세울지를 결정한다. 내담자는 원의 한가운데 서 있게 되고 다른 참가자들은 대리인으로 내담자의 가족 역할을 맡게 된다. 여기서 내담자의 아버지, 어머니, 형제의 대리인, 내담자를 대신할 대리인이 선정된다. 주로 내담자 본인이 자기 가족의 대리인 역할을 맡을 사람들을 직접 선택하며, 경우에 따라서는 가족세우기 도중에 치료사가 직접 추가될 가족의 대리인을 선정하기도 한다. 치료사는 내담자의 가족 중에서 특히 미움을 받거나 조기 사망하거나 정신분열증에 걸린 가족구성원들을 간과하지 않는다. 치료사는 가족세우기의 모든 과정을 진행하면서 최소한의 정보만을 필요로 한다. '나의 아버지는 매우 독재적이었다.' 라는 개인적인 특징과 같은 말들은 중요하게 다루어지지 않는다(Sautter & Sautter, 2006). 가족체계 안에서 어머니의 조기사망, 자살 등과 같은 힘든 운명들은 중요하게 여겨진다. 내담자의 모든 가족구성원이 호명되고 대리인들이 선택되면 내담자는 자신의 내적인 상에 따라서 대리인들을 세우게 된다(Schäfer, 2002). 이를 통하여 대리인들은 각기 내담자의 가족과 관계를 맺게 된다. 그런 후에 다시 내담자는 자신의 자리로 돌아와서 앉는다. 이때 대부분의 경우 내담자는 세워진 가족구성원에 대해 설명을 하게 된다. 예를 들어, 아버지와 어머니가 서로 반대편에 서 있는 것으로 세워져 있다면 내담자의 부모가 종종 이혼한 경우일 가능성이 높다. 물론 이러한 이혼 상태는 실제로 현실에서는 이루어지지 않고 내적으로만 이루어지는 경우도 있다. 모든 대리인이 원래 가족구성원의 자리에 서게 되었을 경우 치료사는 그들에게 신체적 · 감정적으로 어떻게 느껴지는지를 묻게 된다. 대리인들은 전혀 알지 못하는 가족구성원의 역할을 함에도 불구하고 그들의 감정이나 욕구를 자신이 너무도 자세하게 표현하는 것에 놀라워하게 되며, 마치 실제 가족구성들처럼 감정적 느낌을 갖게 된다(Hellinger, 1994). 모든 가족구성원, 즉 대리인들이 자신이 어떻게 느끼는가를 말한 다음에 치료사는 가족의 질서를 발견하여 가족 모두가 편안하게 느낄 수 있도록 하기 위해 가족구성원들의 위치를 변화시킨다. 해결을 위한 이러한 시도는 내담자뿐만 아니라 가족 전체에게 작용된다. 치료사는 가족세우기에 참가한 대리인들의 언어적 · 비언어적 공명에 관심을 두고 있다. 어떻게 신체가 반응하는가? 제스처와 표정은 어떠한가? 치료사는 빠르게 대리인들의 신체적 신호를 파악할 수 있어야 한다. 내담자와 참여한 가족체계의 대리인 모두가 만족할 수 있는 해결을 찾아내게 되면 내담자의 얼굴표정과 신체적 자세에서 긴장이 풀린다.

가족세우기의 작용: 프랙탈이론

가족세우기는 참가한 집단 속에서 내담자의 부모와 형제자매, 또는 배우자와 자녀를 선정하여 내담자가 느끼는 대로 대리인을 세운다. 예를 들어, 세워진 모든 가족이 벽을 바라보며 일렬로 서게 된다. 대리인으로 참가한 가족은 내담자 가족을 전혀 본 적이 없고 아주 적은 정보만을 갖고 있을 뿐이다. 이 대리인들은 내담자가 느끼는 대로 각자의 자리에 서게 되면 놀라운 경험을 하게 된다. 이들은 실제 가족구성원들이 갖는 느낌을 그대로 느끼게 된다. 이 사례에서 대리인들은 알 수 없는 불안과 분노를 느낀다고 고백한다. 이 말을 듣고 있던 내담자는 충격을 받는다. 왜냐하면 자기는 말을 하지 않았지만 그것이 사실이기 때문이다. 어떻게 이런 일이 가능한가? 꿈이 개인적 무의식을 반영해 주는 것과 비슷하게 가족세우기는 가족체계의 무의식을 반영해 준다(Schäfer, 1997). 헬링어(Hellinger & ten Hövel, 1997)는 이것을 프랙탈이론을 통해 설명하고 있다. 프랙탈(fractal)은 수학자 맨델브로트(B. Mandelbrot)가 고안해 낸 용어로 대상을 '잘게 쪼갠다'는 의미를 가지고 있으며, 쪼갠 대상들이 다시 원래 체계의 원형을 유지하면서 더 작은 규모로 쪼개지게 된다는 일련의 역동성을 가리킨다. 규모는 다르지만 쪼개진 하부단위체 속에서 다시 유사한 모습들이 반복되어 나타난다는 것은 우리가 알지 못하는 어떤 '질서'가 담겨 있다는 것을 나타낸다.

프랙탈이론에 의하면 물질과 정신의 진화 이전에 공간의 진화가 선행되었으며, 이 공간은 질서 있게 균형이 잡혀 있다. 이 질서는 같은 방식으로 계속 유지되는 원리를 가지고 있다. 예를 들어, 나뭇잎 하나는 전체 나무와는 다른 개별적인 것이기보다는 전체의 나무와 같은 질서와 조직을 가지고 있다(김용운, 김용국, 2000; 심광현, 2005). 나뭇잎들은 나무와는 다르게 보이지만 같은 질서를 가지고 있다고 설명될 수 있다.

가족세우기 안에서 대리인들은 내담자의 가족을 전혀 모르지만 진짜 가족처럼 느낀다. 헬링어에 의하면 이것은 물리학의 프랙탈의 법칙에 따라서 가족 안에서도 반복되고 있는 것이다. 가족세우기를 통해 가족구성원들 안에 잠겨 있던 생각과 감정이 같은 질서 속에서 재연되는 것이다. 가족세우기의 효과는 이러한 방식 속에서 나타나게 된다. 실제 가족구성원들이 가족세우기에 참여하는 것과 같은 효과가 대리인들을 통해서도 나타나게 되는 것이다. 이러한 프랙탈의 법칙이 적용되는 가족의 질서 안에는 과거와 미래가 동일하다. 거기에는 시간이 없고 단지 공간만이 있다고 한다. 대리인들이 이 공간과 마주하게 되면서 숨겨져 있던 가족의 모습들이 드러나게 된다.

3. 앎의 장

내담자는 가족세우기 안에서 대리인들의 역할을 경험하면서 새로운 경험과 앎을 발견할 수 있는 기회를 갖게 된다. 가족세우기는 인식의 장이 되는데, 이것은 실제 가족을 대신해서 세워지는 대리인이 가족들의 관계와 감정을 체험하기 때문이다. 가족세우기에서 아주 흥미로운 사실은 내담자의 가족에 대해 전혀 알지 못하는 대리인에 의해 수행된 작업을 통해 드러난 것을 내담자가 인정하고 수용한다는 것이다. 가족세우기를 '앎의 장' 으로 표현하는데, 이는 가족 안에 있는 에너지를 인식할 수 있게 해 주기 때문이다. 가족세우기에서는 보이지 않게 은밀하게 숨어 있는 가족들의 에너지를 통찰할 수 있게 된다. 대리인은 가족의 일원으로 적절한 위치를 찾으며 서로 눈빛을 나누면서 가족의 에너지를 느끼고 함께 나눈다. 이 앎의 장에서는 치료를 위한 에너지를 찾고자 하는데, 대리인이 때로는 가까이 혹은 멀리, 강렬한 감정 혹은 밋밋한 감정을 느끼면서 주인공과 함께 해결점을 찾도록 도와준다(Held, 1998).

우리는 가족세우기 안에서 대리인들이 내담자와 그의 가족을 위한 새로운 앎으로 우리를 이끈다는 것을 발견한다. 대리인들은 그들이 대신하는 알지 못하는 사람들의 감정과 관계를 인식한다. 이것이 가족세우기의 본질적인 기초가 된다.

가족 안에서 남자로서의 자신의 역할에 대해 불확실하게 느끼고 있는 내담자가 있다. 세미나의 남자 참가자들 다섯 명 중에서 내담자는 아버지의 대리인과 본인을 대신할 대리인을 선택하였다. 그리고 여성 참가자들 중에서 어머니의 대리인을 선택하였다. 그런 후에 아무런 말을 하지 않고 그들을 각각 위치시켰다.

내담자는 아버지의 대리인을 세우고 그를 응시하였다. 치료사의 질문에 그는 아버지가 가족 안에서 약하게 느껴지고 가족으로부터 추방되었다고 말하였다. 치료사의 질문을 통해 아버지의 형이 전쟁 중에 전사하였다는 것을 알게 되었다. 아버지의 형이 세워졌을 때 아버지는 밝게 웃으며 형을 바라보았다. 그리고 형에게 가려고 하였다. 아들은 죽은 삼촌을 바라보자 마음이 가벼워졌고 편안해졌다.

가족세우기에 처음 참여한 사람들은 놀라움에 빠진다. 내담자 가족에 대해 거의 알지 못하는 대리인이 어떻게 이러한 느낌을 갖게 되었는가? 그것이 실제로 가능한가? 대리인의 환상 속에 놓여 있는 것은 아닌가? 혹시 경험 많은 연기자는 아닌가?

한 내담자가 할머니와 전쟁 중에 사망한 할머니의 남편을 위한 대리인을 선택하여 세웠다. 둘은 서로 응시하였다. 치료사는 할머니에게 다음의 문장을 제안하였다. "당신이 전사한 것은 나에게 나쁜 일이었습니다." 할머니는 잠시 남편을 바라보았다. 그리고 그녀는 갑자기 말하였다. "아니다. 나는 그 일로 기뻤다."

이러한 갑작스러운 진술은 충격이다. 이 진술은 많은 정보를 통해서 이루어진 것이 아니다. 그렇다면 여기에는 대리인 자신의 문제가 있는 것은 아닌가? 대리인은 그 내담자의 개인적인 가족사를 알고 있었는가?

그런데 놀랍게도 내담자들은 언제나 대리인이 진술한 말이 맞다고 인정한다. "정확히 우리 가족 안에서 맞다." 때때로 대리인은 내담자의 가족구성원들이 자주 사용하는 말들을 사용하기도 한다. 그리고 동시에 내담자가 진술하지 않은 내용에 관한 신체적 자세를 정확하게 표현하기까지 한다.

가족세우기 안에서 대리인이 세워지는 장소들은 고유의 힘을 가지고 있으므로 이 자리에 서 있는 모든 사람은 비슷하게 반응하게 된다. 이러한 현상은 모든 가족세우기 안에서 일어난다. 마르(A. Mahr)는 이것을 '앎의 장' 이라고 표현했다. 대리인이 본래의 가족과 연결되면서 세미나에서 펼쳐지는 것은 하나의 '깨달음의 장' 이다. 이러한 앎의 장, 깨달음의 장의 도움으로 가족의 갈등이 드러나게 되고 해결점이 발견된다.

다른 치료적 방향 역시 가족구성원들이 자기 가족의 에너지를 수용하도록 이끄는 인식으로 확장된다. 가족 안에서 자녀에게 이전 세대에 관한 여러 가지 불행이 전혀 이야기되지 않았음에도 불구하고 자녀에게 작용되고 있다. 이것은 그렇게 놀라운 것이 아니다. 그러나 가족세우기 세미나에서 경험되는 것은 매우 놀라운 것이다. 가족세우기에서는 낯선 사람이 아주 짧은 시간 동안에 내담자의 가족에 대해서 알게 된다. 어떻게 이러한 일들이 일어나는지에 대해서 결정적인 설명은 아직 발견되지 못하고 있다. 지금까지 이러한 현상을 설명하려고 시도된 모든 설명은 충분하지 못하였다. 가족세우기 안에서 대리인의 표현에는 확실히 합리적이고 실감나게 이해할 수 있는 무언가가 있다. 그럼에도 불구하고 가족세우기에 대한 핵심적 영역은 아직 설명이 불가능한 상태에 머물고 있다.

헬링어를 비롯한 많은 치료사에 의해 진행된 수많은 가족세우기를 통해 앎의 장의 발생과 범위에 관한 광범위한 지식이 축적되었다. 그 가운데 가족세우기에 대해 언제나 제기되는 다음과 같은 질문이 있다.

① 가족세우기를 수행하는 치료사에게 특히 개인적인 능력이 필요한가

치료사는 첫 가족세우기를 수행하기 전까지 아마도 자신이 과연 그 일을 할 수 있을지 의심할 것이다. 헬링어는 앎의 장의 발생은 치료사의 특별한 개인적 능력이나 내적인 힘에 달려 있다고 보았다. 그러나 울사머(B. Ulsamer)를 비롯한 많은 가족세우기 전문가들은 헬링어의 견해에 동조하지 않았다. 하지만 치료사에게 일정한 집중력과 내적인 고요함은 물론 필요하다.

② 앎의 장을 불러일으키는 일정한 행동양식이 있는가

가족세우기에서 언제나 내담자는 대리인들을 선택한 다음 그들을 앞이나 뒤에서 팔로 잡고 일정한 자리에 세운다. 여기에 혹시 일정한 규정이 있는가? 그렇지는 않다. 가족세우기 작업 속에서 치료사는 대부분 내담자의 핵심가족, 즉 부모와 자녀들을 먼저 세운다. 그 후에 치료사는 이전에 사망한 삼촌과 같은 부재한 추가적인 가족구성원들을 스스로 선택하고, 그들의 자리를 마련한 후 다음과 같이 말한다. "당신은 이전에 사망한 어머니의 오빠입니다. 그의 입장이 되어 느껴 보십시오." 그러면 갑자기 그에게 이러한 역할의 감정이 일어난다. 역시 어머니와 다른 가족구성원들은 이 새로운 사람에게 직접적으로 반응한다.

전문가교육집단에서 한 참가자가 대리인들을 선택하고 그들을 세우는 것을 잊어버리고 그냥 자리에 앉았다. 치료사는 실험적으로 그 대리인들에게 본래 가족구성원 역할의 입장이 되어 느껴 보라고 주문하였고, 그들의 내적인 감정에 따라 자리를 찾아 보라고 하였다. 대리인들은 그렇게 하였고, 공간 속에 뒤섞여서 스스로 자리를 찾아 섰다. 내담자는 공간을 한 바퀴 빙 돌았으며, 세워진 위치에 긍정하였다.

대리인 역할을 수행하는 참가자들은 종종 그들이 선택되어지기 전

에 또는 낯선 사람의 감정과 인식에 접하자마자 바로 본래 가족구성원의 느낌과 인식을 갖게 된다. 앎의 장을 일으키기 위해서는 내담자가 대리인이 세워지는 것을 긍정하는 것이 필요하다. 내담자에게 대리인으로 선택되지 않은 사람도 가족세우기가 한창 진행 중일 때 치료사에 의해 즉흥적으로 대리인으로 선택된다.

③ 가족세우기의 방법론적인 배경이 필요한가

가족세우기는 사이코드라마나 가족조각과는 달리 최소한의 정보로 작업이 이루어진다. 가족세우기를 이끄는 당사자는 대리인이다. 대리인의 즉흥적인 느낌과 반응, 표현 등이 치료를 진행시킨다. 대리인은 작업 전에 자신의 역할에 대한 선입관이나 선지식을 가지고 있지 않다. 사이코드라마 전문가인 로이츠(G. Leutz)는 다음과 같이 서술하였다. "사이코드라마에서 잘 알지 못하는 사람의 역할에 대한 연기가 종종 오랜 기간 동안의 그 사람의 삶의 환경, 이해, 반응을 정확하게 표현하기도 하지만, 그 사람에 대해 아는 것이 없다면 이러한 것들은 잘 진행되지 못한다"(Leutz, 1974). 이와 같이 로이츠는 사이코드라마가 치료과정을 위해 사전 지식을 필요로 한다고 언급하였다. 반면, 가족세우기는 사전 지식을 필요로 하지 않으며, 충분한 정보는 오히려 치료과정에 도움이 되지 않는다고 전제한다. 가족세우기를 처음 접하는 사람들은 사이코드라마와 가족세우기가 어떤 차이가 있는지 궁금해한다. 가장 큰 차이는 가족세우기는 대리인들이 사이코드라마에서처럼 가족구성원들에 관해 내담자가 설명하거나 묘사한 대로 주어진 역할을 연기하지 않는다는 데 있다. 가족세우기는 가족 안에서 발생한 사건에 관해 내담자가 들려준 '스토리'에 따라서 반응을 보이는 것이 아니라 세워져 있는 위치가 주는 앎의 장을 통해 이루어진다(Ulsamer, 2001).

④ 가족세우기의 장은 무엇을 나타내는가

대리인들은 실제 가족구성원들의 역할을 수행하면서 각자의 자리에서 인식한 내적인 상태와 가족관계에 관한 정보를 제공한다. 다른 한편으로, 그들은 언제나 자신의 자리를 변화시킬 동기를 감지한다. 또한 그들은 가족 안에서 발생한 실제 사실에 관한 진술을 제공한다. 대리인들을 통해서 지금까지 알려지지 않은 가족에 관한 구체적인 실제 사실을 밝혀내는 것은 적절한 작업인가? 우리가 가족세우기를 통해 그동안 알려지지 않은 가족 안의 특정 실제 사실을 규명하는 것은 적절하지 않다.

가족세우기에서 한 내담자는 지금까지 자신의 아버지로 알고 있던 어머니의 남편이 진짜 친부가 아니라는 것을 듣게 된다. 내담자의 대리인은 가족세우기 안에서 아버지와 어떤 관계를 느끼지 못하였다. 추가적으로 여기에 친부로 다른 남자가 세워지게 되었다. 새로 세워진 남자와 내담자의 대리인 사이에는 커다란 사랑이 보였다. 그러나 내담자는 가족세우기에서 드러난 것을 믿지 않았다. 이러한 사실을 확인하기 위해서 내담자는 아버지에게 자신의 출생의 비밀을 물었고 아버지는 실제 그녀의 친부였다. 그러나 아버지는 아내가 임신 전에 여러 명의 애인이 있었기 때문에 자신이 딸의 친부라는 것을 의심해 왔다고 딸에게 전하였다.

가족세우기는 단지 가족 안에 존재하는 에너지를 나타내 준다. 가족세우기를 통해 가족 속의 실제 사실을 규명하고자 시도할 수도 있다. 그러나 그렇게 되면 치료사나 내담자가 어려움에 처하게 될 수 있다. 앞의 사례를 통해 보았듯이 가족세우기가 친부에 대한 신뢰할 만한 증명이 될 수는 없다. 가족세우기는 단지 가족 안에 흐르는 에너지를 감지하게 하는 것이지 구체적인 실제 사실을 규명하지는 못한다.

내담자는 아버지가 누구인지 명확히 알기 위해서는 의학의 도움을 통해 해결해야 한다. 따라서 가족 안에서 일어난 실제 사실과 가족세우기의 에너지를 구별하는 것이 필요하다.

가족세우기에서 한 내담자의 대리인은 아버지로부터 근친상간을 당했다는 감정을 분명히 느꼈다. 역시 아버지의 대리인도 '그런 것 같다' 며 이 사실을 확인해 주었다. 내담자는 이 사실을 강하게 부정하였고 실제로 그녀는 근친상간을 당하지 않았다. 2주 후에 치료사는 내담자로부터 전화를 받았다. 그녀가 여동생을 방문하여 이와 같은 사실을 이야기하였을 때 갑자기 여동생이 울기 시작하였다는 것이다. 그러면서 자신이 아버지로부터 근친상간을 당했다고 말하였다고 한다. 이 사례에서처럼 가족세우기는 가족 안에 근친상간의 에너지가 존재한다는 것을 추정하게 해 준다. 그런데 여기서는 이러한 에너지를 두 자매 중에서 근친상간을 당하지 않은 언니의 대리인이 인식한 것이다.

치료사는 이러한 사례를 늘 조심해야 하며, 때로는 사실에 관한 주장을 강하게 내세우지 않는 것이 얼마나 중요한지를 보여 준다. 치료사가 이러한 주장을 강하게 내세우는 것은 위험하다. 그러므로 치료사가 가족세우기 안에서의 이러한 에너지와 실제 사실을 혼동한다면 오히려 내담자를 더욱 어렵게 만들고 혼란스럽게 할 수 있다. 동시에 가족세우기를 통해 지금까지 알지 못하던 실제 사실에 대한 예상치 못한 증거들이 나타난다. 이때 치료사는 지금까지 유지해 온 관점으로 계속해서 진행할 것인가 아니면 예기치 못한 관점을 받아들여야 할 것인가의 모험을 감수해야 한다.

외동딸인 한 내담자는 오랫동안 불안해하였고, 어디서 오는지 모를 죄책감을 항상 느끼고 있었다. 내담자가 자신의 가족을 세웠을 때, 아버지는 밖의 바닥을 응시하였다. 내담자의 대리인은 좋지 못한 감정을 인식하였다. 몇 가지 새로운 질문을 통해 내담자는 아버지가 군인으로 5년간 전쟁에 참여하였다는 것을 전하였다. 내담자는 그 일에 대해 가족들이 이야기하지 않았기 때문에 그 이상은 알지 못하였다. 그러나 무언가 숨겨진 가족 안에서의 에너지가 있다는 것은 분명하였다. 이러한 비밀은 전쟁 동안 발생한 일과 관련이 있었지만 확실하지는 않았다. 치료사는 이러한 추측을 검증하려는 자세는 보였지만 이러한 추측을 사실로 주장하지는 않았다.

치료사는 네 명의 다른 참가자들을 전쟁의 희생자로서 아버지 앞에 세웠다. 아버지는 냉담하였으나 딸은 강하게 반응하였다. 치료사가 내담자를 희생자 옆에 세우자 그녀는 매우 가벼워졌고 올바른 자리에서 있다는 느낌을 받았다.

치료사는 아버지가 전쟁범죄를 저질렀는지 아닌지와 같은 실제 사실에 관해 정확히 알지 못한다. 그러나 이러한 해명은 여기서 필요하지 않다. 이와 같은 불명료함은 사실 아무것도 해를 주지 않는다. 여기서 감정을 분명하게 느꼈다면 그것으로 충분하다.

따라서 우리는 가족세우기 안에서 명확한 실제 사실이 아닐 수도 있는 한 진실을 만나게 된다. 즉, 가족세우기는 우리에게 한 가족의 밑바닥 속에서 작동하는 에너지의 깊은 단면과의 만남을 제공한다.

⑤ 내담자가 대리인의 도움 없이 직접 가족세우기를 수행할 수 있는가

가족세우기는 대리인들을 통해 수행하는 것이 보다 쉽다. 실제 가족구성원들은 자신의 기억과 이해에 더욱 의존하고, 고정관념과 선입견을 갖고 있어 다른 방식의 생각을 받아들이기 어려워한다. 반면에, 대리인들은 유동적이며 변화를 허용할 수 있다. 가족세우기에서 대리인들을 통해 이러한 장점을 적극적으로 활용할 수 있다.

⑥ 대리인들은 연기자처럼 연기를 하는 것인가

그렇지 않다. 대리인들은 연기를 하지 않는다. 그들은 이미 주어진 역할을 수행하는 연기자와는 다르다. 왜냐하면 앎의 장의 에너지는 대리인을 이끌고, 그에게 에너지를 넘겨주며, 그가 전혀 생각하지 못하고 스스로 설명할 수 없는 반응을 나오게 한다. 가족세우기 안에서 대리인이 수행하는 행동은 자신의 내면에서 기인하는 것이 아니라 내담자가 의뢰한 낯선 한 가족구성원으로서의 역할에서 이루어지는 것이다. 대리인은 그 역할을 수행하면서 동시에 개인적인 의심, 반대, 수용을 가질 수 있다. 또한 자신의 내면에서 일정한 감정과 욕구를 경험하게 된다. 이때 대리인은 당황할 수도 있다. 그리고 내담자 역시 이것이 자기 경험 속에서 온 것인지 아니면 대리인으로서의 순수한 경험인지 혼란스러울 수 있다.

⑦ 내담자가 반드시 참석해야 가족세우기가 가능한 것인가

그렇지 않다. 치료사는 내담자가 참석하지 않은 채 내담자 가족을 세울 수 있다. 치료사들은 전문교육세미나에서 실제 내담자를 참석시키지 않은 채 작업을 수행하였을 때 실제와 별 차이가 없다는 놀라운 경험을 하였다.

⑧ 가족세우기가 일정한 상황 속에서의 내적인 상(Bild) 또는 일정한 시간과 공간 속에서의 상을 묘사하는가

가족세우기는 원래 시간을 초월한다. 만일 일정한 장소에서 무언가를 느꼈다면, 그것은 가족세우기의 일정한 시기와는 관련이 없다. 오히려 그것은 기초적인 내적인 상과 관련이 있는 것이다.

⑨ 가족세우기는 단지 가족이나 사람에게만 효과가 있는가

그렇지 않다. 가족세우기는 가족에만 한정되지 않는다. 기업과 같은 일반조직체의 대상들을 위한 조직세우기 안에서 각각의 사람 또는 부서가 대리인을 통해 표현되기도 한다. 여기서 발생한 인식은 한 조직의 관여자들이 처한 상황과 일치한다. 그러나 가족세우기는 주로 가족을 대상으로 이루어지고 있다. 한편, 가족세우기 안에서 대리인들은 반드시 사람의 역할을 하는 것만은 아니다. 종종 추상적 개념도 수행한다. 즉, 고향, 죽음, 현재 상태와 같은 것을 나타내기도 한다. 그런데 이러한 역할 속에서 대리인들은 이따금 강한 감정을 분명하게 느낀다.

한 여성 내담자는 약물을 중단하는 것에 대해 불안감을 가지고 있다. 치료사는 내담자와 약물만을 세웠고, 여기서 내담자가 한 여성을 약물의 대리인으로 세웠다. 내담자는 앞을 응시하였고, 약물의 대리인은 그녀 뒤에 서 있었다. 치료사는 내담자에게 내적인 충동에만 귀를 기울이고 그것을 말하지 말고 수용할 것을 요청하였다. 이윽고 내담자는 천천히 돌아섰고, 마주보게 된 상황 속에서 약물은 내담자를 사랑이 가득한 눈으로 응시하였으며, 팔을 벌렸다. 내담자는 눈을 감고 손으로 눈을 가렸다. 그리고 오랫동안 그러한 상태로 서 있었다.

이 장면은 약물에 대한 불안감을 가지고 있는 내담자의 심층 속의 한 장면이 표현된 것이다. 따라서 가족세우기는 가족만을 대상으로 하는 것이 아니라 더욱 폭넓은 영역을 포함한다.

앎의 장을 이끌 수 있는 것: 영혼의 움직임

가족세우기 안에서 치료사는 언제나 적극적인 역할을 수행한다. 치

료사는 치료과정 안에서 기존의 가족치료에서는 볼 수 없는 적극적 개입을 시도한다. 치료사는 대리인들의 위치와 서 있는 자세를 통제할 수 있으며 임의로 재배치시킬 수도 있다. 또한 내담자와 모든 대리인이 만족해할 만한 자리를 적극적으로 찾고, 그의 안내에 따라 가족 누군가에게 고백의식을 갖는다. 가족세우기의 마지막 장면 속에서 한 아들이 아버지 앞에 서 있다. 치료사는 아들에게 해결을 위한 진술을 할 것과 아버지에게 절을 할 것을 제안하였다. 아들의 대리인은 "나는 바닥 아래까지 내려가서 절을 하겠다."라고 말하였다. 그가 절을 하였을 때, 지금까지 긴장되었던 아들과 아버지 사이의 관계가 풀어졌다. 이와 같이 아들이 아버지에게 절을 하는 장면은 아들 스스로 만들어 낸 장면이 아닌 치료사의 적극적 개입을 통해서 이루어진다.

최근, 헬링어는 치료사의 개입을 최소한으로 줄이는 가족세우기의 한 형태를 진행하고 있다. 그는 이것을 '영혼의 움직임' 이라고 부른다. 내담자가 가족세우기의 대리인들을 선택하고 그들을 자리에 세우면 치료사는 다음과 같이 말한다. "당신은 감정을 이입하십시오." "모든 움직임의 충동을 인식하고, 그것을 말하지 말고 따르십시오." 이윽고 대리인은 그들의 내적인 충동을 따른다. 치료사는 대부분 개입하지 않고 주의 깊게 관찰하며 서 있는다. 얼마 후 치료사는 가족세우기의 종결을 표시하고 대리인은 그들의 역할로부터 벗어난다.

어떤 딸이 어머니와의 관계에서 큰 어려움을 갖고 있다. 딸의 대리인이 세워졌고 그녀는 어머니와 큰 거리를 유지하며 서 있다. 둘은 서로 등을 마주대고 서 있다. 딸과 어머니는 조심스레 첫 번째 움직임을 취하기 전까지 거의 2분 동안을 조용히 서 있었다. 이윽고 어머니가 천천히 몸을 돌렸고 딸을 응시하였다. 딸 역시 수분이 지난 후 아주 조심스레 몸을 돌렸다. 그리고 아주 천천히 망설이면서 어머니에게 한

걸음을 옮겼다. 역시 어머니도 딸에게 한 걸음 다가갔다. 드디어 그들은 서로 마주보고 서서 응시한다. 딸은 더 가까이 어머니에게 다가왔다. 어머니는 팔을 벌려 딸을 포옹하였다.

이러한 최근의 가족세우기는 전통적인 가족세우기와는 달라 보인다. 최근의 가족세우기에서 대리인들은 자신의 내면의 소리에 이끌려 자유롭게 움직이는 것이 허용된다. 기존의 가족세우기가 대리인들이 마음대로 표현하는 것을 절제시켰다면 최근의 가족세우기는 대리인들의 자유로운 움직임을 적극적으로 권장한다. 치료사는 대리인들의 움직임을 관찰하고 그들의 움직임을 통해 치료과정을 이끈다. 헬링어는 이러한 자발적인 움직임을 내면의 움직임, 즉 영혼의 움직임이라고 말한다. 또한 최근의 가족세우기는 기존의 가족세우기와는 달리 언어를 많이 사용하지 않고 대리인들의 자발적인 움직임에 초점을 맞춘다. 여기서는 간결하고 함축적이며 최소한의 언어를 사용한다.

그러면 최근의 가족세우기 사용으로 인해 기존의 가족세우기는 이미 그 종결에 다가와 있는 것인가? 그러나 언어를 필요로 하지 않는 가족세우기는 기존의 가족세우기를 대신하기를 원하지도 않으며 그럴 수도 없다. 최근의 가족세우기는 한정된 적용영역과 전제를 갖는다. 따라서 만일 두 사람 또는 세 사람 사이의 역동에 관한 것이면 적용이 가능하다. 이런 경우에는 앞의 예처럼 내적인 충동이 분명하고 확실하게 펼쳐질 수 있다. 즉, 내담자에게 본질적인 부분이 명확하게 느껴지게 되는 것이다. 그러나 가족 전체를 대상으로 하는 가족세우기에서는 언어를 필요로 하지 않는 이러한 형태는 적절하지 않다. 가족의 얽힘이 강하고 복잡할수록 대리인의 역할은 더욱 중요해지고 그들의 느낌 전달이 중요하게 된다.

최근 헬링어는 집단적인 얽힘과 죄책감의 영역 속에서 언어를 사용하지 않는 가족세우기를 수행하였다. 이러한 맥락에서 칠레에서 독재자 피노체트에 의해 살해된 피해자들, 아르헨티나에서 군사정권에 의해 살해된 피해자들, 독일에서 제2차세계대전 중에 살해된 유대인들을 가족세우기 치료에 세웠다. 헬링어는 독일에서 이 작업을 위해 독일인 가해자 열 명과 유대인 피해자 열 명을 각각 세웠다. 모든 대리인은 개인적으로 행동하고 반응하였다. 각각의 대리인들에게서 고통, 죄책감, 만남, 화해의 장면이 연출되었다.

이러한 언어를 사용하지 않는 가족세우기는 헬링어가 자신의 새로운 형태의 치료방법을 왜 '영혼의 움직임' 이라고 묘사하였는지 분명히 알 수 있게 해 준다. 이러한 형태의 가족세우기는 가족 안에서 결정적인 역할을 하는 기초질서 또는 사랑의 질서와 깊게 연결된다.

"사랑의 질서는 영혼의 질서다. 나는 가족세우기가 다양한 방식으로 영혼과 연결될 수 있다고 본다. 나는 가족세우기 안에서 진행될 수 있는 일정한 과정과 영혼의 움직임 속에서 일어날 수 있는 과정을 안다. 왜냐하면 내가 질서를 이해하기 때문이다. 나는 가족세우기 속에서 영혼의 움직임의 작용을 수용하고 그 작용을 공간 속에서 나타날 수 있도록 하였다. 우리는 이러한 것을 가해자와 피해자를 대상으로 한 가족세우기의 사례(유대인 학살의 가해자와 피해자)에서 볼 수 있다. 여기서 치료사의 개입이 없는 가운데 가해자와 피해자의 대리인 속에서 영혼의 움직임의 작용이 일어나는데, 이것은 우리 눈에는 놀라움 그 자체다. 가족세우기를 진행한 일부 치료사들은 가족세우기 과정 속에서 치료사의 개입 없이 영혼의 움직임만으로 과정이 진행되는 이러한 현상에 대해 인식하지 못하였다. 나의 경우에도 치료사의 개입 없이 영혼의 움직임만을 통해 진행되는 가족세우기에 대해 처음에는 의심하였다. 그러나 많은 치료 경험을 통해 언어를 사용하지 않는 이러한 영혼의 움직임을 수용한 가족세우기의 작용과 그 효과를 점차로 수용하게 되었다" (Ulsamer, 2001).

치료사는 이러한 가족세우기를 위한 공간을 만든다. 여기서 언어를 사용하지 않는 가족세우기는 대리인이 이미 가족세우기에 경험이 있고 대리인의 역할을 이미 수행해 본 적이 있는 사람이라는 것을 전제로 한다. 가족세우기에 처음 참여하는 참여자들을 위한 세미나에서는 이러한 형태가 적절하지 못하다. 가족세우기의 참여자들이 많이 경험하면 할수록, 대리인들이 보다 다양하게 느끼면 느낄수록 영혼의 움직임을 보다 쉽게 경험할 수 있다. 외부에서 보기에는 쉽고 단순해 보이는 것이 치료사에게는 커다란 힘을 요구한다. 가족세우기가 만들어지는 것은 치료사 자신의 욕구나 생각과는 별개로 진행된다. 이를 위해서는 많은 시간이 소요되기도 하고 적은 시간이 소요되기도 하며, 예기치 않았던 일이 발생하기도 한다.

가족세우기 치료사로서 본인의 경험에 의하면, 적극적으로 장소를 변화시키고 진술을 제안하는 전통적인 방식의 가족세우기는 언어를 필요로 하지 않는 형태보다 단순하다.

이 두 형태의 가족세우기가 혼합되지 않는 것이 중요하다. 만일 치료사가 어떠한 형태의 가족세우기를 할지 스스로 결정해야 한다면 이것은 용기를 요구하는 보다 깊은 차원의 작업일 것이다.

한 가족세우기 치료에서 내담자인 딸은 어머니와의 관계에서 어려움을 갖고 있었다. 나는 그녀들을 세웠고 언어를 사용하지 않는 가족세우기를 하기로 결정하였다. 딸은 어머니와 좀 멀리 떨어진 채 몸을 돌리고 서 있고, 어머니는 딸을 바라보고 서 있다. 일정한 시간이 지나자 딸은 몸을 돌렸다. 아무것도 일어나지 않았다. 어머니는 딸에게 두 걸음 더 다가갔다. 딸은 다시 몸을 돌렸다. 어머니는 멈추어 서 있다.

오랜 시간이 지났지만 아무것도 발생하지 않았다. 이윽고 나는 가족세우기를 종결하였다.

이러한 가족세우기 이후에 나는 당황스러웠다. 무엇이 일어난 것인가? 내적인 회의가 들었다. 내가 이러한 가족세우기를 누구에게 더 할 수 있을 것인가? 동시에 이러한 의심을 갖게 됨으로써 최근의 가족세우기에 대한 보다 깊은 이해와 적용이 방해받았다는 것을 알게 되었다. 그러나 놀랍게도 미숙하게 진행되었던 언어를 사용하지 않는 가족세우기 이후 두 내담자에게는 좋은 효과가 있었다.

제3장

가족세우기의 중요이론

1. 가족세우기의 중요개념

다세대적 관점

핵가족 안에서 관찰될 수 있는 상호작용 모형들은 부모의 원가족과 자주 관련을 갖는다. 신체적 · 감정적 · 사회적 역기능은 부모 세대로부터 이어지고 발달되어 온 문제점의 표현이며 결과로서 이해될 수 있다. 그러나 다세대적 관점은 결정론적인 것으로 이해될 수 없다. 예를 들어, 자녀의 정신분열의 원인을 어머니의 행동 때문이라고 보는 것은 적절하지 않다. 이것은 오랜 다세대전수 과정에서 수많은 다른 가해자의 행렬 중 단지 '한 가해자' 로 여겨질 수 있다. 일정한 체계규칙과 가치감은 다세대전수 과정 속에서 형성된다. 한 실제적인 상황 속에서 다세대전수가 갈등과 긴장, 과도한 요구를 유발하거나 증상을 이끌 수 있다. 이러한 배경 속에서 조부모세대까지를 치료과정에 포함시키는 것은 의미가 있다. 이러한 다세대적 관점은 특히 보웬(Bowen,

1976, 1990), 보스조르메니-내지와 스파크(Boszormenyi-Nagy, & Spark, 1973) 등에 의해 발전되었으며 헬링어는 이들에게서 다세대전수의 관점을 받아들였다.

보 웬 보웬의 중요 관심사는 '자기-대상-분화'의 가족 특유 메커니즘에 있었다. 보웬은 다세대전수의 과정을 자아상과 대상상이 불분명하게 되는 투사적 동일시와 유사한 메커니즘으로 보았다. 가족 상호 간의 구성과 유지, 즉 경계선이 가족의 근본적인 문제로 여겨진다. 밀착과 분리, 융합과 대상상실의 불안 사이에서 이쪽저쪽으로 흔들리는 것은 가족생활의 감정적 역동성을 결정한다. 이러한 관점 속에서 보웬은 모든 가족구성원이 각각의 개인적 분화와 개인적 성장을 달성하는 것을 치료의 목적으로 보았다. 조부모세대로의 확대는 치료사를 통해 자유로운 공간 안에서 성취되지 못한 분화를 만회하도록 하는 기회를 제공한다. 보웬의 이론 중에 가장 중요한 개념인 분화(differntiation)는 다음과 같이 두 가지로 설명된다.

- 타인, 즉 가족들로부터 자기를 분리시키는 것
- 지적 체계, 즉 이성에 의해 감정을 잘 통제하는 것

보웬이 말하는 자아분화는, 먼저 어린이가 어머니의 밀착과 융합에서 서서히 벗어나서 자기의 목소리와 생각을 가진 한 성인으로 발달하는 과정을 의미한다. 즉, 독립성과 자율성을 지닌 한 인간으로 성장하는 것을 말한다. 여기서 말하는 독립은 지적 · 정서적 독립이다. 즉, 자녀가 부모로부터 분리되어 다른 사람과의 관계에서도 자율성을 잃지 않고 정서적으로 친밀감을 표현할 수 있는 것을 말한다. 또한 복잡한

가족관계에서 객관적으로 서 있을 수 있고 가족의 역기능에 휘말리지 않는 것을 말한다. 자아가 분화되지 못한 사람은 진아(solid-self, 주위의 정서적 압력에 굴하지 않으며 독립적이고 융통성이 있으며 일관성이 있는 자아)를 발전시키지 못한다. 그 대신 거짓자아(pseudo-self, 타인의 정서적 압력에 쉽게 변하는 자아)가 발전된다. 따라서 독립적으로 생각하거나 판단하지 못하고 타인의 견해에 쉽게 동조하고 타인의 공격이나 비난을 회피하는 데 급급해한다. 부부 중에 자아가 분화되지 못한 사람은 가족 갈등을 효율적으로 대처하지 못한다. 이러한 사람은 회피를 통해 갈등을 해결하려고 한다. 부모로부터 분화되지 못한 두 남녀가 결혼을 하게 되면 적당한 가족규칙과 의사소통 방식을 형성하는 것이 어렵다.

정신분석적 개념인 분화는, 두 번째로 이성적 체계에 의해 감정을 얼마나 잘 통제하고 조정할 수 있는가의 정도를 나타내는 개념이다. 감정체계가 충동적으로 모든 것을 결정하려는 것에 반해, 이성적 체계는 합리적으로 결정하게 한다. 가족은 감정의 덩어리로서 감정 반사적으로 행동한다. 예를 들면, 자신도 모르게 아이에게 화를 내고, 이유도 없이 아내와 남편에게 분노를 느낀다. 이처럼 가족은 감정에 의해 움직이기에 이러한 감정으로부터 자신을 분리시키는 것이 필요하다. 아무리 공부를 많이 하고 교양 있는 사람이라도 가정에서는 자신도 모르게 다르게 행동할 수 있다. 가정에서는 이성적으로 판단하기보다 순간적인 감정에 의해 행동하기가 싶다. 분화는 감정, 특히 불안을 얼마나 잘 통제하고 지배하는가를 나타낸다. 즉, 감정적으로 대처하지 않고 이성에 의해 결정하는 것이다. 가족은 감정에 의해 얽혀 있으므로 가족 안에서 성공적으로 행동하기 위해서는 자신의 지적 능력, 즉 이성의 힘을 사용해야 한다. 이러한 것은 바로 자신이 어떤 분화치수를 가졌는가와 일치한다. 불안이 가족체계를 엄습했을 경우 자아가 분화되지 못한 가족은 불안에 적절하게 대처하지 못하고 감정적으로 폭발한다. 그러나 자아분화가 잘 이루어진 가족은 불안이라는 감정을 이성적 체계로 분리시킬 수 있다. 부모가 불안을 자녀에게 집중하지 않을수록 자녀는 부모로부터 분화를 이루며 자랄 가능성이 많아진다. 분화가 잘 이루어지지 않은 사람은 감정적으로 반응한다. 이러한 사람은 문제에 직면했을 때 충동적으로 반응하고 다른 사람에게 의존하거나 반항한다. 불안을 느끼면 느낄수록 더욱 충동적이 된다. 분화가 잘 이루어진 사람이라고 해서 감정이 없는 냉혈인간을 말하는 것은 아니다. 이러한 사람은 감정과 사고가 균형을 이루어 강한 정서와 자발성을 가지고 있지만, 감정적 충동을 이길 수 있는 자제력과 객관성도 가지고 있다.

보웬(1990)에 의하면 역기능 가족이 가진 역설은 이러한 자아의 미분화 상태가 부부 중 한 명에게만 나타나는 것이 아니라 두 사람 모두에게 나타난다는 것이다. 가족체계에서 가장 중요한 구성요소는 부부의 결혼관계다. 부부 두 사람이 상호 간에 맺은 부부관계가 가족에서 제일 중요한 관계이며 그 가족의 행복과 불행의 근본 원인이 된다. 건강한 정체성이 없는 두 사람이 만나 결혼하면서 갈등과 문제가 야기되고, 이러한 결혼은 정서적인 안정을 주지 못한다. 가족에 관한 비극 중 하나가 문제 있는 남녀가 자기와 동일한 수준 혹은 그보다 더 못한 수준으로 기능장애를 일으키고 있는 사람을 만나게 된다는 사실이다. 사람들은 보통 자신이 경험하였던 원가족에서의 관계방식을 결혼 후에도 계속 이어간다. 사람들에게 가장 큰 영향력을 갖는 것은 원가족에서 맺고 행동했던 방식이다. 때로 어떤 사람은 원가족에서 부모의 관계방식을 보고 자신은 절대로 그렇게 하지 않겠다고 다짐하고 부모와 정반대의 방식으로 행동하는 사람이 있다. 그러나 이것도 결국은 부모에게 영향받았다고 말할 수 있는 것이다.

역기능을 가진 가족은 문제와 갈등을 이미 이전 세대에게서 전수받는다. 보통의 경우 자아가 분화되지 못한 역기능가족 출신의 자녀는 역시 다른 종류의 역기능을 가진 역기능가족 출신의 사람과 결혼을 하게 된다. 그래서 이 악순환의 고리는 붕괴되지 않고 이어진다. 이러한 두 사람은 다른 역기능을 갖는 새로운 역기능가족을 만들게 된다. 이렇게 여러 세대에 걸쳐 내려오는 역기능은 상당히 치유하기가 어렵다. 다른 종류의 정서적 장애를 가진 배우자를 만나 결혼함으로써 이런 패턴이 세대를 이어 반복되게 된다. 예를 들어, 강박관념과 탐닉은 다세대에 걸쳐 전수된다. 가족들은 분화되지 못할수록 불안과 스트레스에 대처하는 능력이 떨어진다. 핵가족 정서과정이란 해소되지 못한 불안이 개인들에게서 가족들로 투사되는 과정이다. 결혼하기 전에 분화되지 못한 사람은 불안을 더욱 심하게 느껴서 부부간의 어려움을 경험한다. 정서적 불안 때문에 이들은 부부간의 갈등, 부부간의 정서적 거리

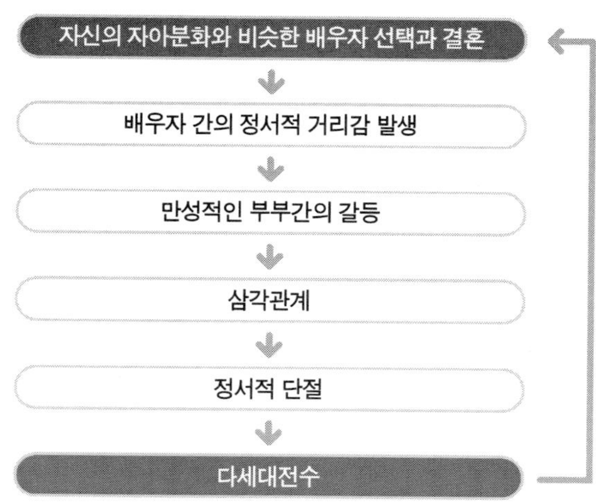

[그림 2-1] 보웬의 다세대적 과정

감을 가지며, 자녀에게 문제를 투사하여 삼각관계를 형성하는 것과 같이 미성숙하게 불안을 해결하려고 한다(Friedman, 1985).

보웬은 가족을 정서체계로 본다. 함께 살거나 떨어져 사는 모든 가족구성원은 현재 핵가족 정서체계 안에서 살아간다. 핵가족 정서체계는 다세대적 개념으로, 개인은 원가족으로부터 학습된 방식으로 타인과 관계를 맺게 되며 결혼 선택을 통해 가족의 정서체계를 다세대에 걸쳐 반복하는 것을 의미한다. 이전 세대의 정서체계는 계속 존재하고 있어서 현재 핵가족의 중요한 일부가 되고 있으므로, 이러한 이전 세대의 정서체계가 치료대상이 된다. 헬링어는 보웬의 이러한 다세대적 관점을 통해 가족의 역기능은 단지 현가족체계 속에서 기인되는 것이 아니라 다세대의 가족체계의 역사 속에서 형성된다고 인식하였다.

보스조르메니-내지 보스조르메니-내지는 맥락적 치료의 공간 속에서 다세대적 관점을 개념화하였다. 그는 다세대를 걸쳐 충성애착(Loyalitaetsbindung)과 원장이 나타난다고 보고, 이것이 계속해서 세대를 통해 전달된다는 것을 연구하였다. 부모는 자신의 부모와의 불균형의 원장을 해결하기 위해 이러한 불균형의 부분을 자녀에게서 징수하려고 시도할 가능성이 있다. 이것은 부모가 자녀를 통해 자신의 부모로부터 받았던 공개적인 요구로부터 자신을 해방되게 하는 데 기여한다. 치료세션 속에서 공로, 요구, 책임 등이 명백하게 드러나게 되며 올바른 수신인을 가리키게 된다. 이것은 세대 간의 만남과 화해를 위해 가장 중요한 치료방법과 일치한다. 보스조르메니-내지가 말하는 가족구성원 각각의 공로에 대한 인정과 수용은 헬링어의 가족세우기에서 중심적인 역할을 한다.

보스조르메니-내지(1984)는 모든 인간관계에는 주고받음의 특성이 있다고 한다. 이러한 특성을 '관계윤리'라고 부른다. 모든 건강한 대인관계 속에는 이러한 주고받음의 관계윤리가 잘 지켜지고 있다. 또한 가족과 부부관계 속에서도 관계윤리가 잘 작동될 때 기능적 가족과 부부가 될 수 있다고 한다. 보스조르메니-내지(1991)는 한쪽이 다른 쪽에게 주지만 다른 쪽은 받은 만큼 돌려주지 못하는 관계가 부모와 자녀의 관계라고 말한다. 부모가 자녀를 돌보면서 자녀는 부모에 대한 신뢰와 사랑을 갖게 된다. 자녀는 부모에게 같은 방식으로 돌봄을 돌려줄 수 없지만 부모에게 충성심(Loyalty)을 보임으로써 은혜를 갚으려고 한다. 자녀가 일방적으로 자신만을 따르고 충성을 보이는 행동을 할 때, 부모는 일방적인 베풂을 더욱 촉진받게 된다. 자녀가 부모에게 갖는 이러한 충성심은 자녀로 하여금 부모에게 충성하게 하면서 성장했을 경우 다음 세대의 자녀들을 돌보도록 이끈다. 즉, 자녀는 부모에게 받은 사랑과 돌봄을 자신이 결혼하여 부모가 되었을 경우 역시 다시 다음 세대에 돌려주게 되는 것이다. 따라서 자녀가 보이는 충성심은 역시 주고받음의 관계윤리에 포함되며, 이러한 주고받음의 윤리는 부부관계에서만이 아니라 부모와 자녀 관계 안에서도 작동한다. 그런데 이러한 주고받음의 윤리 속에서 부모가 자녀들에게 자신이 준 것을 받으려고 할 때 역기능이 발생하게 된다. 보스조르메니-내지(1986)는 부모가 자녀들에게 받으려고 하면 자녀는 부모에게 이용당하거나 착취당하게 된다고 하였다.

부모가 자녀에게 비현실적인 기대를 하면 자녀는 관계윤리의 방식에 따라 충성심을 통해 부모가 바라는 것을 행한다. 예를 들어, 공부를 많이 하지 못한 것에 대해 한을 갖고 있는 부모는 자녀가 열심히 공부해서 좋은 학력을 갖기를 기대한다. 자녀는 부모의 강압적인 방식을 통해 공부를 하게 되고 자신의 욕구에 충실하기보다는 부모의 기대에 반응하면서 성장하게 된다. 부모는 자녀가 보이는 의존성과 충성심을 이용하여 자신의 욕구를 충족하려고 한다. 부모에 의해 착취당한 자녀의 충성심은 자녀로 하여금 자신의 욕구를 제대로 돌보지 못하는 결핍상태로 성장하게 한다. 여기서 자녀는 부모가 어떻게 자녀의 의존성과 충성심을 이용해서 욕구를 채우는지를 배우게 되고, 이것은 다세대전수로 이어지게 된다. 자녀는 충성심 속에서 부모에게 착취당한 것을 부모에게 돌려주지 못하고 자신의 자녀에게 다시 되돌리게 된다. 따라서 가족의 문제는 다세대적 관점 속에서 얽히게 되고 역기능의 패턴은 계속해서 전수되게 된다. 헬링어는 가족의 역기능을 이러한 다세대적 관점에서 해석하면서 가족세우기의 증상에 관한 이론을 발전시킨다. 실제 가족치료 현장에서 보면 현가족의 문제는 다세대적 전수에서 기인된 경우들이 많다(김용태, 2000).

보스조르메니-내지(1965, 1966)는 자녀가 부모에게 보이는 충성심에는 분열된 충성심과 강박적 충성심이 있다고 한다. 먼저 분열된 충성심은 자녀가 부모 중 한쪽에 대한 충성심을 희생하면서 다른 쪽 부모에게 충성을 다할 때 생기는 현상이다. 이러한 현상은 부모가 서로 갈등하는 상황에서 나타난다. 어머니와 아버지가 갈등하면서 자녀를 서로 자기편으로 끌어들이려고 하는 경우, 자녀가 한쪽 부모를 택하게 되면 다른 쪽 부모에 대한 충성심은 포기해야 한다. 그러나 자녀는 양쪽 부모 모두에게서 자신의 생명에 대한 빚을 지고 있다. 자녀 입장에서는 자신에게 생명을 준 부모에게 죽을 때까지 이 빚을 갚을 수 없다. 따라서 부모 중 어느 쪽도 버릴 수가 없다. 여기서 자녀가 부모 중 어느 한쪽에게만 충성할 수밖에 없는 상황을 '충성갈등' 이라고 한다. 옛 애인과 결별하고 새 애인을 사귀게 되면 과거의 충성심을 버려야 한다. 또한 사춘기가 되면 또래집단과 어울리게 되는데 이때 친구에 대한 충성심을 선택할 것인지 부모에 대한 충성심을 계속 유지할 것인지를 선택해야 한다. 대인관계 안에서 이러한 갈등은 계속된다. 그러나 분열된 충성심을 가진 사람은 기존의 충성심을 버리고 새로운 충성심을 재형성하는 데 어려움을 갖는다. 보스조르메니-내지와 그루네바움, 울리히(Boszormenyi-Nagy, Grunebaum, & Ulich, 1991)는 분열된 충성심의 개념을 통해 아동의 문제는 부모에 대한 잘못된 충성심과 파탄으로부터 부모의 결혼을 구하겠다는 소망에서 생겨났다고 본다. 헬링어 역시 이러한 견해를 받아들여 문제를 일으키는 아동과 청소년의 내면에서 오히려 부모와 가족을 향한 깊은 충성심을 볼 수 있다고 하였다. 특히, 헬링어(2002a)는 비행청소년들의 상당수가 가족을 거부하기보다는 가족에 대한 깊은 사랑으로 인해 비행을 행하게 된다고 주장하였다. 가족관계 안에서 자녀는 부모의 결혼생활이 붕괴되는 것을 막아 보기 위해 스스로를 희생시키는 경우가 있다. 즉, 자녀가 문제아의 역할을 담당하여 반사회적으로 행동함으로써 아버지와 어머니가 억압하고 있는 드러내지 못한 분노를 대신 떠맡는 것이다. 이러한 자녀는 가족의 희생양이 된다. 가족의 희생양은 가족을 위한 봉사자가 된다. 헬링어는 가족을 구하기 위한 자녀의 문제행동은 무의식적이며 애정과 죄의식이라는 동기를 통해 이루어진다고 하였다. 그러나 이러한 희생양은 가족에게 언제나 문제아로 낙인찍혀 가족의 골칫거리가 된다. 보스조르메니-내지는 이러한 가족의 희생양의 문제행동이 가족체계를 유지시키는 하나의 장치라고 본다.

또 다른 충성심으로는 강박적 충성심이 있다. 충성심은 일반적으로 다시 두 가지로 구분할 수 있는데, 눈에 보이는 충성심과 눈에 보이지 않는 충성심이다. 눈에 보이는 충성심은 선물 등을 부모에게 주는 것과 같이 직접적으로 나타나는 충성심이다. 반면에 눈에 보이지 않는 충성심은 잘 관찰되지 않는 충성심이다. 이것이 강박적 충성심으로 나타난다. 강박적인 어머니 밑에서 자란 자녀는 부모가 된 후 역시 똑같이 강박적인 행동을 한다. 분명히 자녀는 어머니에게 청소를 깨끗이 하지 않는다는 잔소리에 시달렸을 것이다. 그러나 자녀는 "흉보면서 따라 한다"라는 속담처럼, 성장하여 자신의 어머니처럼 강박적인 행동을 한다. 이러한 보이지 않는 충성심은 눈에 보이는 충성심처럼 부모에 대한 충성심을 표시하는 것이 아니다. 이것은 일종의 강박적 충성심으로 대체로 무의식의 세계에 있어서 스스로 인식하기 어렵다. 즉, 부모에 의해 내면화된 충성심이다. 이는 알코올중독, 외도, 가정폭력 등의 환경에서 성장한 자녀가 부모를 따라 하는 것에서 잘 나타난다. 아버지의 알코올중독과 가정폭력에 진저리가 난 아들은 한 가정의 가장이 되었을 때 자신도 모르게 아버지처럼 알코올중독에 걸리고 가정폭력을 행사한다. 보스조르메니-내지(1994)는 이러한 순환과정을 '회전판' 이라고 부른다. 헬링어(2002b)는 이러한 보이지 않는 강박적 충성심을 배경으로 말하길, 가족이나 부모 중에 누군가 불행한 삶을 살다 가면 가족 중 또 다른 누군가는 보이지 않는 충성심으로 불행한 삶을 산 가족을 따르려는 경향이 있다고 한다. 어머니의 자살에 대해 죄의식을 느끼는 자녀는 역시 강한 자살의 충동을 느낀다. 누군가 가족으로부터 추방당하면 역시 가족 중 누군가가 가족으로부터 추방당한 사람과 자신을 동일시하여 따라 한다. 이렇게 가족 중 어느 한 사람의 비극을 따라 하려는 사람은 가족관계 안에서 병리적으로 불행한 가족의 삶과 운명에 고착되어 있는 것이다. 가족관계 안에서 고착을 형성한 사람은 신체적 · 정서적 성장과 발달이 힘들고 삶에 있어 문제를 갖는다.

질서, 애착, 주고받음의 공평성

다세대적인 관점을 통해서 헬링어는 세 가지 주요개념을 발전시켰다. 즉, 질서, 애착, 주고받음의 공평성으로, 이것은 가족세우기의 기본개념으로 전제된다. 헬링어는 건강한 가족관계의 성공을 위해 이 세 가지가 기능적이어야 한다고 말한다.

관계는 우리의 생존과 성장에 필요한 것이다. 그리고 동시에 사회와 공동체, 가족과 같은 집단 안에서 우리의 의무가 된다. 관계 안에는 질서와 힘이 존재한다. 즉, 우리는 원하든 원하지 않든 관계를 가져야 한다. 우리의 관계는 확장되는 사이클 속에서 확대된다. 우리는 원가족 안에서 태어나고 이것은 우리의 관계를 결정한다. 그 후에 더 많은 체계들이 생겨나고 우리는 보다 다양한 체계들 속에서 살게 된다. 이러한 체계들 속에서 질서는 그 체계의 안정을 위해 중요한 기능을 하면서 각기 다르게 작용한다. 부모와 자녀의 관계에서 성공을 위해 요구되는 조건들은 질서, 애착, 주고받음의 공평성이다.

질 서 모든 가족체계는 하나의 원초적 질서를 가지고 있다. 한 집단 안에서 먼저 들어온 사람은 후에 들어온 사람보다 우위에 있다. 따라서 첫째는 둘째보다 우위에 있고 부부관계는 부모 자녀 관계보다 우위에 있다. 그러나 가족체계는 서로서로 일정한 순위가 있다. 여기서는 시간적으로 거꾸로다. 즉, 현가족은 그 가족구성원의 원가족보다 우위에 있는 것이 인정되어, 두 번째인 현가족이 첫 번째인 원가족보다 우선된다.

가족 안에서의 질병이나 비극적인 결과는 상위 가족구성원이 정해 놓은 원초적 질서를 월권을 통해 한 하위 가족구성원이 깨뜨렸을 때 발생한다(Ulsamer, 2001). 부모와 자녀는 하나의 운명공동체다. 고대 사회로 갈수록 집단에서는 나이에 따라 서열이 정해지고 위계질서가 형성된다. 이러한 위계질서는 생존을 위해서 반드시 필요한 질서였다. 누군가가 이러한 질서를 어기게 되면 그는 전체 집단의 생존을 위협하는 것으로 간주되었다. 그리스의 비극인 오이디푸스 왕의 신화가 잘 보여 주듯이 원초적인 위계질서를 어긴 사람은 비극적인 삶으로 최후를 마치게 된다. 프로이트에 의하면, 정서적 문제를 가진 사람들은 비극적인 삶을 산 이 시대의 오이디푸스 왕이라고 말한다. 프로이트가 말하는 오이디푸스 콤플렉스에는 바로 이러한 질서의 법칙이 존재한다. 그는 질서의 법칙 속에서 갈등하고 절망하는 인간의 모습을 상징한다. 인간이 이러한 질서를 어떻게 잘 극복하고 해결하는가에 따라서 그의 전 생애가 좌우되는 셈이다. 이러한 질서의 개념은 전략적 가족치료의 헤일리(Haley, 1962, 1969, 1977)의 위계질서 개념과 연결될 수 있다.

헤일리는 체계로서 가족이 가족관계를 통해 자연발생적인 위계질서를 갖는 것으로 보았다. 가족 내에는 다른 사회조직과 마찬가지로 하나 이상의 위계질서가 존재하며, 이러한 위계질서는 가족구성원에게 주어지는 지위와 위치에 따르는 고유의 권력으로서, 자연적으로 결정된다. 위계질서는 가족구성원들이 반복적으로 상호작용하는 과정에서 유지되기도 하고 변화되기도 한다. 가장 기본적인 위계질서의 요소는 세대선(generational line)이다. 가장 보편적인 가족유형은 조부모, 부모, 자녀의 3세대로 이루어진 가족으로 각 세대는 다른 세대를 보호, 양육, 지배하는 과정에서 각기 위계를 가진다. 헤일리는 가족을 구조적인 측면에서 관찰하고 가족구성원들이 의사소통 수준이 불일치하는 역설적인 메시지의 상태로 계속 상호작용하게 되면, 가족 본래의 위계질서에 혼란이 초래된다고 주장한다. 헤일리에 의하면 가족의 역기능은 바로 이 위계질서의 혼란에 있다. 예를 들어, 부모가 아이의 자리에 있고 아이가 부모의 자리에 서게 되면 위계질서의 혼란이 발생한다. 따라서 부모는 아이들을 보호하고 돌보는 책임을 할 수 없게 되며 아이는 부모보다 더 많은 힘을 가지고 있어서 부모를 돌보고 책임지는 행동을 하게 된다. 헤일리는 이러한 위계질서의 혼란이 바로 가족이 가진 역기능의 실체라고 보았다.

애 착　나무가 성장 기준을 스스로 결정하지 못하는 것처럼 아동 역시 스스로의 힘으로 성장하지 못한다. 아동은 원가족에 깊게 연결되어 있으며 이들의 성장 역시 원가족과 연결되어 있다. 아동에게 이러한 연결, 즉 애착은 사랑과 행복으로 경험된다. 아동은 자신이 이 가족에 속해 있고, 이러한 애착이 사랑이라는 것을 안다. 헬링어는 이 애착을 '원초적 사랑' 이라고 부른다. 이러한 애착은 너무 중요하기 때문에, 아동은 애착으로 인해 삶과 행복을 희생당할 수 있다. 우리가 이것을 의식하지 못한다고 하더라도 부모와 자녀 사이에는 애착이 존재한다. 이러한 애착이 어떤 이유에 의해 차단당하게 되면 그 애착은 당사자들에게 깊은 슬픔과 분노로 나타나게 된다. 체계의 경계를 통해 가족체계 안에서 우리는 가족과 밀접하게 연결되어 있다는 것을 느낀다 (Hellinger, 1999). 애착은 가족 안에서 소속감을 형성하게 하고 가족에 대한 충성심을 유지하게 한다. 아동에게는 선한 것과 악한 것의 기준이 없고, 단지 자신이 속한 가족이 선하다고 여기는 것은 모두 선한 것이 된다. 여기서 가족과의 애착을 유지하기 위해 충성심이 작용한다. 애착은 가족 안에서만 집단을 지탱시켜 주는 역할을 하는 것은 아니다. 가족 외의 집단인 직장, 사교단체와 같은 다른 집단 안에서도 애착은 작동한다. 인간의 가장 중요한 애착은 가족과의 관계에서 나타난다. 그 후에 비로소 가족보다 더 큰 집단과의 애착이 가능해진다(Weber, 2002).

모든 자녀는 무조건적으로 원초적 집단에 연결된다. 이러한 연결은 자녀에게 애착으로, 사랑으로, 행복으로 경험된다(Hellinger, 2002). 그리고 자녀들은 이를 통해 가족 안에서 성장할 수 있으며 또한 성장이 위축될 수도 있다. 모든 자녀는 자신의 부모를 사랑하길 원한다. 아버지와 어머니는 출산을 통해 부모로서 인정받게 되는 것이다. 어떤 도덕적 특성, 부모의 질, 또는 부모의 양육을 통해 인정받는 것이 아니다. 헬링어는 우울증과 같은 신경증은 애착의 어려움, 즉 '부모에게로 가려는 움직임이 차단된 것에 대한 결과' 라고 본다.

주고받음의 공평성 주고받음(give and take)의 공평성에 대한 욕구는 마음의 부담을 줄이고 싶은 본래의 마음에서부터 출발한다. 주고받음에서 큰 이윤을 남기는 것은 삶의 기쁨과 행복을 동반하지만 거기에는 또한 두려움이 포함된다. 상대방은 되돌려줄 수 없는 상황인데 일방적으로 너무 많이 주는 것은 상대방을 노예화시킬 수 있다.

헬링어의 주고받음의 공평성은 맥락적 가족치료의 선구자인 보스조르메니-내지의 주고받음의 윤리를 수용한 것이다. 보스조르메니-내지(1986)는 모든 인간관계는 주고받음의 특성을 갖고 있다고 보았다. 한 사람이 다른 사람에게 무언가를 주게 되면 다른 사람은 다시 무언가를 돌려주게 되는 주고받음의 관계윤리를 갖게 된다고 한다. 보스조르메니-내지(1984)는 주고받음의 윤리를 인간관계의 실존에 속하는 것으로 본다. 자연의 법칙에서처럼 모든 살아 있는 체계 안에서 상호 모순된 경향성에 대한 끊임없는 조정과 타협의 모습은 사회체계 안에서도 주고받음의 조정과 타협(공평성)의 필요가 요청되는 모습을 통해 잘 나타난다. 한 관계 안에서 또는 한 집단 안에서 장점과 단점 사이의 차이가 존재한다면 모든 참가자가 조정에 대한 필요성을 갖게 된다. 주고받음의 공평성에 대한 욕구는 사람들 사이에 상호교환을 가능하게 한다. 헬링어는 주고받음에 대한 조정과 타협은 공평성이라는 말로 해석될 수 있다고 보았다(Hellinger, 2001). 주고받음의 공평성은 양심의 요구로서 느껴진다. 따라서 우리는 양심을 항상성의 의미와 공평성의 의미와 같은 특별한 방식 위에서 경험한다. 가족관계는 주고받음의 공평성이 가능할 때에만 성공적으로 이루어지게 된다(Hellinger, 1997).

모든 살아 있는 체계 안에서는 적대적 관계일지라도 끊임 없는 주고받음의 공평성이 존재한다. 이것은 마치 자연의 법칙과 같다. 주고받음의 공평성은 소위 사회체계가 가진 하나의 특성이다. 주고받음의 공평성에 대한 욕구는 인간체계 안에서 상호교환을 가능하게 한다. 이러한 상호교환은 주고받음을 통해 잘 작동되며 한 체계의 모든 일원을 통해 공평성에 대한 욕구가 조절된다. 관계에서는 하나의 주고받음의 공평성이 이루어지면 여기서 만족하는 것이 아니라 바로 이어서 새로운 주고받음의 공평성이 발생한다.

예를 들어, 한 사람이 자신이 받은 것을 준 사람에게 무언가로 정확하게 돌려주면 이러한 모습이 발생하게 된다. 한 사람은 새로운 받음과 줌을 통해 다시 관계를 수용할 수 있고 지속시킬 수 있다. 예를 들어, 한 남자가 한 여자에게 무언가를 주었고, 여자는 그에게 무언가를 받았다는 것으로 인해 부담을 느낀다. 만일 우리가 누군가로부터 무언가를 받는다면 그리고 그것이 만족스럽다면, 우리는 여기서 독립성을 상실하게 된다. 그러나 자유를 원하는 사람은 아주 적게 주고 적게 받을 수 있다. 공평성에 대한 욕구는 즉시 전달되어지고, 부담감으로부터 벗어나기 위해 여자는 그 남자에게 무언가로 돌려주게 된다. 그런데 여자가 자신이 전에 받았던 것보다 약간 더 많이 돌려주게 되면, 여기서 주고받음의 공평성이 깨질 수 있다. 주는 자와 받는 자 모두는 공평성이 이루어지기까지, 즉 주는 자는 무언가 돌려받고 받은 자는 무언가 돌려주기까지 쉬지 않고 주고받음을 진행한다.

한 관계 안에서의 행복은 주고받음의 매상고에 달려 있다. 적은 매상은 적은 이익을 가져온다. 주고받음의 매상이 높으면 높을수록 행복은 보다 깊어지고 기쁨과 충만함의 감정이 동반된다. 그러나 이러한 행복은 저절로 우리의 손에 들어오는 것이 아니다. 높은 매상고의 상호교환이 균형을 이루게 된다면 우리는 편하고 기쁜 감정을 갖게 된다. 요구를 하려는 것은 하나의 아름다운 상태다. 우리가 다른 사람에게 무언가를 주었을 때 우리의 요구는 정당성을 갖는다. 그런데 우리가 누군가에게 받는 것 없이 주기만 한다면, 관계의 불균형으로 인해 그는 더 이상 우리에게 오려고 하지 않을 것이다. 따라서 이렇게 주려고만 하는 자세는 관계에 손상을 준다. 왜냐하면 주기만 하는 사람은 우월성을 갖고 받는 사람은 동등성을 상실하게 되기 때문이다. 이미 받은 것보다, 그리고 받은 사람이 돌려줄 수 있는 것보다 더 많이 주지 않는 것은 관계를 위해 매우 중요하다. 예를 들어, 한 부유한 여성이 가난한 남자와 결혼한다면 종종 좋지 못한 결과를 낳을 수 있다. 왜냐하면 여자는 늘 주기만 하고 남자는 받은 것을 돌려줄 수 없기 때문이다. 얼마 후, 남자는 부부관계의 윤리를 어기거나 부인을 더욱 힘들게 만든다. 악은 주고받음의 공평성을 이룰 수 없는 경우에 나타난다 (Hellinger, 2002a).

일부 사람들은 관계 안에서 자유와 독립을 원하여 받는 것을 거부한다. 그러면 그들은 아무런 의무를 갖지 않고도 이러한 것들을 얻을 수 있다. 하지만 관계 안에서 별다른 기쁨과 만족을 얻지 못하고 텅 비고 불만족스러운 감정을 가진 채 머물게 된다. 우리는 이러한 모습을 우울증에서 보게 된다. 받음에 대한 거부는 먼저 부모와 관련이 있으며 그 후에 다른 사람들과의 관계에 전달된다.

부부간에 작은 결점은 서로 통하게 된다. 예를 들어, 미혼모였던 한 여자가 자녀를 데리고 결혼을 할 때, 그녀의 신랑감이 약간의 결점을 가지고 있는 남자라면 이 둘은 행복할 것이다. 그러나 아무런 결점이 없는 남자라면 이 여성은 불행할 것이다. 왜냐하면 그녀는 남편과 도저히 동등해질 수 없으므로 위축되거나 불안해할 수 있다. 또한 남편과의 관계에서 '나와 너'의 수평적 관계이기보다는 늘 눌리는 듯한 불안전한 관계를 형성할 수 있기 때문이다.

① 공평성이 가능하지 않으면-부모와 자녀 사이

지금까지 서술한 주고받음의 공평성은 동등한 관계일 경우에만 가능하다. 부모와 자녀 사이의 경우에는 다르다. 자녀는 기꺼이 부모에게 똑같이 돌려주기를 원하지만 그렇게 할 수가 없다. 여기서 부모와 자녀 사이에 주고받음의 커다란 불균형이 존재한다. 사실 부모는 자녀에게 무언가를 돌려받고 교사도 학생에게 무언가를 돌려받지만, 불균형은 없어지는 것이 아니라 완화되는 것이다. 자녀는 언제나 부모에 대해 빚을 지고 있고 이러한 관계로부터 벗어날 수 없다. 따라서 부모와 자녀의 애착은 비록 그것이 충분하지 않을지라도 공평성의 욕구를 통해 단단해지고 강화된다. 이를 통해 자녀는 후에 부모에 대한 의무감을 갖게 된다. 그리고 부모가 헤어지려는 경우에 이를 도우려고 한다. 부모 중에 한쪽이 무언가 공평성을 유지할 수 없다면 자녀는 떠나려고 한다. 자녀가 자신의 부모에게 받은 것을 자신의 자녀에게 전달하는 것은 주고받음의 불균형에 대한 해결책이다. 이러한 해결책을 인식하고 전달하는 자녀는 부모로부터 많은 것을 받을 수 있다. 돌려줌과 상호교환을 통해 공평성이 유지되지 못하는 곳은 의무와 빚으로부터 벗어날 수 없다. 따라서 주든지 받든지 간에 우리 모두는 같은 질서와 법칙에 연결되어 있다.

주고받음의 공평성은 감사를 통해 이루어진다. 감사를 말로 표현하는 것은 감사에 대한 한 방법이다. '감사합니다' 라는 말은 감사에 대한 값싼 방법이기는 하지만 때로는 이 말만으로도 충분히 돌려받는 경우가 있다. 그리고 어떤 사람들의 경우는 이 말만이 유일하게 줄 수 있는 수단일 수도 있다. 예를 들어 장애자, 임종자, 어린 아동, 종종 연인이 이에 속한다. 여기서 공평성에 대한 욕구와 더불어 한 가족체계의 구성원들이 갖고 있는 원초적 사랑이 중요한 역할을 한다. 원초적 사랑은 가족 안에서 주고받음을 동반하며, 또한 주고받음을 전제로 했을 때 가능한 것이다.

② 부정적인 공평성

공평성에 대한 요구는 긍정적인 것뿐만이 아니라 부정적인 요소들 속에서도 작동한다. 죄책감은 가해자에게 공평성을 가능하게 해 줄 도구다. 피해자는 가해자로부터 받은 피해를 돌려받기 위해 요구하고 가해자는 이에 대한 의무를 진다. 이 경우는 상대방의 피해에 대한 공평성이다. 왜냐하면 피해자는 보상을 받으려는 행위로 자신이 당한 것을 되돌려 줄 수 있기 때문이다. 피해자는 자신이 입은 피해를 가해자에게 그대로 돌려주기를 원한다. 아니 오히려 더 돌려주려고 할 수 있다.

이것은 매우 감정적으로 연결된다.

만약 두 사람 모두 똑같이 악하고 똑같이 피해를 입었다고 하면, 그들은 다시 동등해지게 된다. 그러면 비로소 그들 사이에 평화와 화해가 가능해진다. 누군가 나에게 잘못을 하고 나 역시 그에게 똑같이 잘못을 하거나 오히려 더 많은 잘못을 하면 관계는 끝나게 된다. 내가 그에게 약간 적게 돌려주는 것은 정의뿐만이 아니라 사랑이기도 하다. 종종 관계를 유지하기 위해 누군가에게 악하게 할 수 있지만, 그것은 사랑으로 악하게 되는 것이다. 관계를 계속해서 유지하기 위해 필요한 기본원칙이 있다. 긍정적인 공평성의 경우에는 약간 더 돌려주어야 하며, 부정적인 공평성의 경우에는 약간 덜 돌려주어야 한다는 것을 주의해야 한다. 부모가 자녀에게 무언가 잘못을 범하더라도 자녀는 부모에게 공평성을 요구하고 돌려주는 것이 허용되지 않는다. 자녀는 언제나 부모가 무엇을 할지에 대한 권리를 갖지 못한다.

헬링어의 치료에서 가족은 하나의 특별한 의미를 갖는다. 가족이 이미 죽었거나 살아 있다는 것은 별 문제가 되지 않는다. 가족구성원은, 첫째 자녀와 그의 형제자매 둘째, 부모와 그의 형제자매 셋째, 조부모 넷째, 경우에 따라서 고조부모 다섯째, 가족체계 안에서 다른 사람에게 자리를 만들어 놓은 모든 사람들, 예를 들어 부모의 첫 남편, 첫 부인 또는 가족 밖에서 자녀를 갖게 하거나 갖은 남자와 여자 등이 있다.

헬링어에 의하면 이러한 가족이 좋은 관계를 유지하려면 질서, 애착, 주고받음의 공평성이 필요하며 아울러 여기에는 다음과 같은 네 가지 조건이 첨부되어야 한다.

- 동등함의 조건: 모든 가족구성원은 소속의 권리를 갖는다. 가족구성원의 자리는 누구에게도 거부될 수 없다. 한 가족체계의 주된 잘못은 가족 중에 누군가가 가족구성원들로부터 추방되거나 그의 가족의 권리를 박탈하면서 생기게 된다.
- 충분한 숫자의 조건: 이 조건에 의하면 한 개별적인 가족체계의 구성원은 그 가족체계에 속하는 모든 가족이 "그의 영혼 속에서 그리고 그의 마음속에서 명예로운 좋은 자리를 갖고 충분한 존엄성을 갖는다면 완전하고 충분하게 행복을 느끼게 된다" (Ulsamer, 2001). 자신과 자신의 빈약한 행복에 대해 고민하는 사람은 자신의 가족구성원들이 충분히 좋은 자리를 갖지 못하기 때문에 그렇게 느끼는 것이다.
- 보다 먼저 온 사람이 우위를 갖는다는 조건: 이 조건은 인간 존재는 "시간을 통해 결정된다."라는 전제를 기초로 한다. 성인의 관계 속에서, 예를 들면 선배와 후배로 구분되는 일정한 서열이 관계를 지배한다. 헬링어는 이러한 질서의 법칙을 '원초적 질서'라고 부른다. 가족의 질서는 확고부동하다. 개인이 이 질서를 깨뜨릴 수는 없으며 그것을 부서지게만 할 뿐이다.
- 무상함에 대한 인정의 조건: 누군가 가족체계 안에서나 현재 상황 속에서 이해할 수 없는 강한 감정이나 행동을 보인다면, 또는 갈등에 빠져 있거나 불안에 휩싸여 가족이 아닌 이방인처럼 행동한다면 여기서 체계적 얽힘의 증거를 발견할 수 있다. 본래 과거의 지나간 것은 생생하게 유지되면서 세대를 걸쳐 계속해서 작용을 한다. 이러한 얽힘을 해결하기 위해서는 세대의 흐름과 연속성에 대한 무상함을 인정할 필요가 있다.

헬링어는 이러한 질서와 애착, 주고받음의 공평성이 잘 기능하지 않으면 가족관계 안에서 역기능이 발생한다고 본다. 그는 이러한 역기능의 발생을 독특한 용어인 '얽힘(Verstrickung)' 이라고 부른다. 얽힘의 주제를 다루기 전에 우리는 체계적 항상성의 기관인 양심을 먼저 다루고자 한다.

양 심

인간관계 안에서 보이지 않는 중요한 요소인 양심이란 것이 있다. 양심이란 단어는 독일어로 'Gewissen' 인데 Ge는 라틴어의 co, con, cum에 해당하는 단어로 집합, 공동, 완전을 의미하며 Wissen은 앎, 지식을 의미한다. 양심의 의미는 단어 자체의 의미처럼 개체의 마음을 뜻한다기보다 관계 속에서 어떤 집단이나 공동체 안에서 잘 인식하고 있는지의 의미가 강하게 내포되어 있다. 양심은 관계 속에서 오는 애착을 조절하는 작용으로 관계를 강화시킬 수 있고 악화시킬 수도 있다.

헬링어(1998)는 인간의 양심이 개인적인 것이기보다는 집단적인 것이라고 한다. 양심은 우리가 속한 사회체계와 집단의 소속감에 의존한다. 가족체계 안에서 소속감은 깊고 본질적인 것이다. 원가족과 현가족과 같은 가족체계에 대한 우리의 애착은 우리의 정체성과 성격을 결정한다. 이러한 애착을 상실하면 우리는 즉시 안정된 자아정체성을 잃어버리고 존재론적인 불확실성 속에 빠지게 된다. 따라서 우리의 행위는 우리가 애착을 가지고 있다고 느끼는 사회체계와 집단에 의해 결정된다. 인간의 소속에 대한 노력은 요람에서부터 존재하는 인간의 본능이다. 원시사회에서 종족에게 소속됨은 부족원의 생명과 죽음을 결정하였다. 이런 사회가 할 수 있는 최고의 형벌은 죽이는 것이 아닌 추방이었다. 상담과 심리치료에서 소속에 대한 이러한 부분이 고려되어야 할 것이다.

소속감에 대한 실험 소속감은 집단구성원들이 공유하고 있는 '이러해야 한다'는 암묵적인 인식에 영향을 미친다. 소속감은 어떻게 하면 그 집단에 소속될 수 있고 계속해서 효과적으로 기능할 것인가를 구성원들이 인식하면서 자연스럽게 형성된다. 또는 집단에 큰 영향을 준 사건이 있었거나 집단에 참여하기 전의 과거 경험 등에 의해 형성되기도 한다(Mücke, 2001). 소속감은 집단 내 개인의 행동과 태도에 매우 큰 영향을 주며, 집단에 순종하게 하는 강제력을 가진다.

집단 내 소속감이 개인에게 얼마나 큰 영향을 미치는가를 실증한 유명한 실험이 있다. 아시(S. Asch)는 7~9명의 집단을 대상으로 선분 맞추기 실험을 실시하였다. 다음과 같은 두 개의 카드를 놓고 왼쪽 카드에 그려진 선분과 길이가 같은 것을 오른편 카드에서 고르게 하였다. 선분의 길이는 2번과 일치하며 누가 봐도 명확히 구분할 수 있는 상황이었다. 아시는 집단 구성원 중 한 명에게만 알리지 않고 나머지 사람들에게 모두 3번을 고르게 했다. 이러한 경우 과연 그 한 사람은 어떻게 반응할 것인가? 놀랍게도, 미리 알리지 않았던 사람도 '답은 3번'이라고 말한 경우가 전체의 약 35%에 달했다. 그룹 내 소속감이 구성원들에게 얼마나 큰 압박을 가하고 순종하도록 만드는지를 잘 보여 준 실험이었다(Watzlawick, 1984).

아시의 제자인 예일대학교의 심리학자인 밀그램(S. Milgram)은 제2차세계대전의 전범들이 모두 그 상황에서는 누구나 자신들처럼 명령에 복종하여 적극적으로 전쟁에 가담하였을 것이라고 말한 자기변호

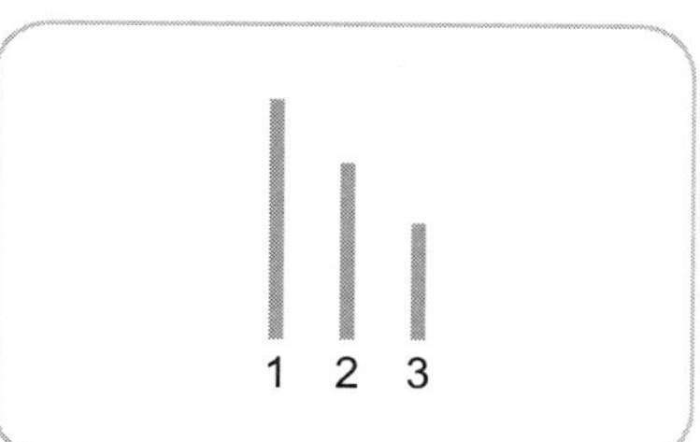

에 주목하였다. 그는 과연 이들의 자기변호가 사실인지를 알아보기 위해 실험을 하였다. 이 실험을 통해 그는 집단 구성원들이 집단의 소속감으로 인해 집단의 권위에 무조건적으로 복종하며, 부당하고 불의한 일마저도 서슴지 않고 행할 수 있다는 것을 밝혀냈다.

밀그램은 실험을 위해 '교사(실험에 대해 모르는 피험자들)' 역할을 할 사람들을 고용하였다. 이들은 실험에 대해서 모르고 있으며 모두가 기억과 학습에 관한 일반적인 실험에 참여하는 것으로 알고 있었다. 이들은 실험을 이끄는 권위적인 분위기의 실험자에 의해 학생의 역할을 수행하는 피실험자(이미 이 실험의 목표를 잘 알고 있는)에게 단어를 학습하게 했다. 이때 이 학생은 실험에 참가한 사람이 볼 수 있도록 유리로 된 방에서 전기충격을 받을 수 있는 장치를 하고 의자에 앉아서 단어 학습을 하였다. 이 학생은 가짜로 통증을 느끼고 고통스러워하는 것을 훈련받은 사람이었다. 실험을 시작하기 전에 교사들은 학생이 학습해야 할 행동과 틀렸을 경우 받게 될 처벌의 효과를 미리 경험하기 위해 모두 의자에 앉아 45볼트의 전기충격을 받았다. 실험과제를 수행하는 동안 미리 짠 각본에 따라 학생은 실수를 하였고, 권위적인 실험자는 교사들에게 학생이 실수를 할 때마다 전기충격의 강도를 높이라고 주문하였다. 교사가 학생에게 계속 전기충격을 높여야 할지를 실험자에게 물어 오면 실험자는 이것은 실험의 일부라고 주장하며 전기충격을 높이라고 촉구하였다. 교사들이 전기충격의 강도를 높이면, 학생의 역할을 수행하는 피실험자는 전기충격을 받은 것처럼 비명을 지르며 괴로워하는 연기를 하였다. 실험에 참가한 교사들 중에 65%가 학생이 전기충격으로 생명을 해칠 수 있을 정도인 450볼트까지 전기를 높여 실험자(권위자)에게 복종하였다. 교사의 역할을 수행한 피험자들은 실험자의 말에 따라서 잘못하면 학생의 생명이 위험해지는 수준까지 전기충격을 심하게 주었다.

밀그램의 실험은 집단의 소속감이 인간이 가진 도덕적 의무감을 마비시키며, 희생자인 학생의 비명소리가 들리는 상황에서조차도 집단 내의 권위에 순종이 지속되었다는 사실을 알려 주었다. 이 실험은 평범한 개인이 어떻게 해서 히틀러 같은 권위자에게 무조건 복종하게 되었는지를 이해할 수 있게 해 주었다. 이러한 권위에 대한 복종은 심리적 병리를 가진 사람만이 아닌, 특정한 상황 속에서 우리 중 어느 누구에게도 일어날 수 있는 것이다(Milgram, 1982). 밀그램의 실험은 권위에 대한 무조건적인 복종은 자아존중감이 낮은 사람에게만 일어나는 것이 아니라 평범한 모든 사람에게서 나타날 수 있다는 것을 보여 준다.

아시와 밀그램의 실험은 집단 내의 소속감이 어떻게 집단의 권위자에게 무조건적인 복종을 가능하게 하는지와 그 복종의 범위에 제한이 없다는 것을 보여 준다.

권위에 대한 복종의 체계론적인 설명 권위자가 밑에 있는 사람들을 계속해서 사회체계 안에 속하게 할지 아닐지를 결정한다는 것을 통해 권위에 대한 복종을 체계적으로 설명할 수 있다. 권위자는 사회체계 안에서 밑에 있는 사람들에 대해 최종적인 결정을 내릴 힘과 추방시킬 힘을 갖는다. 사회체계의 구성원들이 집단에 소속되기 위해서는 권위자의 최종적인 결정이 좋든지 나쁘든지 간에 충성을 통해 복종해야 한다. 따라서 권위자와 그에게 권력을 제공하는 사회체계 사이의 이러한 충성은 파괴적인 갈등상황을 이끌 수 있다. 인종차별주의, 반유대주의, 외국인 혐오증의 경향은 집단 내의 소속감과 애착심을 보다 강화시키려는 권위자의 관심을 끌게 되고 권위자에게 이용당하게 된다. 제2차세계대전 동안 독일에서 발생한 일들을 보면 이러한 메커니즘을 보다 분명하게 파악할 수 있다. 집단에 소속하려 하고 그 안에서 타인에게 인정받으려 하는 인간의 욕구가 얼마나 강한지는, 고문하는 사람으로부터 오히려 위로받고자 하는 욕구가 일어난다는 고문피해자의 충격적인 보고에 잘 나타나 있다. 외부세계로부터 고립되거나 언젠가 다시 자유를 얻어 자신의 가족, 친구, 아는 사람들을 보게 될 것이라는 희망을 상실하였을 때 이러한 욕구가 일어나는 것이다. 림츠마(Reemtsma, 1998)도 보고하길, 그가 납치당했을 동안에 납치범으로부터 위로받고자 하는 욕구가 일어났다고 한다. 체계론적으로 말하면 인정, 소속에 대한 이러한 욕구는 성적인 욕구와 더불어 가장 깊게 연결된 인간의 기본욕구로서 모든 인간의 본능이라고 말할 수 있다.

체계적 항상성으로서의 양심 아시와 밀그램의 연구는 우리의 양심이 칸트의 견해와는 다르게 작동한다는 것을 보여 준다. 즉, 양심은 체계적 항상성으로 기능을 발휘하고 전적으로 도덕과는 무관하게 조작되는 체계의존적인 심리적 기관이라는 것을 알 수 있다. 이러한 특별한 체계적 의미기관인 양심은 우리의 행동이 우리가 살고 있는 사회체계에 대한 소속을 정의하는 규칙과 일치하는지를 경계한다. 각자의 사회적 관계체계와 연결된 양심은 우리가 야기한 규칙위반을 다시 준수할 것을 요구하며, 이로 인해 우리의 소속은 다시 분명해지게 된다. 그러므로 악한 양심의 실제적인 비밀은 가장 선한 양심을 가진 인간도 주저 없이 대량살상과 폭력 같은 잔인한 행동들을 범할 수 있다는 것이다. 이 모든 것은 사회체계가 구성원들에게 소속을 위한 증거로서 이러한 행동을 요구한다면 가능하다는 것이다.

헬링어는 양심을 인간의 관계체계에 의존하는 것으로 인식하는 데 커다란 공헌을 하였다. "우리는 일반적으로 죄(Schuld)와 무죄, 또는 잘못과 잘못하지 않음을 단지 관계 안에서 경험한다는 것을 알아야 한다. 만일 내가 다른 사람과의 관계에 손상을 주는 무언가를 행하면 죄의식을 느낀다. 반면에 내가 다른 사람과의 관계에 유익을 주는 무언가를 행하면 죄의식을 느끼지 않는다. 양심은 소속과 생존을 위해 집단과 연결이 된다. 양심은 이러한 집단을 뛰어넘거나 집단의 믿음 너머에 서 있지 않는다. 양심은 집단을 위해 일한다" (Hellinger, 1993).

악한 양심이 없는 사람도 살인을 저지를 수 있으며, 반대로 마피아에 속한 사람이 마피아로부터 살인을 하라는 명령을 받게 되었을 때 이것을 수행하지 않게 되면 도리어 양심의 갈등을 일으키게 될 것이라는 점에서 양심이 집단을 위해서 작용한다는 것을 알 수 있다. 물론 복종을 거부할 수 있으려면, 스스로 자신이 다시 받아들여졌다고 느끼고 소속감을 갖게 해 주는 다른 사회체계(예를 들어, 원가족, 교회공동체)에 속해야 한다. 이러한 체계론 규정의 실제적인 놀라움은 다음에서도 잘 나타난다. 집단 안에서 사람이 저항할지 또는 적극적으로 동참할지는 그의 개인적인 온순함이나 불온함, 용기나 비겁함에 있지 않고 오히려 그가 속한 집단과 연결된 관계가 더 중요한 영향을 미쳤다. 이러한 맥락에서 개인적 죄의 몫과 용기의 몫은 그 의미를 상실한다. 왜냐하면 모든 개인적 도덕은 각자가 처해 있는 집단과 연결되어 있기 때문이다.

집단의 양심 양심은 집단에 소속되기 위해 요구되는 지식으로 소속감을 잃지 않기 위해서는 무엇을 해야 하고 무엇을 해서는 안 되는지를 인식하는 기관이다. 예를 들어, 한 아이가 부모에게서 버림받게 된다면 그 아이에게는 최악의 상태다. 아이는 버림받지 않기 위해 '나는 여기에 속하며, 이 가족에 속하겠다. 그리고 어떤 운명이든 이 가족과 운명을 같이 하겠다.' 는 의식을 갖게 된다. 그러면서 가족에 속하기 위해 자신을 희생하는 것을 비롯하여 모든 일을 다 하게 된다. 아이는 가족에 속하기 위해서 무엇을 해야 하고 무엇을 해서는 안 되는지를 본능적으로 알고 있다. 이러한 인식을 가능하게 하는 마음의 기관이 양심이다. 양심은 바로 집단에 소속되기 위한 것이다. 여기서 양심에 거리낌을 느끼게 되는 것은 소속감을 상실하게 될 수 있다는 공포를 의미한다.

양심은 개인적인 것이라기보다는 가족이라는 집단과 연결되어 있으며, 무엇보다 가족에 대한 소속감이 위태롭게 되었을 때 불편해지게 된다. 모든 아이들은 가족과 아주 깊이 연결되어 있다. 가족에 속하기 위해 심지어 생명을 희생하기도 한다. 이러한 맥락 속에서 아이는 자신이 고통당함으로써 가족을 구할 수 있으리라는 생각을 갖게 된다. 예를 들어, '내가 아프면 어머니는 건강해질 거야.' 라고 생각하는 것이다.

만일 한 사람이 여러 집단에 속해 있다면 양심도 여러 개가 된다. 초자아와는 달리 양심은 좀 더 포괄적이고 집단에 따라 달라질 수 있다. 따라서 양심은 집단이 바뀌게 되면 다르게 작용할 수 있다. 양심은 개인의 생존보다는 집단의 생존에 더 기여한다. 개인은 집단에 소속되기 위해 집단이 자신에게 요구하는 모든 것을 수행한다. 따라서 개인이 집단 안에서 자신의 양심에 따를 때에는 아무런 독립된 자신이나 자아를 갖지 않는다. 집단에서 우리가 자신이나 자아로 경험하는 것은 원래 집단의 자아이거나 집단의 자신이다. 우리는 집단 안에서 개인의 판단력과 생각을 상실하고 집단의 요구가 무엇이든지 그것을 수행하게 된다. 양심이 작용하는 가족집단의 구성원은 형제자매(모든 형제자매, 사산과 인공유산 포함), 부모와 부모의 형제자매, (외)조부모, 종종 (외)증조부모, 부모와 (외)조부모의 약혼자, 전 배우자, 혈연은 아니지만 그의 손실이 가족에 이익이 된 경우도 포함된다.

집단의 누군가에게 불의한 일이 발생했을 경우 이 집단에서는 보상의 욕구가 필연적으로 발생한다. 집단 안에서 누군가의 불행에 대한 보상의 욕구를 통해 자신의 삶을 제한하는 일은 현재 집단 안에 있는 사람뿐만이 아니라 이전 세대의 경우에도 마찬가지로 발생할 수 있다. 선대에 가해진 불의는 후대의 어느 누군가가 대신해서 또다시 고통을 받으면서 조직적인 반복이 계속된다. 그러나 이렇게 반복한다고 해서 불의가 좋게 해결되는 것은 아니다. 집단의 양심에 의해 선대의 운명을 받는 사람은 그 운명을 의무로서 받게 된다. 그는 자신에게 아무런 책임이 없는 문제를 떠안고 살아가게 되는 것이다. 이처럼 집단의 양심은 후대에게는 불의한 것일 수 있다. 이러한 일은 가족제도의 기본질서와 관계된 일이다.

헬링어는 세대를 통해 작동되는 집단의 양심에 대한 예를 언급하였다. 정서적 혼란을 겪고 있던 한 변호사가 헬링어를 찾아왔다. 그는 자신의 가족사를 조사하여 다음과 같은 사실을 밝혀냈다. 증조모가 결혼을 하여 임신까지 하였는데 다른 남자와 사랑에 빠졌다. 27세가 된 증조모의 첫 남편은 12월 31일에 사망하였는데 사람들은 살해당한 것이라고 믿었다. 첫 남편으로부터 유산상속을 받은 증조모는 첫 남편과의 사이에서 낳은 자식이 아닌 두 번째 남편과의 사이에서 낳은 자식에게 상속을 하였다. 이것은 아주 큰 불의였다. 그 후로 이 가족에서 세 명의 남자가 27세가 되던 12월 31에 자살을 하였다. 그 변호사에게는 27세가 된 사촌이 있었고 12월 31일이 다가오고 있었다. 사촌에게 이 사실을 알려 주려고 달려갔을 때 그는 이미 자살하려고 권총을 구입해 놓은 상태였다. 변호사에게도 역시 자살의 유혹이 다가오고 있었다(Hellinger & ten Höevel, 1997).

이와 같이 집단의 양심을 통해 가족 중 한 사람이 무의식적으로 선대의 불행한 운명을 받아들여서 사는 것이 가능해진다. 즉, 얽힘이 발생하게 된다. 예를 들면, 가족으로부터 한 아이가 버려졌을 경우에 후대에 누군가가 자신이 버려진 것처럼 행동을 한다. 그는 버려졌다는 무의식적인 작용 속에서 갈등하고 힘들어한다. 그러나 그는 자신이 갖고 있는 문제가 자신에게 속해 있는 것이 아니라 선대의 불행한 운명과 얽혀 있다는 것을 알게 되면 여기에서 풀려날 수 있게 된다. 이러한 작용은 이해하기 어렵지만 가족세우기 현장 속에서 수없이 반복되고 있다. 내담자는 전혀 알지 못하는 사람의 운명을 자신도 모르게 재현한다. 이러한 얽힘이 발생하는 이유는 바로 집단의 양심에 있다.

얽힘: 증상의 원인

헬링어는 '가족세우기가 무엇인가' 라는 질문에 다음과 같이 대답한다. 가족세우기는 한 사람이 이전 세대의 가족 중 누군가의 운명에 얽혀 있다는 것을 밝혀내는 작업이다(Hellinger, 2002a). 가족세우기의 핵심작업은 바로 가족 중에 얽힘의 문제를 해결하는 것이다.

얽힘의 발생은 질서, 애착, 주고받음의 공평성이 가족 안에서 왜곡되었거나, 집단의 양심에 의해 다른 사람의 운명을 대신 지려고 할 때 일어난다.

헬링어에 의하면, 무의식적으로 어떤 사람과 내적으로 강하게 연결되어 있는 사람은 종종 자신의 삶 속에서 그와 유사한 감정과 그가 겪었을 비슷한 운명을 갖는다. 자녀들은 얽힘을 통해 이전 가족구성원들의 감정과 행동방식을 전수받는다. 자녀들은 본질적으로 이질적인 이러한 감정과 행동방식을 종종 그들의 전체 생애 동안 소유한다. 헬링어가 이러한 세대 간의 전수과정을 설명하기 위해서 사용하는 개념이 '얽힘' 이다(Ulsamer, 2004). 가족 중의 어떤 사람은 무의식적으로 이전 세대의 불행한 운명을 받아들여 자신의 삶으로 여기고 산다. 앞서 언급했듯, 선대에 아이가 버려졌다면 후대의 누군가가 자신이 버려진 것같이 행동한다. 그러나 그가 자신의 행동이 이전 세대에 버려진 사람의 운명과 얽혀 있다는 것을 알게 되면 거기에서 풀려나게 된다. 이전 세대는 후대 세대보다 우위에 있으며 이전 세대의 책임을 대신 지는 것은 후대 세대에 속해 있지 않다. 그럼에도 불구하고 이러한 일들은 도처에서 일어나고 있다. 만일 한 가족 안에서 누군가가 파괴적인 일을 했다면 대부분의 경우 후손 중 하나가 그를 모방하려고 한다. 헬링어는 이와 같은 경우를 그 후손이 한 선조를 모방함으로써 그에게 존중을 표하는 것이라고 말하였다(Weber, 1998, 2000).

누군가에게 불의한 일이 발생했을 경우 그 가족 안에서는 보상의 요구가 일어난다. 이전 세대에게 일어난 불의는 가족 안에서 나중 세대에게 이어진다. 가족 중 어느 누군가가 불행한 삶을 산 그 선조의 삶을 모방하여 또다시 고통을 당한다. 이전 세대의 불행을 모방하는 사람은 가족집단 양심을 통해 이전 세대의 운명을 자신의 운명으로 받게 된다. 헬링어는 가족집단 양심은 특히 후대 사람들에게는 불의하게 작용한다고 말한다.

이러한 예는 홀로코스트의 생존자들의 삶 속에서 증명될 수 있다. 홀로코스트의 생존자들이 고통스러운 수용소 생활에서 벗어난 후에도 그들 대부분은 수용소에서 비참하게 죽은 가족에 대한 죄책감으로 자신의 삶을 제한하고 스스로를 고독과 절망에 내버려 두었다. 그들은 무의식적으로 그러한 삶에 처함으로써 죽은 가족들에게 자신만 살아남은 것에 대해 속죄할 수 있다고 믿었다(Hellinger & ten Hövel, 1997). 그러면 얽힘은 어떻게 푸는가? 만일 가족이 가족세우기를 통해 다시 회복되면, 가족의 각 개인은 가족세우기의 힘을 배후에서 느끼게 된다. 이를 통해 감정이 풀리고 경감되게 된다. 그리고 더 이상 짐을 지우는 것 없이 자신을 되찾게 된다. 예를 들어, 헬링어는 가족으로부터 버려진 사람을 세운다. 그리고 그가 다시 가족에게서 수용되고 존중되며 자기의 자리를 갖게 되면 운명의 얽힘이 풀어지게 된다. 헬링어는 문제가 현재가 아닌 이전 세대에 속하는 것으로 인정해야 한다고 본다. 종종 여러 세대에 걸쳐 내려오는 가족사의 얽힘이 부부관계와 가족관계에 영향을 미친다. 이 얽힘은 가족세우기를 통해 드러나 보이고 인정되며 질서를 잡게 된다. 그리하여 후세대를 위해 얽힘이 풀어지며 부부관계와 가족관계는 새롭게 형성될 수 있다.

얽힘이란 무엇인가?

① 죽음이나 질병 혹은 불행한 운명을 따르려고 하는 것에서 얽힘이 발생한다

부모 중 한쪽이 일찍 사망하게 되면 무의식적으로 '나는 당신의 뒤

를 따릅니다.' 라면서 부모의 운명을 따르는 역학관계가 나타날 수 있다. 얽힘의 또 다른 원인은 가족 중에 한 사람이 추방당하거나 잊혀지게 되는 것이다. 이러한 가족구성원은 다음 세대 또는 그 다음 세대에서 새로운 가족구성원을 통해 규칙적으로 반복되게 된다. 이것은 후손 중에 누군가가 불행한 삶을 산 사람의 운명을 받아들였기 때문이다. 다른 사람의 운명을 받아들인 사람은 상실, 낙태, 억울한 죽음, 사고, 깊은 갈등 등이 세대를 통해 반복될 수 있다. 따라서 이유를 알 수 없는 우울증, 죄책감, 정신적 장애, 자살에 대한 욕구와 같은 많은 현상들이 다른 가족구성원과의 숨겨진 관계(또는 '얽힘')로 기원될 수 있다. 증상을 갖고 있는 내담자가 누구와 연결되어 있는지를 알지 못한다면, 자신의 감정과 행동을 이해하지 못한 채 머무르게 된다. 내담자는 이러한 속박에 의해 불확실하게 영향을 받거나, 오히려 전적으로 지배당하게 된다.

얽힘을 발생하게 하는 관계는 다음과 같다.

- 부모와 조부모, 형제자매의 조기사망과 힘든 운명
- 낙태, 유산, 사산
- 비극적 죽음과 사고로 인한 죽음
- 자살과 파산
- 범죄와 부당한 사건의 희생자와 가해자
- 배우자나 약혼자의 갑작스러운 죽음
- 입양
- 파혼과 이혼
- 가족적 비밀
- 가족으로부터 권리를 박탈당하거나 존중받지 못함

• 전쟁의 경험

② '차라리 제가 짐을 지겠습니다'에서 얽힘이 발생한다

헬링어에 의하면 인간에게 장애나 문제를 일으키게 하는 중요한 두 가지의 기본구조가 있다. 하나는 무의식적으로 어떤 한 사람에게 고착되어 있는 경우이고, 다른 하나는 유아기 시절 부모에게 향하는 애정과 사랑이 자연스럽게 흐르지 못하고 단절된 경우로, 개인의 신체와 정서 및 정신적 발달에 상당한 저해요인으로 작용될 수 있다고 본다. 부모를 힘들게 하는 반항아의 경우도 그 내면에는 부모에 대한 깊은 충성심이 바탕을 이루고 있는 것을 보게 된다. 겉으로 드러나는 모습은 거칠고 반항적이지만 그 내면에는 오히려 부모에 대한 깊은 사랑과 애착이 숨겨져 있는 경우가 있다. 가족세우기에서는 종종 나쁘고 이해할 수 없는 행동을 하는 사람이 오히려 깊은 사랑의 동기를 가진 좋은 사람으로 나타나는 반면, 좋은 사람으로 간주된 사람이 가족 안에서 힘든 역학관계를 유발시키는 장본인으로 나타나기도 한다. 예를 들면, 중학교 1학년인 소년은 초등학교 때까지는 공부를 잘하고 모범생 소리를 듣던 아이였다. 그러다가 중학교에 들어가면서 갑자기 성적이 떨어지더니, 급기야는 학교를 빠지고 PC방에서 게임을 하는 것이 발견되었다. 이 소년이 말썽을 피우게 된 시점과 부모의 관계가 위기로 치닫게 된 시점이 일치하였다. 부모의 걱정은 이루 말할 수 없었지만 자녀가 말썽을 부리자 오히려 부부 사이에는 오랜만에 평화가 찾아왔다. 부부는 자녀문제로 씨름하면서 부부싸움을 덜하게 되었다. 겉으로 드러난 모습은 문제아인 자녀로 인해 문제를 갖게 된 부부의 모습이지만 오히려 이 문제아 자녀로 인해 부부는 심각한 위기를 완화시킬 수 있었다. 문제아로 비쳐졌던 자녀는 오히려 이 가족을 구출한 구원

자였다. 자녀는 부모가 갈등 속에서 떠나려는 모습을 보고 '차라리 제가 가겠습니다'를 무의식적으로 선택하였고, 그 결과는 부모에게 반항하고 문제를 일으키는 모습으로 비쳐졌다.

이러한 경우는 보웬이 말하는 삼각관계의 희생양이 되는 자녀의 모습과 연결이 된다. 보웬에 의하면, 삼각관계는 관계유형을 뜻하는 말로, 가족구성원들의 이인관계가 세 개 모인 것이다. 삼각관계는 이인관계가 위태할 때 형성되는 관계 형태다. 즉, 이인관계에서 다른 사람을 끌어들여 형성된다. 삼각관계에 가장 큰 영향을 미치는 것은 불안이다. 불안이 심할수록 사람들은 삼각관계를 통해 대처하려고 한다. 양자관계(어머니-아버지)는 불안정한 관계체계이기에 스트레스에 처하게 되면 삼각관계(어머니-아버지-자녀)가 형성된다. 양자 갈등이 발생할 때 제삼자를 끌어들이는 것은 우리 모두에게 일상적인 패턴이다. 두 친구 사이에 갈등이 생기면 두 사람은 다른 제삼자에게 지지를 호소하게 된다. 부부관계에 자녀를 끌어들여 삼각관계를 형성하는 경우, 부부갈등은 완화된다. 그러나 부모자녀 관계는 오히려 악화된다. 예를 들어, 딸이 어머니와 갈등하게 되면서 부모의 부부갈등을 대신한다. 그리고 아버지와 딸은 더 친해지고 가까워진다. 이를 통해 아버지는 아내와의 갈등을 회피하고 체계의 붕괴를 막을 수 있다. 그러나 어머니는 남편과 딸이 가까워지는 것을 보고 질투를 느끼며 자신이 설 자리는 없다고 느끼게 된다. 따라서 어머니는 딸을 공격하게 되고 이에 딸과 어머니는 갈등관계가 된다. 딸이 아버지와 가까워질수록 딸과 어머니의 관계는 멀어지게 된다. 부부는 양자관계의 어려움을 극복하기 위해 딸을 끌어들여 삼각관계를 형성한다. 그리고 이 삼각관계는 늘 감정 반사적으로 행동하는 것을 통해 유지된다. 가족들이 삼각관계를 형성하는 이유는 이점이 있기 때문이다. 즉, 두 사람 간의 갈등이 힘에 겨워 무언가 다른 해결책을 찾게 되는 것이다.

- 아버지: 아내와 덜 싸우게 되고 딸과 친해짐으로써 정서적 안정을 보충한다.
- 어머니: 남편과 덜 싸우게 되는 반면에 딸과 싸우게 된다. 그래도 남편과 싸우는 것보다 딸과 싸우는 것이 좀 더 낫다.
- 딸: 본인도 모르게 부모의 갈등에 휘말려 아버지와 밀착하는 반면에 어머니와 갈등관계를 갖는다. 이를 통해 딸은 가족갈등을 짊어지게 된다.

그럼 삼각관계 자체가 역기능인가? 삼각관계의 역기능이 본격적으로 드러날 때는 부부 중 한쪽이 다른 쪽에게 대항하기 위해서 자녀의 지지를 요구할 때 자녀가 압박감을 느끼면서 부부갈등에 끌려 들어가게 된다. 이때 자녀는 스트레스를 이기지 못하여 증상을 갖게 된다. 자녀가 삼각관계에 휘말리는 상황은 다음과 같다. 어머니가 아들에게 "너희 아버지 때문에 못살겠다."라고 한탄한다. 어머니는 아들에게 이 말을 해서 기분은 풀렸을 수 있지만, 이 말을 들은 아들은 이제 어머니와 아버지의 갈등에 들어가게 된다. 이것은 아들에게 아버지에 대한 죄의식을 갖게 하고, 어머니를 지나치게 동정하게 한다. 따라서 부모를 객관적으로 보지 못하고 건강한 자아를 발전시키지 못한다.

보웬이 가족 안에서 주목하는 것이 바로 삼각관계다. 모든 가족이 이러한 삼각관계를 형성하는 것은 아니다. 보웬은 대부분의 역기능적 가족에 삼각관계가 있으며, 이는 자아분화가 낮은 가족들에게 나타나는 관계 패턴이라고 본다. 미분화된 가족은 자신도 모르게 무의식적으로 삼각관계를 형성하게 된다. 이런 삼각관계는 가족 안에서 영원히 지속될 수 있다. 사람은 바뀌지만 관계 형태는 계속 지속되는 것이다. 가족 안에는 한 종류의 삼각관계만 있는 것이 아니라 여러 형태로 존재한다. 그리고 삼각관계를 형성하지 못한 가족구성원들은 그저 가만히 있는 방관자가 아니다. 그들은 끊임없이 삼각관계를 형성하려고 노력하고 있다. 보웬이 언급한 이러한 삼각관계에 대해서 헬링어는 자녀가 부모 대신에 '차라리 제가 짐을 지겠습니다' 라는 얽힘의 시작이라고 지적한다. 보웬과 헬링어의 견해에는 분명한 관점의 차이가 공존하지만 두 사람은 유사한 내용을 지적하고 있다.

헬링어는 얽힘을 설명하면서, 삼각관계의 희생양이 되는 자녀에 대한 내용에서 더 나아가 '차라리 제가 죽겠습니다' 로 인해 발생하는 얽힘에 대해서 설명한다. 자녀에게는 부모 대신에 고통을 받으려고 하고 더 나아가서 죽으려고 하는 모습이 있다고 한다. 그것은 '내가 어렵게 살면 부모님의 삶이 가벼워질 거야.' 라는 마술적인 사고라고 한다.

헬링어는 지붕에서 뛰어내려 자살하려고 하였던 한 소녀를 상담하였다. 그 소녀의 아버지는 죽으려고 하였고, 이에 소녀는 속으로 '아버지를 대신해서 제가 죽겠습니다.' 라고 생각하고는 이를 행동화시킨 것이었다. 소녀는 자신의 원초적 욕구에 따라서 행동하였으며 아버지와 가족을 지키려고 자신을 기꺼이 희생하려고 하였다. 이러한 소녀에게 자신의 희생이 아무런 도움이 안 된다는 것을 알려 주는 것은 의미가 있다. 이를 통해 소녀로 하여금 자신의 자해와 자살이 죽으려는 아버지를 살려 낼 수 있다는 마술적인 상상을 포기하도록 해야 한다. 헬링어는 이 소녀가 "사랑하는 아버지, 당신이 무엇을 하시든 저는 살겠습니다. 저는 당신으로부터 생명을 받았습니다. 그 생명을 받아들이겠습니다. 귀히 여기겠습니다." 라고 말함으로써 풀려날 수 있다고 한다.

③ 죄에 대한 속죄에서 얽힘이 발생한다

헬링어(1997)는 죽음에 대한 동경이나 중병, 또는 빈번한 사고는 가끔 자신의 죄나 가족의 죄를 속죄하고 싶은 욕구와 관련이 있다고 한다. 즉, 얽힘은 속죄의 욕구에서 생길 수 있다. 이전 세대에 발생한 불의한 사건의 가해자와 희생자의 후손에게서 이러한 속죄의 욕구가 생겨난다. 특히, 희생자의 후손들은 스스로 자신의 삶을 제한시킴으로써 고통을 받고 이전 세대의 삶을 모방하려는 경향을 갖는다. 이러한 모습은 동일시의 현상으로서, 불행한 운명을 갖고 산 조상과 자신의 동일시를 통해 문제와 증상이 나타나게 된다.

60대의 한 여인이 가족세우기를 의뢰하였다. 그녀의 문제는 죽음에 대한 두려움과 알 수 없는 한의 정서라고 하였다. 가족의 임종을 보면서 눈물을 흘리지도 못하고 멍하니 있는 자신의 모습을 변화시키고 싶다고 하였다. 가족세우기가 진행되었으며 내담자의 할아버지가 일제강점기에 일본인에게 억울하게 독살당하였다는 것이 드러났다. 내담자의 아버지는 억울한 죽음으로 일찍이 아버지를 여의고 고생하면서 성장하였다. 이 내담자의 가족구성원들에게 나타나는 현상은 모두 다 죽음에 대한 심한 두려움과 막상 가족 중 누군가가 사망하였을 때는 멍하니 울지도 못하고 슬퍼하지도 못하고 있는 모습이라고 하였다. 치료사는 사망한 할아버지와 그를 독살한 일본인의 대리인을 세웠다. 가해자인 일본인이 할아버지에게 머리를 숙여서 사과하였을 때 내담자의 입에서는 깊은 신음 소리가 나왔고 말할 수 없는 슬픔과 탄식을 표현하였다. 내담자는 억울하게 사망한 할아버지의 불행한 운명을 자신의 삶의 일부분으로 받아들여서 동일시하였고, 이러한 현상은 비단 내담자만이 아니라 가족 전체에서 볼 수 있었다. 내담자는 자신의 삶을 제한하고 무의식적으로 죽음에 대한 깊은 한의 정서를 안고 살아왔다.

치료사는 가해자인 일본인이 할아버지에게 용서를 빌고 자신의 잘못을 고백하게 함으로써 할아버지의 불행한 삶을 존중하고 수용하게 하였다. 독일에서 만들어진 가족세우기가 한국에 적용 가능성이 큰 것은 한국과 독일이 동일하게 전쟁을 경험하였기 때문이다. 독일인은 가해자였지만 전쟁과 그로 인한 깊은 상처를 안고 살아가고 있다. 가족세우기는 이러한 토양 속에서 만들어진 것이다. 한국 역시 일제강점기와 한국전쟁 등으로 인해 수많은 가족이 깊은 상처를 안고 살고 있으며, 억울한 사건과 죽음, 불의한 사건에 많은 가족이 연결되어 있다. 이러한 이전 세대 가족의 아픔과 상처는 그들만의 몫으로 끝나는 것이 아니라 후손에게 속죄의 욕구와 동일시의 현상을 통한 역기능으로 이어질 수 있다.

④ 부모의 미해결에서 얽힘이 발생한다

독일에서 헬링어와 쌍벽을 이루는 가족치료사 슈티얼린(Stierlin, 1982)은 부모가 자녀의 나이나 본성에 맞지 않는 과제를 자녀에게 위임하는 현상을 연구하였다. 부모 중 한 사람이 자신의 인생에서 미해결 과제나 실패한 욕구를 갖게 되면 자녀는 어머니나 아버지의 이루지 못한 꿈을 실현시키기 위해 파견된다. 이 경우 자녀는 예를 들어 의사, 법관, 교수, 목회자, 스포츠 스타가 되어 부모가 이루지 못한 꿈을 완성해야만 한다. 슈티얼린은 부모가 자녀에게 과제를 위임하는 과정을 '파견(Delegation)' 이라는 개념으로 나타냈다. 자녀가 하나의 사명을 안고 파견되는 사절단처럼 반드시 이루어야 할 과제를 떠맡게 된다. 이 과제를 떠맡은 자녀가 혹시 자신에게 주어진 사명에서 벗어날 수 있다고 해도 그것은 심한 죄책감 속에서만 가능하다. 슈티얼린은 이와 관련해서 '탈출죄' 라는 표현을 썼다. 이것은 자녀가 부모에게 부여받은 사명을 다 완수하지 못하는 경우 평생 동안 깊은 죄책감에 시달린다는 것이다. 여기에는 자녀의 부모에 대한 충성심과 부모에 의한 착취의 도식이 존재한다. 슈티얼린은 자녀가 아주 이른 나이에 파견되었지만 주어진 사명을 완수하지 못했을 때는 정신장애와 같은 증상을 발생시킨다고 한다. 슈티얼린이 언급한 세대의 역기능은 역시 헬링어의 개념 속에 반영된다. 헬링어는 부모에게 미해결 과제가 있다면 이것이 자녀에게 투사될 수 있다고 본다. 즉, 자신들이 해결할 수 없었던 욕구는 자녀를 통해 해결하려고 시도된다. 이러한 부모의 미해결 과제는 자녀의 삶에서 얽힘으로 발생하고, 자녀는 자신이 진정으로 원하는 것을 희생하면서 자신의 것이 아닌 부모의 미해결 과제로 인해 고통당하게 된다. 이것은 자녀로 하여금 자신의 삶을 제한하게 하고 자기가 진정 원하는 삶을 사는 것을 방해한다. 자녀가 부모의 미해결 과제를 성취했다고 해서 여기에서 해방되는 것은 아니다. 자녀는 비록 부모의 미해결 과제를 해결했지만 그가 얻을 수 있는 것은 그것뿐이다. 자녀는 그동안 남을 위해 살아 온 것이지 자신을 위한 삶은 존재하지 않았으며, 이제 자신을 위한 삶이 허용된다고 하더라도 이를 제대로 수행하지 못한다.

40대의 남성 내담자가 가족세우기에서 자기의 가족을 세웠다. 그의 아버지는 자수성가한 사람으로 아주 엄격하였다. 아버지의 한은 공부를 하지 못한 것이며, 아들이 이를 풀어줄 것을 요구하였다. 어린 시절부터 내담자는 가족 안에서 특별한 위치에 있었다. 늘 형제 중에서 특별대우를 받았으며, 이와 동시에 아버지는 내담자에게 좋은 대학에 가서 사회적으로 성공하기를 요구하였다. 아버지에게 사회적 성공은 고급공무원이 되는 것이었다. 즉, 내담자는 슈티얼린의 개념에 따르면 '파견' 된 것이다. 아버지의 미해결 과제를 풀어 주기 위해 내담자는 어린 시절부터 오로지 고급공무원이 되도록 훈련받았다. 그러나 그는 아버지의 요구를 들어주지 못하였다. 도중에 공무원시험 준비를 포기하였고 일반 직장에 들어가서 평범한 회사원이 되었다. 아버지는 기대했던 아들에게 실망하였고 내담자를 아들로 여기지 않게 되었다. 내담자는 아버지에 대한 깊은 죄책감을 가졌다. 아버지의 평생의 한이었던 고급공무원이 되지 못한 자기 자신의 무능을 탓하였고, 동시에 자신에게 과도한 기대를 한 아버지에 대해 깊은 분노를 갖게 되었다. 가족세우기를 통하여 아버지가 세워졌고 내담자는 아버지에게서 물려받은 '탈출죄' 를 해결하게 된다. 내담자는 아버지에게 "나는 단지 당신의 아들입니다. 저는 당신의 아들의 자리로 돌아갑니다. 저를 있는 그대로 한 아들로서 보아 주십시오."라고 고백함으로써 '파견' 으로 인한 '탈출죄' 를 벗어나게 되었다. 가족세우기 현장 속에서 이러한 '탈출죄' 를 갖고 있는 내담자들의 경우 문제해결은 대단히 어려운 과정으로, 다른 유형의 문제보다 더 긴 시간과 노력을 필요로 한다.

⑤ 가족희생양에서 얽힘이 발생한다

'가족희생양' 이라는 개념은 미누친(Minuchin)의 구조적 가족치료와 보스조르메니-내지의 맥락적 가족치료에서 발견할 수 있다. 가족희생양 역시 헬링어가 언급한 부모와 자녀의 관계에서 발생되는 얽힘의 한 원인이다.

자녀는 가족희생양으로서 가족의 짐을 짊어지고 부당하게 가족문제의 원인 제공자로 비난받는다. 희생양이 된 자녀의 역할이 부당한 편견을 받는 역할임에도 불구하고 자녀는 그 역할을 받아들이고 수용하게 된다. 이러한 희생양이 발생하는 이유는 희생양을 포함하여 모든 가족구성원이 가족체계의 한 요소를 희생하는 대가를 치러서라도 가족체계의 항상성의 균형을 유지하기 위해 행동하기 때문이다. 가족은 그들의 결속력을 유지하기 위해 자녀 중 한 명을 희생양으로 이용한다. 가족에게 희생양이 된 개인은 가족의 긴장을 다른 데로 돌리고 가족에게 결속의 토대를 제공하는 중요한 기능을 한다. 이상적인 희생양은 정신적 발달수준에서 보다 약하고 왜소한 사람들로, 대상은 대개 나이가 어린 자녀다. 희생양이 된 자녀가 있는 가정에서 공통적으로 발생하는 행동의 반복적인 패턴은 개인의 병약함이나 내적인 갈등으로 인한 것이라기보다는 그 패턴들이 전체 가족체계의 기능성에 유용하기 때문에 일어난다.

가족희생양이 만들어지게 되는 주요 원인은 부부갈등으로, 이 부부갈등의 회피수단으로 가족희생양이 만들어지게 된다. 그러나 부부갈등이 있다고 무조건 희생양을 만드는 것은 아니다. 가족희생양 역시 가족의 세대전수의 패턴 속에 놓여 있다. 가족희생양의 기능은 부부갈등이 있음에도 불구하고 가족체계를 안정화시키는 힘으로 작용한다는 것이다. 부모가 심각한 개인적 갈등이나 부부간의 갈등을 겪을 때 이 갈등을 자녀에게 투사함으로써 결혼생활을 역기능적으로 유지한다. 부모는 문제가 있는 결혼관계에 화합을 유도하기 위해 자녀 중 한 명에게 대인관계상의 긴장과 갈등을 투사한다. 그러면 자녀는 갈등의 짐을 대신 지는 위치에 서게 되고, 그 결과 갈등이 우회하게 되는 삼각관계에 놓이게 된다(Pillari, 2007). 부부 사이의 갈등은 희생양 자녀가 문제를 제공하거나 문제행동을 하도록 위임되었을 때 자녀 쪽으로 관심을 돌리게 만든다. 부부갈등이 존재하는 가족 안에는 해결되지 않은 긴장이 있다. 이러한 긴장은 너무 심각해서 해소되지 않고서는 가족이 잘 기능할 수 없다. 긴장을 해소하는 가장 흔한 방법은 적임자를 찾아서 긴장을 상징화하는 것이다. 이때 가족의 긴장을 해소시켜 줄 가장 적절한 개인은 자녀로서, 이들은 부모와 비교해서 상대적으로 무력한 입장에 있기 때문에 희생양이 된다.

가족희생양으로 뽑히면 그 자녀는 '문제아'가 된다. 자녀는 가족 안에 야기되는 긴장과 불안에 극도로 예민해져서 관심을 끌기 위해 나쁜 짓을 하거나 완벽한 자녀 역할을 하는 식으로 반응한다. 자녀는 나쁜 짓을 함으로써 가족이 다른 긴장에서 벗어나게 해 주고 가족이 느끼는 고통과 분노를 자신에게 성공적으로 돌릴 수 있게 한다. 이러한 자녀의 행동은 가족체계가 균형을 잃을 때 자신이 느끼는 불안을 줄이기 위한 것으로 보인다.

그러나 가족체계 안에 긴장과 갈등이 있다고 무조건 희생양이 만들어지는 것은 아니다. 보스조르메니-내지와 스파크(1973), 보웬(1990) 그리고 필라리(Pillari, 2007)에 의하면 가족희생양화는 가족의 세대전수의 패턴 속에 놓여 있다고 한다. 이러한 맥락에서 볼비(J. Bowlby)는 "아동이었을 때 부모의 애정결핍으로 고통받았던 자녀가 부모가 되면, 자기 자신을 결핍으로 이끌었던 상황을 똑같이 재생산하는 경향을 보인다."라고 말한다(Jackson, 1995). 볼비(1984)는 자녀가 부모처럼 역기능을 재연하는 경향을 자녀가 스스로를 부모와 동일시하기 때문이라고 여긴다. 부모는 이러한 동일시의 과정을 통해 심각한 개인적 갈등이나 부부간의 갈등을 겪을 때 이러한 갈등을 자녀에게 투사하는 것을 전수받게 된다. 다세대전수의 패턴 속에서 부모는 가족체계의 긴장과 갈등을 해소하기 위해 자녀 중 한 명에게 대인관계상의 긴장과 갈등을 투사한다. 그러면 그 자녀는 갈등의 짐을 대신 지는 위치에 서게 되고 그 결과 갈등이 우회하게 된다.

필라리(1986)는 아이가 희생양의 역할을 맡게 되는 가장 일반적인 수단은 불일치라고 한다. 불일치의 가장 흔한 형태는 암시적 혹은 명시적으로 자녀를 그 역할로 유도하는 방식이다. 이것은 이중구속의 메시지로 설명할 수 있다. 아이를 희생양 역할의 덫에 걸리게 하는 불일치적 행동은, 예를 들어 한쪽 부모는 격려하고 다른 쪽 부모는 금지했을 때 일어난다. 이로 인해 아이는 부모의 갈등에 휘말리게 되고혼란을 겪게 된다.

가족희생양의 역할을 수행하는 자녀는 죄책감과 열등감, 그리고 높은 수준의 불안감을 느낀다. 자녀들은 모두 어느 정도의 죄책감을 느끼지만 희생양은 자신이 하는 모든 일에 죄책감을 느끼며 잘못된 일은 무엇이든 다 자신의 잘못이라고 믿는다. 이것은 부모가 더 이상 사랑을 주지 않을 것이라는 두려움을 야기했던 과거의 처벌 속에서 잉태된 것이다. 가족희생양은 모든 사람에게서 거부될지 모른다는 두려움을 계속 가지면서 자기 자신을 벌한다.

필라리(1986)는 희생양이 된 사람의 경우 두 가지 측면의 자아가 발달한다고 하였다. 소외되고 수동적이며 분열된 비난자 역할의 자아와 고통받는 희생자로서뿐만 아니라 가족의 구원자로서 감당하게 되는 보상적인 역할의 자아가 그것이다. 이들은 가족문제로 화가 나 있고 괴로워하며 가족 내 다양한 문제에 대해 책임을 느끼기 쉽다. 이러한 맥락 속에서 보스조르메니-내지(1965)는 자녀의 문제와 증상이 역기능적 가족체계 속에서 가족을 구하겠다는 가족희생양인 자녀의 소망에서 생겨났다고 본다. 헬링어 역시 이러한 견해를 받아들여 비행아동과 청소년의 내면에서 가족에 대한 분노보다는 오히려 부모와 가족을 향한 깊은 사랑을 볼 수 있다고 하였다. 가족희생양은 가족역기능에 의해 가족체계의 항상성의 역할을 하도록 요구받으며, 희생양의 역할을 하는 자녀는 자신의 의지와는 상관없이 가족의 갈등과 문제의 원인제공자로 지목되어 가족투사의 대상이 된다. 희생양인 자녀는 이러한 역할을 거부하기보다는 기꺼이 수행하고, 이들의 내면에는 가족에 대한 깊은 사랑이 존재한다. 그러나 부모와 자녀의 관계 속에서 희생자가 되며 가족역기능에 얽히게 된다.

가족의 갈등과 불안을 감소시키기 위해 가족희생양 메커니즘을 사용하는 가족은 세대전수를 통해 반복되며, 이러한 뒤틀린 가족관계의 반복성은 가족 패턴으로 작용한다. 가족세우기에서 중요하게 다루는 주제인 가족 안에서의 추방자가 바로 가족희생양의 한 형태다. 희생자인 자녀는 얽힘 속에서 성인이 된 후에도 자유롭지 못하며 정서적 장애나 다양한 얽힘의 증상을 가질 수 있다.

가족 얽힘의 증거 가족세우기는 가족의 역기능을 가족 안에서 전수되는 부정적인 삶의 패턴인 얽힘의 문제에서 접근한다. 가족체계 안에서 얽힘에 말려든 개인은 여러 가지 증상을 갖게 되며, 이러한 증상은 가족세우기의 치료과정을 통해 해소될 수 있다.

다음은 얽힘의 구체적 현상이다.

- 당신이 슬픔, 고난, 죽음에 대한 동경을 느끼는 경우
- 당신 자신이 존재하지 않는다는 감정을 자주 갖는 경우
- 가족 안의 몇몇 상황 속에서 당신이 이방인처럼 느껴지는 경우
- 꼭 집어서 설명할 수 없지만 무언가 당신의 생활이 그늘지는 경우
- 때때로 당신 자신을 이해하지 못하는 경우
- 자녀로서 당신이 부모 중 한 명이나 또는 부모 모두에게 어떤 목적에 이용당했다고 느껴지는 경우
- 당신이 자신의 바람과 목표에 일치하지 않는 과제나 의무를 떠안아야 하는 경우

- 당신이 계속해서 부담을 느끼거나, 내버려져 있거나 희망이 없다고 느껴지는 경우
- 당신이 누군가의 뒤치다꺼리를 하는 경우
- 당신이 경제적으로 성공하지 못한 경우
- 당신이 관계를 오래 유지하지 못하는 경우
- 당신이 자신의 삶에 단단히 묶여 있어서 더 나아가지 못한다고 느끼는 경우
- 당신이 언제나 당신의 삶 속에서 별다른 이유를 발견하지 못하는 슬픔과 우울적인 불쾌감으로 힘들어하는 경우
- 당신이 실제로 주어진 삶을 누리지 못하고, 산다는 것에서 별다른 기쁨을 느끼지 못하는 경우
- 당신의 가족 중에서 세대 간에 질병, 부모와 형제자매의 조기 사망, 힘든 운명, 불행한 관계를 반복하는 경우
- 당신 혹은 당신의 부모나 조부모가 일찍 아버지, 어머니, 형제자매, 자녀를 잃어버린 경우

가족세우기가 도움이 되는 얽힘의 문제들 가족세우기는 다세대 전수 과정에서 일정한 역기능 패턴을 반복하고, 이를 통해 발생되는 여러 삶의 문제들에 대해 치료적 가능성을 제공할 수 있다.

가족세우기를 통해 치료적 가능성을 갖는 문제들은 다음과 같다.

- 힘든 삶의 단계(헤어짐, 죽음, 탈진)
- 관계문제
- 직장문제
- 자녀와 부모 사이의 문제

- 알 수 없는 영적인 질병
- 질병(암, 거식증)
- 알 수 없는 신체적 고통

세대 간에 이어지는 얽힘의 비밀 얽힘은 세대를 통해 전수되는데, 이 얽힘을 전수하는 장본인은 부모다. 그런데 여기서 한 가지 질문이 제기될 수 있다. 그것은 부모가 얽힘과 관련된 이야기를 자녀에게 전하지 않으면 세대전수가 일어나지 않을 수도 있는가라는 의문이다. 이에 대해 티스롱(Tisseron, 2005)은 부모가 얽힘을 유발할 고통스러운 기억의 비밀을 숨기려 하면 할수록 자녀에게 더욱 역기능적으로 전수된다고 밝혔다. 선대에 있었던 얽힘의 발생이 다음 세대에 그대로 전해지는 것은 아니지만, 어떤 식으로든 반드시 영향을 미치게 마련이다. 부모가 내면에 비밀을 간직할 때는 정상적으로 의사소통이 이루어지기 힘들고 이로 인해 자녀들이 폐해를 입는다. 자녀들은 부모의 얽힘에 대한 고통스러운 비밀에 적응하는 과정 중에 정신적으로 장애를 갖게 되며, 나중에는 자신의 자녀들에게까지 그 영향을 미치는 등 세대에 걸쳐 얽힘이 이어질 수 있다.

얽힘을 유발할 고통스러운 기억의 비밀을 간직하는 첫 번째 세대는 비밀을 지키고 싶은 마음과 비밀을 털어놓음으로써 자유로워지고 싶은 마음 사이에서 내면적으로 갈등을 경험한다. 이 때문에 당사자는 비밀을 극구 부인하는 가운데 본의 아니게 부분적으로 누설하게 된다. 비밀을 간직한 사람이 이처럼 내면적 갈등과 상징화를 통해 부분적으로 드러내는 행동은 주위 사람들을 의아하게 만들 수 있다. 비밀을 가진 사람이 가족구성원을 비롯한 다른 사람들과의 의사소통에서 겪는 장애는 모든 방면에서 나타난다. 이러한 의사소통장애의 가장 큰 피해자는 바로 당사자의 자녀다. 부모를 통해 세계를 받아들이는 자녀는 부모에게 의존해야 하고, 부모의 권위에 따라야 할 존재이기 때문이다.

비밀은 언제나 침묵에 의해 유지된다. 얽힘을 유발할 고통스러운 기억의 비밀을 간직하는 첫 번째 세대에게 비밀이 '말로 표현될 수 없는 것' 이었다면, 두 번째 세대에게는 '이름을 붙일 수 없는 것' 이 된다. 여기서는 비밀의 내용은 잊혀지고 오로지 그 존재만 감지되거나 의문을 자아낸다. 당사자는 감추려 하지만, 감추려는 그 사실 때문에 당사자의 비밀이 자녀들에게 똑같은 불안감을 초래한다. 비밀은 자녀 세대인 두 번째 세대에 이르러서 심각한 인성장애까지는 아니지만 경미한 장애를 동반한 채 성장장애를 초래할 수 있다.

얽힘을 유발할 고통스러운 기억의 비밀을 간직하는 세 번째 세대가 되면 비밀은 '생각할 수 없는 것' 이 된다. 자녀들은 이러한 가족 안에서 성장하면서 자기 내면에서 스스로 도저히 설명할 수 없는 감각이나 감정 또는 행동이나 이미지를 느끼면서 기이하다는 생각을 갖게 된다. 원래의 비밀이 손자세대에 이르게 되면 부모세대와는 달리 정체를 알 수 없게 되고 많은 변형을 초래한다. 세 번째 세대는 오히려 두 번째 세대보다 폐해가 더욱 심각하다. 부모세대가 비밀의 열쇠를 갖고 있지는 않지만 세 번째 세대가 그러한 비밀로 인해 갖는 문제는 광범위하다.

우리는 다른 사람의 비밀에 직면하게 되면 비록 본인은 의식하지 못하더라도 이로 인해 자신의 비밀을 만들어 낸다. 감지해 낼 수는 있지만 제어할 수는 없는 다른 사람의 비밀에 대응해서 새로운 비밀을 만들어 내어 대응한다. 이런 까닭에 비밀은 아무리 사소하더라도 또 다른 비밀을 낳고 때로는 대단히 심각한 비밀로 이어질 수 있다.

후손들은 이전 세대에 있었던 비밀의 영향으로 새로운 비밀을 발생시킨다. 후손들은 자기가 통제할 수 없는, 즉 비밀의 문을 열거나 다룰 수 없는 상황에 자기만의 새로운 비밀을 만들어 냄으로써 비밀에 대응한다. 이들이 만들어 내는 비밀은 얽힘의 발생을 의미한다.

한 청년의 할아버지가 강제수용소에 끌려가서 인간 한계의 고통을 경험하였다. 할아버지는 수용소에 갔었다는 것을 숨겼고 수용소와 관련된 어떤 말도 피하였다. 그의 자녀들은 아버지가 가끔 이해할 수 없는 행동을 하고 감정적으로 혼란스러워하는 것을 보았다. 그러나 그 이유를 알지 못하였다. 그 후 손자들 중 한 명이 가족사 안에 있는 이러한 비밀에 대해 자기만의 비밀을 만들어 낸다. 그는 마치 자기가 누군가로부터 억압당한다는 환상을 갖고 살아가게 되었으며, 이러한 무의식적인 환상은 대인관계 문제를 발생시켰다. 즉, 얽힘의 발생이다.

프랑스의 심리학자인 쉬첸베르거(A. Schützenberger)는 한 가족의 무의식 속에 자리한 비극적 사건의 상흔이 가족의 비밀과정 속에서 때로는 수백 년 넘게 계속된다는 점을 지적하였다. 이것은 후대 자손의 가족 안에서 질병, 사고, 자살기도와 같은 것을 발생시킬 수 있다. 쉬첸베르거는 한 내담자의 치료과정 속에서 옛 프랑스혁명 때 비극적인 상황 속에서 죽은 후 제대로 추모되지 못한 조상들이 있다는 사실을 발견하였다. 이 조상들에 대한 비밀을 밖으로 드러내어 조상들을 분명하게 기억하고 제대로 추모하였을 때 그 내담자의 증상은 지속적으로 완화되었다(Hellinger & ten Höevel, 1997). 이 사례에서 알 수 있듯이 세대를 통해 전수되어 온 얽힘은 얽힘의 원인을 인정하고 존중하는 것을 통해 풀릴 수 있다.

2. 얽힘과 내담자의 가족사 연구

가족세우기 속에서 한 가족이 가진 얽힘의 문제를 풀기 위해서는 내담자의 가족사를 연구해야 한다. 가족세우기는 다세대 중심의 가족치료로 내담자의 현가족과 원가족을 연구하는 것이 일반적이다. 특히, 가족의 역동과 다세대로 이어지는 가족의 보이지 않는 운명들을 주의깊게 다룰 필요가 있다.

헬링어는 한 집단 안에서 개별적인 내담자와 작업을 한다. 그의 치료적 행동양식 중에 가장 중요한 토대는 내담자가 자신의 가족구성원들을 세우는 가족세우기다.

일종의 공간적인 은유 속에서는 다음과 같은 것을 볼 수 있다. 내담자의 관점 속에 있는 가족은 누구이며, 누구에게 얼마나 가깝고 누구에게 얼마나 멀리 서 있는지, 그리고 누구를 향하고 있고 누구를 외면하고 있는지를 볼 수 있게 된다. 그런데 헬링어의 독특성은 얽힘을 인식하기 위해 내담자의 가족사를 살펴보고 이를 통해 가족의 실재 사실과 역동성을 파악하였다는 것이다. 이러한 얽힘은 내담자가 이전 세대 중 누군가와의 동일시를 통해 나타나게 된다. 이렇게 동일시되는 사람은 대부분 가족으로부터 추방당하였으며, 내담자는 그와 동일시되었다는 것을 전혀 인식하지 못한다. 헬링어는 가족세우기의 방법을 통해 어떤 사람이 중요하고 어떻게 병리적 동일화를 해결할 것인지를 보여준다.

가족사의 실재 사실

가족세우기 치료는 가족 안에 무의식적으로 작용하는 가족의 역동성을 명료하게 설명할 길을 열어 준다. 헬링어에 의하면, 자녀들은 부모를 따르면서 부모의 삶을 벗어나지 못한다고 한다. 그리고 자녀들은 양심의 작용을 통해 부모의 자세를 닮기도 한다. 부모와 똑같이 호흡장애를 가질 수도 있고 허리를 구부리고 다니기도 하며 횡경막이 막힐 수도 있다. 이렇게 자녀들이 부모의 모든 것을 따르는 경향성은 같이 속해 있다는 표현이다. 부모가 시각장애인인 자녀는 가끔 시각장애인 같은 행동을 한다. 그는 볼 수 있어도 그렇게 행동한다. 여기에서 자녀와 부모 사이의 깊은 결속감을 볼 수 있다. 이러한 결속감은 자녀들로 하여금 무의식적으로 부모의 삶을 모방하게 하고 따르게 한다. 헬링어에 의하면, 이러한 맥락 속에서 자녀들이 자신의 부모보다 더 충만하고 행복한 삶을 살려고 하는 경우는 드물거나 심지어 전혀 없다고 한다. 자녀들은 숨겨진 채 작동하는 무언의 가족의 역동성에 무의식적으로 순종한다. 또한 이들은 가족 안에서 일정한 패턴을 반복하고 부모와 유사한 운명을 겪게 된다. 이러한 부담이 되는 가족의 유산은 가족이 외적으로 뿔뿔이 흩어지든지 또는 자녀들이 부모에 관해 아무것도 알기를 원하지 않든지 간에 자녀에게 전수된다. 가족세우기는 개인의 일정한 문제가 대부분 다세대전수 과정에서 무언으로 전수된 감정, 생각, 삶의 원칙에 관한 불행한 유산이 그 원인이라는 것을 명백하게 해 준다.

"가족은 우리가 뿌리내리고 있는 바탕이다. 우리가 이러한 뿌리를 알지 못한다면 우리가 맺는 열매는 약하게 될 것이다" (Ulsamer, 2001). 가족세우기는 이러한 뿌리를 발견하게 해 줄 하나의 방법이며, 약화되고 해가 되었던 것으로부터 벗어나게 해 준다. 뿌리의 힘은 열매 속에서 솟구쳐 나올 수 있다. 가족세우기에서 한 가족 안에 존재하는 긴장, 갈등, 위험스러운 관계가 명백하게 드러나게 된다.

가족세우기는 가족의 실재 사실을 기초자료로 삼는다. 내담자 가족의 실재 사실을 파악하기 위해서 내담자의 부모, 삼촌, 고모, 이모 등에 대해 묻는 것은 중요한 사전작업 중에 하나다. 가족세우기 속에서 치료사가 파악해야 할 가장 중요한 가족의 실재 사실은 다음과 같다.

- 누군가 매우 일찍 사망했는가?
- 가족 안에서 범죄자나 심각한 죄가 있는가?
- 부부에게 과거에 다른 사람과의 관계가 있었는가?
- 장애, 사생아, 수감자, 정신분열, 이민처럼 누군가 가족 안에서 아웃사이더로 만들었을 운명이 있는가?
- 누군가 입양되었거나 양부모 밑에서 성장한 것과 같이 자녀와 본래 부모의 관계가 심각하게 손상되었던 운명이 있는가?
- 누군가 그의 고향으로부터 추방되었는가?
- 누군가 다른 먼 곳으로 이주하였는가?
- 가족 안에서 누군가 자살을 시도하였는가?
- 누군가 파산했는가?

내담자가 그의 가족사를 보다 정확하게 살펴보면 볼수록 이러한 가족의 실재 사실이 가족세우기 안에서 보다 명확하게 표현될 수 있다. 이러한 실재 사실들은 대부분 자녀와 손자, 증손자에게 영향을 미친다. 종종 부모가 자녀들에게 이러한 사실을 알리는 것을 꺼릴 수도 있다. 그러나 이러한 가족사는 숨길 수 있는 것이 아니라 언젠가는 어떤 식으로든 자녀들에게 관련 정보가 전수될 수 있다.

가족의 역동성

가족 안에서의 조기사망 가족 안에서의 조기사망은 얽힘의 가장 중요한 원인이다. 따라서 치료사는 내담자의 형제자매 중에 조기사망한 사람이 있는지를 알아본다. 내담자의 형제가 서른 살 이전에 사망했거나 사산아인 경우 조기사망에 해당된다. 또한 내담자의 아버지나 어머니가 내담자가 열다섯 살이 되기 전에 사망하였는지도 살펴본다. 마지막으로 내담자의 형제자매 중에 무언가 특별한 운명을 가진 사람이 있는지를 탐색한다.

범죄와 심각한 불법의 다세대전수 가족사를 조사할 때 우리는 일부 가족구성원이나 이전 세대 가족에 의해 발생한 불의와 악행, 폭력의 영향이 여러 세대에 걸쳐 영향을 미친다는 사실에 직면하게 된다. 가족사의 불의와 범죄는 그 가족 안에 트라우마(Trauma)를 형성하게 한다. 한 세대 혹은 여러 세대가 지난 후에 가족구성원 중에 누군가가 살해당한 조상의 운명에 얽혀 그의 삶을 자신의 삶으로 동일시하기도 한다. 이러한 일이 발생할 때, 폭력의 결과나 죽음으로 인한 트라우마가 조상의 운명에 얽혀 있는 가족구성원의 삶에 어떤 형태로든 그 모습을 드러내게 된다. 과거에는 정신장애 귀신이나 못된 영혼에 씌여 정신분열 등의 증상을 보인다고 믿었다. 가족세우기의 현장에서 이러한 증상을 가진 사람들은 어떤 식으로든 가족의 트라우마와 연관되어 있다는 사실이 발견되었다. 폭력, 살해 혹은 불의 등이 가족 사이에 알려지지 않거나 가족비밀로 취급될 때 그 사건은 가족에게 더 강한 영향을 미치게 된다. 가족들이 범죄행위를 비밀로 간직하게 되면 그 범죄 사건의 가해자와 피해자 두 사람은 소외되게 된다. 가족의 집단적 양심은 소외당한 구성원을 모두 포함시키려고 하기 때문에 가족 중에 누군가가 가해자나 피해자와 자신을 동일시하게 된다. 헬링어(2000)는 한 사람 안에서 가해자와 피해자가 동시에 존재하게 되는 상황은 정신분열 증상을 발생시킬 수도 있다고 하였다.

- 가족구성원 중에 살인과 같은 중범죄를 저질렀거나 사형을 당한 사람이 있는가?
- 가족구성원 중에 성범죄를 저지른 사람이 있는가?
- 나치에 연루된 사람이 있는가(한국사의 위기 속에서 반공, 친공, 독재 등에 깊이 연루된 사람이 있는가)?
- 불법으로 유산을 상속받은 사람이 있는가?
- 비극적인 운명을 가진 사람이 있는가?
- 가족구성원 중에 비밀단체나 이단에 가입한 사람이 있는가?

가족에 관한 좋은 개괄은 가족가계도를 만들어 낸다. 이미 발견된 정보들은 각각의 가족에게 적용할 수 있다. 이러한 질문을 통해 가족사 안에 흐르는 가족의 역동성을 파악한다.

가족관계에서의 고착 가족 중에 누군가에게 큰 빚을 지고 있거나 자기 때문에 누군가 희생을 했거나, 또는 누군가에게 고착되어 있는 경우들이 있다. 예를 들어, 사랑하는 애인이나 부인이 자기 때문에 자살을 했을 경우, 자신의 출생 때문에 어머니가 사망한 경우, 전쟁에서 전우가 자기 때문에 죽음을 피할 수 없었던 경우 등이 이에 해당된다. 이러한 경우 가족 중 누군가는 병리적으로 가족의 비극적 운명이나 인생의 전철을 무의식적으로 따라가는 경우가 있을 수 있다. 예를 들어, 딸이 가족체계 안에서 비극적 운명을 산 아버지의 첫 번째 애인을 대신하기도 한다. 다른 사람의 비극이나 운명을 무의식적으로 따르려는 사람은 자신의 삶을 제한한다. 이러한 사람은 자신에게 주어진 삶을 향유하지 못하고 자신을 일정한 틀에 가두어 버린다. 또는 비극적인 삶을 산 사람을 모방하고 그 삶을 흉내 내려고 한다. 비극적 운명을 가진 사람이 자살하였다면 역시 자살을 시도하고, 자기와 맞지 않는 배우자와 불행한 결혼을 하였다면 역시 그대로 따라 한다. 비극적 운명을 모방하는 것은 가족 안에서 한 명일 수도 있고 다수일 수도 있으며 여러 세대를 통해 계속적으로 반복될 수도 있다. 가족세우기에서는 이와 같이 다른 사람의 운명과 삶의 모습을 따라 하려는 역기능적인 패턴을 가족관계에서 고착이 발생한 것으로 여긴다.

누군가에게 죄를 지었거나 개인적인 잘못을 하였다면, 대리가족을 통해 치료적 '해결상황' 을 세우게 되고, 이를 통해 '사랑의 질서' 가 다시 세워짐으로써 인식된 병리적 모형들이 해결된다.

자녀가 갖는 죄책감 자녀가 한쪽 부모를 위하여 충성하려는 윤리성과 다른 쪽 부모를 위하여 충성해야 하는 양가감정을 겪으면, 자녀에게 문제가 된다. 만일 부부 사이의 관계에 갈등이 있다면 이러한 문제가 심각하게 발생한다. 부모는 갈등 상황 속에서 자녀를 서로 자기의 편으로 끌어들여 삼각관계를 형성하려고 할 것이며, 자녀는 어느 쪽에도 마음 편하게 속할 수 없는 상태에 놓이게 된다. 이렇게 된 자녀는 충분한 인정과 애정을 받지 못하고 자라게 되며 가족갈등으로부터 자신을 보호하려는 가족에게 이용당하게 된다. 자녀는 충성심을 통해 부모에게 매이게 된다. 그러나 자녀는 부모에게 충성심을 갖지 못할 때 죄책감을 느끼게 된다. 보스조르메니-내지와 스파크(1973)는 죄책감이 부채의식을 불러일으킬 수 있다고 본다. 즉, 빚을 진 사람은 부채로 인해 늘 갚아야 한다는 의식에 시달리게 된다. 자녀는 부모와의 관계에서 이러한 부채의식을 갖게 된다. 부모에게 자신의 생명을 빚졌다는 사실은 자녀로 하여금 부모에게 충성하게 만든다. 따라서 부모가 때로는 비정상적이고 역기능적인 관계를 통해 자녀들을 착취하는 상황에 놓일 경우에도 그들은 늘 죄책감으로 인해 고통받게 된다. 위니컷(Winnicott, 1986)은 유아에게 죄책감은 중요한 발달적 단계라고 말한다. 실제적인 죄책감은 유아에게 상처를 수반하는 고통과 같은 것으로, 무언가 잘못되었다는 것을 드러내 주고 개인의 궁극적인 치유를 위한 자극으로 쓰일 수도 있다. 그러나 어떤 사람들은 병리적인 죄책감으로 인해 고통스러워한다. 자녀는 부모의 죄책감을 떠맡음으로써 희생양이 된다. 부모 사이에서의 충성갈등을 통해 자녀는 엄청난 죄책감을 느끼고 가족의 모든 문제들을 떠맡는다. 여기서 자녀는 가족의 문제에 얽히게 된다.

부모와 자녀 관계에서의 단절 부모와 자녀의 관계를 헬링어는 '원초적인 사랑의 관계', '사랑의 질서'라고 표현한다. 부모는 행위와 상관없이 부모로서 절대적인 가치를 갖는다. 자녀는 부모의 모든 것을 배우고 익히면서 자신의 정체성을 확립하게 된다. 부모는 부부의 사랑으로 시작하며, 이 사랑에서 자녀들이 생겨난다. 부모는 자녀를 낳아 자신들의 가족으로 받아들이고 수십 년 동안 기르고 보호하며 지켜준다. 부모의 이 사랑은 다른 모든 사랑을 위한 조건이 된다. 헬링어는 이 사랑을 경험하지 못하였다면 어떻게 다른 사람들을 사랑할 수 있겠는가라고 반문한다. 자녀가 부모의 조상을 사랑하는 것도 이 사랑에 속한다. 부모도 한때는 아이였고, 후에 자녀에게 준 것을 자신들의 부모에게서 받았다. 부모가 자신들의 부모를 통해 특별한 운명에 연결되어 있듯이 자녀 역시 부모의 운명에 연결되어 있다. 이러한 순환구조가 부모와 자녀의 관계 속에서 이어지고 있다. 그러나 자녀가 부모에게서 받아야 할 충분한 애정과 사랑을 받지 못한다면 발달이 어려워진다. 성년이 되어 발생하는 대부분의 문제와 어려움은 당연히 부모로부터 받았어야 할 애정과 사랑의 결핍을 전제로 한다. 많은 사람은 어렸을 때 얻지 못하거나 놓친 것을 보상받으려 하고 늦게나마 부족한 것을 채우려고 한다. 이를 통해 부부관계와 부모와 자녀 관계 안에서 역기능이 발생한다. 헬링어는 결혼생활에서 배우자 간의 불화에는 언제나 어머니에게서 받을 애정과 사랑의 결핍이 중요한 영향을 미친다고 하였다. 헬링어(1997)는 부모가 어려움으로 인해 자녀들에게 충분한 애정과 사랑을 주지 못하면 역으로 자녀들이 부모에게 주려 하고 도우려 한다고 말한다. 자녀들은 부모의 어려움, 부모의 운명적인 얽힘, 부모의 부족함, 부모의 중독과 질병을 보고 부모가 짊어져야 할 짐을 자기의 짐으로 받아들이고 스스로 고통당한다(Neuhauser, 2002). 그런데 이렇게 부모의 짐을 함께 지려고 한 자녀들이 성인이 되어 정작 부모가 되었을 때 역시 자신의 자녀에게 필요한 애정과 사랑을 주지 못한다. 이들은 자녀와의 관계에 있어서 매우 파괴적이다. 자기 자녀들이 학대받아서는 안 된다는 사실을 알지만 자신의 파괴적인 성향을 어떻게 멈춰야 할지 모른다. 이들이 의지할 수 있는 것은 자신들이 받았던 파괴적인 양육법이 전부인 것이다. 이러한 악순환의 관계 속에서 부모에게 받아야 할 애정과 사랑을 받지 못한 자녀들은 충성심 속

〈표 2-1〉 내담자의 가족사 연구를 위한 질문

구분	질문
범죄와 심각한 불법의 다세대 전수	- 가족 중에 강간이나 살인 등의 범죄자가 있습니까? - 가족 중에 강간이나 근친상간을 당한 사람이 있습니까? - 가족 중에 사상문제로 죽음을 당한 사람이 있습니까? - 가족 중에 불법적으로 재산을 모은 사람이 있습니까?
가족의 특별한 사건을 알아 보기 위한 질문	- 가족 중에 자살한 사람이 있습니까? - 가족 중에 범죄의 희생자가 된 사람이 있습니까? - 가족 중에 사생아로 태어난 사람이 있습니까? - 가족 중에 정신장애자나 신체장애자가 있습니까? - 가족 중에 동성연애자가 있습니까? - 가족 중에 추방당한 사람이 있습니까? - 가족들 간에 어떤 중요한 비밀이 있습니까? (강간사건, 범죄행위, 살인사건, 근친상간 등)
가족의 고착과 관련된 질문	- 가족의 형제자매 가운데 일찍 죽은 사람이 있습니까? 있다면 언제 어떻게 죽었습니까? - 부모님 중 어느 한 분이 일찍 돌아가신 경우가 있습니까? - 어머니(아버지)의 형제자매 가운데 일찍 돌아가신 분이 있습니까? - 형제자매 가운데 아주 기이한 인생의 운명을 경험하신 분이 있습니까? - 자녀가 15세 이하일 때 부모 중 누가 돌아가신 분이 있습니까? - 가족 중에 어머니가 출산 때문에 사망한 경우나 심각한 병에 걸린 사람이 있습니까?
부모자녀 관계에 대한 질문	- 부모님이 어떻게 결혼하셨습니까? - 결혼 당시 부모님의 나이는? - 부모님 중 한 분이 결혼 전에 애인이 있었거나 동거한 적이 있습니까? 그리고 그때 결혼하지 못한 중요한 이유가 있었습니까? 헤어진 이유는 무엇입니까? - 형제자매가 몇 명입니까? - 외가 쪽(친가 쪽) 형제자매는 몇 명입니까?

에서 부모의 짐을 지려 하는 대신에 자녀로서의 자신의 자리에 서야 한다. 가족세우기는 이러한 역기능적인 부모와 자녀의 관계를 가진 내담자들에게 자신의 자리, 단지 자녀로서의 자리를 찾아줌으로써 왜곡된 신체적 · 정서적 · 정신적 발달의 회복을 시도한다. 자녀를 부모 사이에 세우면서 자녀는 먼저 아버지에게 말한다. "저는 너무 작기에 당신들 사이에 설 수 없습니다." "저는 단지 당신의 자녀입니다. 저는 너무 작기에 다른 것을 할 수 없습니다." 그리고 어머니에게도 마찬가지로 말한다. 그렇게 하면 부모는 서로를 바라보게 되고 편안해진다.

가족세우기 과정에서 부모에 대한 존경을 나타내기 위해 자녀가 부모의 대리인에게 존중의 말을 하게 하거나 그 앞에 몸을 굽히게 함으로써 자연스럽게 흐르지 못하고 단절되었던 부모에 대한 애정과 사랑을 다시 회복시켜 부모에게 향하도록 한다.

3. 가족관계의 세 가지 기본모형

가족세우기는 매 치료마다 언제나 새로운 치료 공간이 만들어진다. 비록 모든 가족세우기가 서로 분명한 차이점을 갖고 있지만 일정한 유사성도 존재한다. 이러한 유사성은 가족세우기에서 관계의 기본모형으로 인식된다.

- 부모와 자녀의 관계: 큰 자와 작은 자의 관계
- 부부관계: 동등한 관계
- 자녀와 부모의 관계: 작은 자와 큰 자의 관계

이러한 관계 안에는 일정한 질서모형이 있다. 치료사가 이러한 모형을 인식한다면 보다 효과적으로 가족관계를 볼 수 있는 시각을 갖게 될 것이다.

부모와 자녀의 관계: 큰 자와 작은 자의 관계

부모는 자녀보다 크고 자녀는 부모보다 작다. 이러한 인식은 왜곡된 가족관계를 풀어가는 열쇠가 된다. 많은 가족들 안에서 이러한 기본질서가 깨져 부모가 작은 자가 되고 자녀가 큰 자가 되어 가족의 무거운 짐을 자녀가 짊어지는 경우가 발생한다. 즉, 위계질서의 역기능이 발생한다. 자녀들은 가족 안에서 가족에 대한 충성심 속에서 가족의 짐을 부담한다. 만일 치료사가 이러한 가족의 짐을 간과한다면 치료를 제대로 진행하기 어려울 것이다(Schäfer, 2001, 2002).

예를 들어, 한 내담자의 여동생은 태어난 지 얼마 안 되어 사망하였다. 가족세우기 안에서 내담자는 그로 인한 고통을 별로 느끼지 못하였다. 그렇다면 여동생의 죽음이 그에게 별로 영향을 미치지 않았는가? 그러나 내담자는 언제나 아버지의 억압된 고통을 스스로 짊어지고 있었다. 그는 아버지의 고통을 자신의 것으로 받아들여 스스로 짐을 지고 있었던 것이다. 비록 처음에는 자신의 고통을 부정하였지만, 자신의 내면에 숨겨져 있던 여동생의 죽음으로 인한 고통을 수용하고 죽은 여동생에게 자신의 마음의 자리를 마련해 주었을 때 회복을 경험하게 되었다.

부모와 자녀의 관계에서 자녀는 부모에게 받은 학대와 상처, 또는 무관심과 방임으로 인해 부모에 대한 원망과 분노를 가질 수 있다. 가족세우기 안에서 이러한 경우를 자주 발견할 수 있다. 이때는 자녀가 부모 중 한 명에게 신체적 · 정신적으로 심하게 학대받았었는지가 첫 번째 질문이 된다. 이 경우에 부모를 향한 분노는 실제적인 뿌리를 가지고 있으며 자녀에 의해 이러한 분노가 표현된다. 예를 들면 다음과 같이 말할 수 있다. "나는 너무 화가 나 있고 고통스럽다." "나는 학대에 대한 당신의 책임을 물을 것이다." 또는 "당신이 나에게 본질적인 것을 주었지만 다른 것으로 인해 나는 당신에게 책임을 묻는다." 종종 다음 단계로, 아버지와 어머니는 다음과 같이 말할 수 있다. "나는 나의 책임을 받아들이고 그 결과를 지겠다." "너는 그것에 대해 자유롭다. 그리고 미안하다."

물론 실제로 심각한 상처가 존재할 수 있다. 예를 들어, "나의 어머니는 내 곁에 없었다. 나의 아버지는 나에게 너무나 엄격하였다. 부모는 나에게 애정이 없었고, 관심도 없었으며, 늘 화가 나 있었고, 참지 못하였다." 이러한 심각한 상처들이 많은 가족 안에서 경험되고 있다.

예를 들어, 딸은 아버지에게 또는 아들은 어머니에게 분노하고 있다. 이 경우의 분노는 각기 반대 성의 부모를 향해 있다. 그러나 일반적으로 부모에 대한 자녀들의 분노는 반대 성의 부모를 향하기보다는 동일한 성의 부모를 향할 때가 더 많다. 딸은 성인이 된 이후에 어머니에 대한 분노를 남편에게 향하게 한다. 또한 아들은 아버지에 대한 분노를 아내에게 향하게 한다. 부부가 자신들이 갖고 있는 부모에 대한 각자의 분노를 서로에게 지우지 않는다 하더라도, 자녀들이 부모의 그러한 감정을 전수받는다. 종종 형제와 자매가 분노의 감정을 전수받아 서로 이유를 알 수 없는 싸움을 계속하면서 부모를 대신한다. 자녀가 분노를 갖고 있는 부모 중 한 명 앞에 세워지면 감정이 해결될 수 있다. 자녀가 어머니에게 분노를 가지고 있는 경우, 자녀는 어머니 앞에 세워지고 어머니에게 인사한 후 다음과 같이 말한다.

"나는 당신을 존중하며 당신의 분노를 존중합니다. 당신은 크고, 나는 작습니다. 나는 단지 자녀입니다." 그리고 자녀가 고백하는 이러한 말 중에 사랑에 온전히 머물 수 있는 말이 있다. "나는 기꺼이 당신에 대한 분노를 내려놓습니다." 종종 여기에 더 첨가할 수도 있다. "나는 당신과 마찬가지로 아버지를 사랑할 것입니다."

동일한 성의 부모에 대한 분노는 다음과 같이 나타난다. 아들은 아버지에게 딸은 어머니에게 분노하고, 부모 역시 동일한 성의 자녀에 대해 분노한다. 해결은 비슷하다. 아들은 아버지 앞에 세워지고 다음과 같이 말한다. "나는 당신과 비슷합니다. 나는 당신을 존중하고 당신의 분노를 존중합니다. 나는 단지 자녀입니다."

가족세우기 안에서 자녀들이 전수받는 분노의 감정은 단지 한 명의 부모에게서 온다기보다는 다양한 가능성이 복잡하게 연결되어 있는 경우가 많다.

내담자는 외동아들이다. 그의 어머니는 결혼 전에 그녀를 버린 다른 약혼자가 있었다. 자녀는 부모 앞에 세워졌을 때 심한 분노를 느꼈다. 먼저 치료사는 어머니의 약혼자를 세웠다. 자녀가 그와 연결되어 있다는 것과 그 분노가 파기된 약혼에 대한 것이라는 것이 나타났다. 자녀는 어머니를 보고 있으며 어머니와 연결되어 있었다. 내담자가 어머니의 분노를 떠안고 있다는 것을 말하였을 때 그는 이것을 긍정하였다. 내담자가 전수받은 분노의 감정은 단지 어머니에게서만 온 것이 아니었다. 다음 단계에서 내담자는 역시 무의식적으로 아버지와 연결되어 있었고 불행한 결혼생활에 대한 원망을 떠안고 있었다. 이렇게 어머니와 아버지에게 전수받은 분노가 밝혀졌지만, 여전히 무언가 부족했다. 마지막 단계는 내담자 자신이 스스로를 얼마나 상처 입혔는지를 감지하였을 때 해결이 이루어졌다. 왜냐하면 어머니가 언제나 그를 장난감처럼 이용하였기 때문이다. 여기에 그 자신의 분노가 있었다.

다른 사례의 경우, 내담자는 며느리로서 시어머니에게 분노를 갖고 있다. 이러한 분노는 가족의 역동 안에서 복잡한 원인을 갖고 있었다. 우선, 내담자는 자신의 어머니에게 분노를 갖고 있지만 이러한 감정을 어머니에게 표현하는 것이 허용되지 못하였다. 그 대신 시어머니에게 표현할 수 있었다. 또한 내담자는 남편을 자신을 옭아매는 어머니의 힘의 한 연장으로 느꼈고, 남편을 떠나고 싶어 했다. 마지막으로 시어머니는 실제로 며느리를 힘들게 하여 심각한 병에 걸리게까지 했다. 이 때문에 분노는 직접적으로 시어머니를 향하고 있다.

가족세우기는 자녀들이 느끼고 있는 분노와 같은 감정들이 전체적으로 또는 부분적으로 부모에게서 전수된 감정들일 수 있다는 것을 전제한다. 물론 자녀들이 갖는 모든 부정적 감정들은 부모에게서뿐만 아니라 실제 가족상황 속에서 그들이 경험하면서 온 것이기도 하다. 그럼에도 불구하고 가족세우기에서는 자녀들이 갖는 부정적 감정들은 부모에게서 전수된다는 점에 더 큰 비중을 두고 있다.

한 딸이 어머니 앞에 서 있다. 어머니는 딸과 전혀 관계를 느끼지 못하였다. 딸은 생각한다. '어머니를 바라보면, 차갑게 느껴진다.' 이런 딸과 어머니의 일상 관계 역시 어려운 관계였을 것이고, 딸은 이러한 관계 속에서 힘들었을 것이다. 실제로 어머니와 딸 사이에 차가움이 존재하였다면, 딸은 이러한 감정을 어머니에게서 전수받은 것으로 생각해도 무방할 것이다. 딸은 어머니에게 말한다. "나는 당신처럼 차갑습니다. 나는 당신의 차가움을 짊어지고 있습니다." 이때 딸은 갑자기 커다란 고통이 올라오는 것을 느끼게 된다. 이 고통은 자신의 고통이 아니다. 이것은 차가움 속에 놓여 있는 어머니의 고통이다. 딸은 앞으로 나아가 말한다. "나는 역시 그 아래 놓여 있는 고통을 함께 짊어지고 있습니다." 어머니와 딸 사이의 관계는 변화된다. 딸의 차가움은 사라지고 어머니는 사랑스러운 눈빛으로 딸을 바라본다. 그리고 어머니는 딸에게 말한다. "나는 너의 사랑을 보았고 그 사랑을 존중한다." 딸은 어머니에게 가고, 어머니는 딸을 안아 준다.

이 사례에서 부모로부터 자녀에게 어떻게 감정이 전수되었는지를 볼 수 있다. 감정은 실제 상황 속에서 만들어지는 것이지만 자녀는 어머니를 통해서 감정을 전수받는다.

부부관계: 동등한 관계

부모와 자녀의 관계와는 달리 부부관계는 동등한 관계다. 그렇지만 남편은 첫 번째 자리에 서 있고 부인은 두 번째 자리에 서 있다. 헬링어는 부부는 동등한 관계이지만 가족 안에서 안전을 책임지는 사람이 첫 번째 자리에 온다고 한다. 종종 부인이 첫 번째 자리에 서 있는 경우가 있는데, 이는 부인이 가족 안에서 이러한 임무를 떠맡거나 가족 안에서 과중하게 책임을 지는 경우다.

부부관계는 주고받음의 공평성을 통해 건강하게 유지될 수 있다. 부부 사이에 주고받음의 공평성이 훼손되면 부부관계는 어려워진다. 원만한 부부관계를 위해서는 상대가 받을 수 있는 만큼 주고 상대가 줄 수 있는 만큼만 받는 것이 중요하다. 이를 통해 부부 사이에는 더 많은 것을 주고받을 수 있는 관계로 발전할 수 있다.

부부는 종종 다세대전수 과정 속에서 원가족에서 해결하지 못한 쟁점과 문제들을 가지고 있다. 아주 옛날의 경험이 부부관계에서 재현될 수 있다. 이런 부부는 이전 세대에서 해결하지 못한 고통을 자신들의 삶의 방식으로 받아들이고 불쾌함을 참아 내는 엄청난 수용력을 가지고 있다. 또한 이들 부부체계는 스트레스를 관리하는 데 있어 역기능적인 교류패턴을 발달시킨다.

부부는 각자 자신의 운명을 짊어진다 "부부는 각자 자신의 운명을 짊어지며, 그 운명에 따라 남편과 부인은 서로 연결되어 있다" (Ulsamer, 2001).

한 여성 내담자는 아우슈비츠 수용소에서 양쪽 부모와 조부모 모두가 죽은 유대인 남자와 결혼하였다. 이 불행한 운명이 남편을 죽은 가족에게 가도록 이끌었다. 치료사는 부인에게 남편의 운명을 존중해 줄 것을 제안하였다. 그리고 다음의 문장을 고백하도록 하였다. "나는 당신과 함께 그 운명을 짊어지겠습니다."

이러한 진술은 적절하지 않을 수도 있다. 그러나 실제 가족세우기 치료 장면에서 이와 유사한 진술들이 참가자들 사이에서 감동의 물결이 퍼지게 하곤 한다. 가족세우기 안에서 내담자의 고백(앞에서 언급한 문장을 따라 하는 것)은 우리에게 커다란 사랑을 느끼게 한다. 가족세우기 안에서 내담자를 옭아매는 힘으로부터 이러한 진술을 끄집어내고, 실제적인 남편과 부인의 차원에 이르도록 하기 위해서는 무엇보다 치료사의 힘이 필요하다. 여기서 "내가 당신의 짐을 함께 지겠다."라는 진술은 부부관계에서는 적당하지 않을 수도 있다. 그럼에도 불구하고 "우리는 함께 짐을 짊어진다."라는 진술은 부부관계 안에서 조화롭고 올바른 진술로 좋은 해결을 가져다준다. 만일 자녀가 죽거나 행방불명되는 것과 같은 공통의 불행이 부부의 삶에 찾아오게 되면 이러한 진술은 더욱 적합하다. 대부분의 경우 부부는 이러한 불행 속에서 함께

하는 것이 어렵고 관계를 포기하게 된다. 그러나 부부 사이에 이러한 진술이 있다면 불행한 운명 속에서 해결을 찾을 수 있다.

남편과 부인 사이의 분노 우리는 종종 부부 사이에서 서로에 대한 존중과 사랑 외에 숨겨진 갈등을 발견하게 된다. 가족세우기 안에서 이러한 숨겨진 갈등을 밖으로 드러내는 것은 의미 있는 일이다. 가족세우기 안에서 부부 사이에 놓여 있는 이러한 갈등에서 언제나 분노를 목격할 수 있다. 이러한 분노는 한 개인의 것이기보다는 집단적이고 여러 세대를 통해 전수되어 온 것이다. 여러 세대에 걸쳐 많은 남편이 큰 상처를 받았으면, 여기에는 분노하는 남자들(아버지, 할아버지, 증조할아버지 등)이 서 있다. 이들은 부인들(어머니, 할머니, 증조할머니)에게 화를 내고 상처를 준다. 실제 생활 속에서 남편과 부인 사이에 갈등이 일어나면 순식간에 그 갈등의 이유는 잊히고 여러 세대를 걸친 오래된 갈등이 계속해서 엄습하게 된다.

한 여성 내담자가 전남편과의 관계에 대해 가족세우기를 하였다. 가족세우기에서 남편은 부인과 커다란 거리를 두고 이리저리 돌아다니는 것으로 세워졌다. 그 후 남편이 몸을 돌리면서 말하였다. "나는 독한 독이다." 그녀는 그를 바라보고 말했다. "나는 너를 경멸한다." 이 말은 그의 화를 돋우었다. 그는 말했다. "나는 너를 목졸라 죽일 것이다." 이러한 반복적인 싸움 속에서 서로의 개인적인 분노만이 있는 것이 아니라 이전 세대와 연결된 분노가 있음이 분명하였다. 치료사는 부인에게 다음과 같은 말을 남편에게 할 것을 제안하였다. "당신은 한 남편이며 모든 남편들과 마찬가지입니다." 그녀는 이 말을 열성적으로 따라 했다. 치료사는 이번에 남편에게 제안하였다. "나는 한 남편이며 모든 남편들과 마찬가지입니다." 그는 이 말을 한 후 긴장이 풀어졌다. 바로 이어서 치료사는 부인에게 "나는 한 부인이며 모든 부인들과 마찬가지입니다."라고 말할 것을 제안하였다. 그러자 그녀는 "아닙니다. 나는 다른 부인들보다 더 낫습니다."라고 말했다. 그러자 치료사는 "내가 한 부인이라는 것이 나를 많은 부인들과 연결시켜 줍니다."라고 다시 제안하였다. 그런 후 치료사가 그녀의 어머니와 할머니를 뒤에 세웠을 때 부인은 긴장이 풀어지면서 그들과의 유사성을 인식하기 시작하였다.

남편의 뒤에 이전 세대의 남편들이 세워지고 부인의 뒤에 이전 세대의 부인들이 세워지면 남편과 부인, 그리고 그들의 이전 세대들 사이의 연결성이 매우 빨리 확실해진다. 이는 현재 진행 중인 관계를 설명하는 데도 충분하다. 가족세우기 안에서 자녀가 이전 세대들과 연결되고 그들의 분노를 전수받는다는 것을 언제나 볼 수 있다.

아들은 아버지에게 말한다. "나는 당신을 존중하고 당신의 분노를 존중합니다." 그러고 나서 아들은 아버지에게 머리를 숙여 인사한다. 그는 이제 아버지에게 말한다. "내가 어머니와 좋은 관계를 갖게 된다면, 제발 나를 따뜻하게 봐 주십시오." 이제 아버지는 자신이 가족 속에서 불행한 관계 속에 놓여 있다고 하더라도, 아들을 따뜻하게 볼 수 있다.

가족세우기 안에서 이전 세대들을 세우는 것이 언제나 필요하지는 않다. 치료사는 가족세우기 안에서 단순히 말로 고백하게 함으로써 가족들에게 좋은 경험을 일으키기도 한다. 예를 들면, 부인은 남편에게 다음과 같이 말한다. "나는 분노(또는 고통, 실망)를 함께 짊어집니다. 분노가 우리 가족 안에 들어왔습니다. 당신이 그 분노를 떼어 놓는다면, 그것은 당신과 아무런 관계가 없습니다."

치료사는 남편 또는 부인을 뒤로 돌린다. "당신 뒤에 있는 당신의 가족을 보십시오. 그리고 그것을 느껴 보십시오. 당신은 아무것도 정확하게 보지 않고 인식하지도 않습니다. 그러나 당신은 다시 바로 볼 시간을 갖고 있습니다." 그런 후에 가족 중 누군가에게 다시 뒤돌아서게 하면, 무언가 변화가 일어난다.

가족세우기 안에서 오로지 피해자이기만 한 사람은 아무도 없다. 오랫동안 서로를 공격한 한 부부가 있다. 아마도 남편은 돈을 탕진하고 술주정 속에서 늘 부인을 구타하는 사람이었을 것이다. 이 경우 가족세우기 세미나 안에서 피해자인 부인에 대해 동정이 일어난다. 치료사가 피해자에게 제안한 말은 항상 균형을 맞추어야 한다. 피해자는 다음과 같이 말한다. "나는 당신의 남편/부인입니다. 나는 당신을 남편/부인으로 받아들입니다. 나는 나의 선택에 대한 책임을 받아들입니다. 그리고 나는 그 결과를 짊어집니다." 이러한 진술은 상대편을 위로한다. 그리고 갑자기 피해자는 변화된다. 만일 피해자가 책임을 받아들이려고 하지 않는다면, 다음의 진술이 종종 도움이 된다. "나는 나를 피해자로서 느낀 것에 대한 나의 책임을 받아들입니다." 이러한 진술은 양쪽 모두에게 그대로 적용되며 서로에게 도움이 된다.

거의 모든 아동은 어린 시절 부모에게서 거절을 경험한다. 따라서 사람들은 모두 과거 속에서 여전히 상처를 안고 있으며 그것과 연결된 고통을 갖고 있다. 억압된 고통은 자신이 받지 못한 것에 대한 갈망에 빠지게 한다. 따라서 사람들은 만나는 남자들과 여자들에게 아버지상과 어머니상을 투사한다. 그러면서 잃어버린 것을 얻으려는 아동기의 희망을 여전히 간직한 채 이러한 상을 따른다. 동시에 어린 시절의 거절에 대한 상처를 복구하기는 불가능하다. 왜냐하면 더 이상 아동이 아니고 어린 시절의 실제적인 부모를 대신할 수 있는 것은 없기 때문이다. 고통이 크면 클수록 갈망은 커지고 그로 인해 현실을 인식하는 눈은 더 멀게 된다. 자신의 부모상을 누군가에게 부착시키려는 첫 번째 선택은 파트너다. 첫 연애의 경우 이러한 미화된 시각은 더욱 분명하게 나타난다. 항상 나를 이해해 주고 사랑해 주고 나의 모든 요구를 들어줄 수 있는 사람을 언젠가 발견하게 될 것이라는 아동기의 믿음이 나타나게 된다.

가족세우기 안에서 부인은 남편의 옆에 서 있으며, 둘은 같은 방향을 응시한다. 부인은 따뜻함을 느낀다. 그런 후에 그녀는 남편에게 기대고 싶다고 말한다. 그녀는 남편의 어깨에 머리를 기댄다.

여기서 부부 사이에서 놓여 있는 친밀감에 대한 감동적인 그림을 볼 수 있다. 그러나 두 부부는 서로를 직접 보지 못하고 곁눈질해서 보고 있다. 가족세우기 안에서 남편과 부인의 관계를 표현하는 이러한 모습이 무조건적으로 적합한 것은 아니다. 사실, 누가 누군가에게 기대고 의지한다는 것은 자녀와 부모의 모습에서 볼 수 있는 모습이기 때문이다. 남편은 자신에게 기대고 있는 부인에게 무거움을 느낀다. 치료사는 그에게 다음의 진술을 제안한다. "나는 단지 당신의 남편이지 그 밖에 아무것도 아닙니다." 그는 이 진술로 가벼워지는 느낌을 갖게 되고 조금씩 자유로워지고 힘이 생기게 된다. 부인 역시 마음의 위로를 받는다. 둘은 이제 서로를 본다.

여기서 "나는 단지 당신의 남편이지 그 밖에 아무것도 아닙니다."라는 고백은 나는 당신의 아버지도 자녀도 아닌 단지 남편이라는 것을 의미한다. 단지 이것을 통해 자유로워지고 가벼워지는 것을 느끼게 된다. 이것은 관계를 더욱 분명하게 만들어 준다.

"나는 항상 당신의 곁에 있습니다." "나는 당신을 절대로 떠나지 않습니다." "당신은 나의 유일한 사람입니다."와 같은 진술들은 자녀와 부모 사이의 관계에 속하는 말이다. 자녀와 부모 사이의 연결은 깨질 수 없지만 부부 사이는 그렇지 않다. 부부는 관계를 존중하고 돌보며 보호하는 두 명의 어른이 필요하다. 그러나 아동은 부모와 자녀의 관계가 깨어질 것에 대해 염려할 필요가 없다.

"나는 단지 부인이며, 당신은 단지 남편입니다."

"나는 단지 남편이며, 당신은 단지 부인입니다."

이 고백은 가족세우기 안에서 부부관계를 가볍고 자유롭게 만든다.

부부 사이의 이중전이 이전 세대의 부부 사이에서 전수된 분노는 부부관계에 영향을 미치며, 부부는 이 분노를 서로에게 풀려고 시도한다. 헬링어는 이전 세대의 분노를 현 부부관계 속에서 해결하려는 시도를 '이중전이'라고 한다. 다음은 헬링어가 직접 치료한 사례다.

네 명의 자녀를 두고 있는 한 부인은 남편과의 관계에서 별 문제가 없었으나 다른 남자와 자기 위해 한밤중에 자주 사라졌다. 겉으로 드러나는 현상은 무분별하게 다른 남성과 성관계를 맺고 있는 부인의 모습이었다. 헬링어(2004)는 그녀의 가족사에서 다음과 같은 사실을 발견하였다. 그녀의 아버지는 여름마다 부인과 자녀들을 시골로 보내고, 자신은 애인과 집에 머물렀다. 이때 어머니는 두 사람을 위해 친절하게 봉사를 하였다. 그러한 어머니는 주변 사람들로부터 대단한 여성이라고 칭찬을 들었지만 자녀들에게는 아주 나쁜 영향을 미쳤다. 어머니가 남편을 향해 가졌을 그 분노를 딸이 표현하게 된 것이다. 어머니로부터 전이된 표현하지 못한 분노를 딸은 자신의 남편에게 전이한다. 아버지가 받아야 할 분노를 남편이 받은 것이다. 부인은 이러한 이중전이의 상황 속에서 자신의 가족사와 얽혀, 자신도 모르게 역기능적인 삶의 정황을 만들어 내고 있었다. 이와 같은 이중전이의 모습은 반복될 수 있다. 남편이 부인에 대한 분노를 풀지 못하면 그의 아들이 후에 어머니가 아닌 자신의 부인에게 표현한다. 헬링어는 부부가 이해할 수 없는 싸움을 하고 있다면 이중전이의 가능성을 예측해야 한다고 말한다.

자녀와 부모의 관계: 작은 자와 큰 자의 관계

부모와 자녀 사이는 '큰 자와 작은 자'의 관계다. "나는 큰 자이고 너는 작은 자다. 그리고 나는 주고, 너는 받는다."라는 진술은 부모와 자녀 사이의 상태를 가장 잘 표현해 준다. 가족 안에서 무언가 부담스러운 짐이 있다면, 주로 부모가 그 짐을 감당한다. 이러한 모습으로 인해 현가족의 가족세우기는 원가족의 가족세우기보다 더욱 어려워질 수 있다. 원가족 안에서 부모는 '작은 자'이고, 가족의 짐은 큰 자인 그들의 부모에 의해 부담된다. 하지만 현가족 안에서 부모는 더 이상 원가족에서의 자녀가 아닌 스스로 큰 자이며, 현가족 안에서 자녀들을 자유롭게 만들기 위해 부모로서 그 짐을 짊어진다.

그러나 만일 부모가 자녀들을 이용한다면 이러한 관계가 무질서해진다. 부모들은 그들의 쟁점과 문제에 대해 서로 직면할 수 없거나 직면하기를 두려워한다. 이때 흔히 한 명의 자녀가 희생양으로 지목된다. 여기에는 보통 부모와 한 자녀가 연루된 세대에 걸친 패턴이 포함된다. 자녀를 희생하여 부부관계를 유지하려는 희생양 메커니즘은 가족 안에 있는 사랑의 질서에 반하는 대처 방식이다.

어머니와 딸이 서로 마주보고 서 있다. 가족세우기 속에서 둘은 서로 긴 침묵을 유지했다. 지금 어머니는 딸에게 말한다. "나는 너에게 가까이 다가가고 싶다. 나는 너를 안아 주고 싶다."

여기서 치료사의 각별한 주의가 요구되며, 치료사는 모든 안테나를 동원해야 한다. 어머니가 단순한 바람을 드러낸 것인가, 아니면 다른 의미가 있는가? 일반적으로 아동들은 부모를 향해 가려고 하지만 부모는 그렇지 않다. 아버지와 어머니가 너무 빨리 이러한 것을 표현한다면 먼저 조심하는 것이 필요하다. 부모가 '크다'면 부모는 참는다(인내를 갖는다). 자녀가 부모에게 가기를 너무 원한다면 부모는 역시 자녀에게 가까이 다가간다. 그러나 가까이 가는 것에 대한 욕구는 자녀들에 의해 먼저 이루어진다.

따라서 포옹에서는 특별한 주의가 필요하다. 특히, 누가 누구를 포옹하는지를 주의해야 한다. 만약 어머니가 자신의 머리를 딸의 어깨에 기댄다면, 이것은 종종 어머니와 딸 사이의 불공평성에 대한 부분을 무의식적으로 표현하는 것이다.

가족세우기 안에서 포옹하려고 하더라도 때로는 팔을 고정시키고 그대로 가만히 서 있으라고 말하는 것이 도움이 될 수 있다. 만일 치료사가 가족들의 행동과 자세가 의심스럽다면 그것에 대해 물어보고 조사하는 것이 좋다.

약하고 힘들어하는 아버지가 힘센 아들을 응시한다. 그리고 "나는 네가 자랑스럽다."라고 말한다. 여기서 자랑스럽다는 말은 두 가지 의미를 내포한다. 먼저, 자녀에 대한 아버지의 자연스러운 자랑스러움이다. 아버지는 이 맥락 속에서 "나는 너를 보니 기쁘다."라고 말할 수 있다. 다른 의미는 부모가 낮아지고 아들을 올려다 보아야 하는 것을 뜻한다. 이 경우 아버지는 아들을 응시하고 동시에 그의 힘을 보고 있다.

여기서 아버지와 아들 사이의 질서는 다시 회복될 수 있다. 만일 아버지가 아들에게 "네 안에 있는 힘은 나를 통해서 왔다."라는 말을 한다면 그것이 가능하다. 그러면 아버지의 힘은 커지고 아들은의 힘은 적당하게 어느 정도 축소된다. 아버지와 어머니가 자녀를 필요로 하면 언제나 어떤 무질서가 나타난다. 자녀가 가족 안에서 매우 크게 위치해 있고 아버지와 어머니가 매우 작게 느껴진다면 이것은 사랑의 질서를 거스른 것이다. 이때 치료사가 아버지의 아버지를 뒤에 세우고, 어머니의 어머니를 뒤에 세우게 되면 종종 도움이 된다. 다음의 사례를 보자.

어머니는 지금 죽음 앞에 놓여 있고 딸은 뒤에 서 있다. 치료사는 딸을 아버지 옆에 세우고 어머니가 남편에게 다음과 같은 고백을 하도록 하였다. "나는 우리의 딸을 당신에게 맡깁니다." 그러나 어머니는 이러한 고백을 원하지 않았고 스스로 딸에게 말하고자 하였다. "너는 나를 살린다." 그런 후에 치료사는 이 고백을 더욱 확장하였다. "나는 내가 살기 위해 너를 필요로 한다." 그러나 이러한 고백은 옳지 않았다. 그래서 다시 새로운 고백을 만들었다. 딸이 먼저 어머니에게 인사를 하고 말하였다. "나는 당신을 존중하고 당신이 하게 될 하늘나라로의 여행을 존중합니다." 그러자 어머니와 아버지는 풀려지는 느낌을 갖게 되었다.

어머니가 자녀를 필요로 하는 상황이 이해될 수 있고 자녀 역시 여기에 자발적이라고 하더라고 이것은 질서의 위반을 의미한다. 가족세우기에 경험이 있는 대리인들은 이러한 자녀의 역할 속에서 부모에게 절을 하고 싶다고 말한다. 자녀가 완전히 낮아지고 자연스럽게 부모를 우러러보는 것은 도움이 된다. 그러나 평범한 세미나 속에서 치료사는 초기에 부모에게 절을 하라는 제안을 조심스러워 한다. 왜냐하면 이러한 가족세우기에 처음 참가하는 사람들은 절을 하는 것을 굴욕적인 것으로 오해하여 치료사의 방법에 과도하게 저항할 수 있기 때문이다. 이 때문에 치료사는 자녀들의 대리인들을 바닥에 존중의 자세로 앉게 하는데, 이것이 하나의 해결방법이 되기도 한다.

동성의 부모와의 관계 헬링어(2004)는 남자가 여자를 존경하는 것은 아버지에게 배우게 된다고 한다. 마찬가지로 여자는 남자를 존경하는 것을 어머니에게 배운다. 아버지의 딸, 즉 어머니보다 아버지와 더 많은 관계를 맺는 딸은 남자와 관계를 맺는 데 어려움이 있으며, 남자를 존경하지 못한다. 융(C. Jung)은 남자의 본성에 여성적인 부분이 있는데 이것을 '아니마' 라고 하고, 반대로 여성에게는 남성적인 부분이 있는데 이것을 '아니무스' 라고 하였다. 아버지와 강하게 밀착된 딸은 강한 아니무스를 갖는다. 이런 딸은 쉽게 연인이 되지만 부인은 되지 못한다. 어머니와 밀착된 딸은 남자와 관계를 맺는 데 어려움이 없으며 남자를 존경한다. 따라서 남편은 아버지와 밀착된 딸보다는 어머니와 밀착된 딸에게서 편안함을 느끼며 결혼생활에 어려움이 적다. 반대로 어머니와 밀착된 아들은 젊은이로만 머물려고 하고 정서적으로 독립된 성인 남자가 되지 못한다. 이런 아들은 많은 연인이 있으나 정작 부인은 없다. 카사노바는 대부분 어머니와 밀착된 아들이며, 가부장적인 남성우월주의자는 아버지보다는 어머니와 밀착된 아들이다. 반면에 아버지와 좋은 관계를 갖는 아들은 장래에 좋은 가족관계를 형성하며 무엇보다 대인관계 속에서 호감이 가는 매력적인 인물이 될 가능성이 높다(Hellinger, 1996).

자녀와 부모 사이의 부적절한 감정: 근친상간 근친상간은 가족세우기 안에서 많이 다루어지는 주제다. 헬링어는 근친상간에는 언제나 보상의 욕구가 전제되어 있다고 하였다(Hellinger & ten Hövel, 1997). 한 남자는 자신의 딸로부터 근친상간의 유혹을 느꼈다. 헬링어의 가족세우기를 통해 이 남자는 태어났을 때 쌍둥이 누이가 죽었으며 그 죽은 누이를 딸이 대신하였다는 것을 알게 되었다. 근친상간이 자주 발생하는 가정은 부인이 남편을 멀리하는 경향이 있다. 부인의 빈자리를 누군가 채워야 하며 남편에게 소원한 것에 대한 죄책감으로 대신할 사람을 찾는다. 어머니의 강요에 의해서가 아닌 가족의 역할관계에 의해 딸은 아버지와 부적절한 관계를 맺게 된다. 이러한 비밀스러운 역할관계는 가족 모두의 무의식에 의해 이루어진다.

자녀들은 이러한 부적절한 감정에 휘말리면서 그들에게 맞는 질서보다 더욱 '큰 자' 가 된다. 그동안 아버지와 딸 사이의 근친상간 문제가 주로 다루어지면서, 상대적으로 어머니와 아들 사이의 문제는 도외시되었다. 최근의 가족세우기에서는 이 문제가 항상 다루어졌다. 특히, 성연구가인 아멘트(Amendt, 2000)의 연구의 공헌이 크다. 근친상간을 보여 주던 가족세우기 안에서 대리인의 반응은 다음과 같았다.

아버지와 어머니가 서로 멀리 동떨어져 서 있다. 셋째 아들은 아버지보다 자신이 더욱 강하고 낫다고(우수하다) 느낀다. 치료사는 그 아들에게 다음과 같은 말을 하게 했다. "나는 당신보다 훨씬 낫고 강하다고 느낍니다." 아들은 아버지에게 그렇게 말하고 그 말에 동의하였다. 그 후에 치료사는 아들에게 어머니를 보고 말하게 했다. "엄마, 사실이 아니지?" 그러자 어머니는 즉시 머리를 끄덕였다.

아멘트(2000)에 의하면, 아들은 어머니에게 평생 동안 의미 있는 지지의 원천이 된다고 한다. 남편이 부인의 갈망을 채워 주지 못하기 때문에 어머니는 아들을 이상적인 남편으로, 즉 동화 속 왕자님처럼 만들기를 바란다. 그러면 어머니는 '악한' 것인가? 우리는 왜 그 많은 가족들 안에서 왜곡이 일어나는지를 알고 있는가? 잘못을 단순히 한 대상자에게 돌리는 것은 가족 안의 역동을 제대로 보지 못하는 것이다.

어머니는 남편을 존중하지 않고 남편이 약골이라고 생각한다. 치료사는 그녀의 아버지를 세웠다. 그녀는 갑자기 달라지면서 꼼짝하지 않고 아버지를 응시하였다. 여기서 적당한 진술은 "아버지, 나는 당신을 위해 모든 것을 합니다." 였다.

우리는 이 가족 안에서 아들이 신격화되고, 남편이 무시되며, 어머니의 아버지가 숭배되고 있다는 것을 알 수 있었다. 또한 이러한 모습을 아버지의 경우로 전환시킬 수 있다. 아버지에게 딸은 위로의 대상이고 부인과의 관계는 단절되어 있으며 동시에 자신은 어머니의 그늘 아래 놓여 있다. 이러한 상황 속에서는 자녀들이 모든 짐을 지게 된다. 그들은 부모의 불행을 보면서 사랑하는 부모를 위해 모든 것을 내 준다. 그들은 이 모든 것을 짊어지고 동시에 성인이 된 후에는 자신의 배우자와 자녀들과의 관계에서 이러한 패턴이 반복된다.

한 내담자는 두 번째 결혼을 계획 중이다. 그는 '질서를 찾기' 를 원하였고, 그동안의 삶에서 중요했던 네 명의 여자들을 세웠다. 그리고 미래의 부인을 다섯 번째 여자로 세웠다. 첫 번째 부인은 자신의 옆에 이미 다른 여자가 있으며, 자신은 이 남자의 첫 여자가 아니라고 느꼈다고 말하였다. 그런 후에 치료사는 다른 여자를 새로운 대리인으로서 그 자리에 세웠다. 그러자 그녀는 자신이 이 남자에게 가장 중요한 여자라고 말하였다. 그녀는 잠시 동안 무언가를 탐색한 후 갑자기 말하였다. "나는 매우 크다. 내가 이 남자의 어머니라고 느껴진다." 이 말에 처음에 세워진 첫 번째 부인은 긍정하였다. 치료사는 그녀를 어머니라고 한 번 더 지명하였고 내담자의 뒤에 세웠다. 그녀는 대단한 힘이 느껴진다고 말하였다.

치료사가 최소한의 변화를 눈으로 직접 인식하는 것이 중요한 것처럼, 모든 잘못된 흐름을 알아채는 것도 필요하다.

또 다른 가족세우기에서 아버지는 먼 곳을 바라보고, 딸은 바닥을 내려다보며, 어머니는 자녀들을 긴장된 얼굴로 보고 있다. 아들은 명랑하였다. 치료사가 아들에게 어떠냐고 물었을 때 대답하길, "아름다운 가족입니다!"라고 말하였다. 치료사는 이러한 가족의 모습 속에서 그의 말을 이해할 수 없었기 때문에 그에게 가족에 대한 진술을 반복하도록 하였다. 일순간 짧은 침묵이 흘렀다. 치료사는 다른 사람들의 반응을 기다렸다. 갑자기 아들이 말하였다. "아닙니다. 아름다운 가족이 아닙니다." 치료사는 아들이 어머니에게 직접적으로 말하게 하였다. "당신은 아름답습니다." 이에 어머니는 환한 표정을 지었다.

가족세우기는 일상 차원 안에 놓여 있는 일종의 심층구조인 또 다른 하나의 차원을 촉진한다. 많은 가족세우기에서의 경험들은 일상에서와는 달리 이러한 깊은 차원 위에서 일정한 고백을 적용할 수 있다. 고백들은 보다 무겁게 흔들린다. 따라서 즉흥적인 고백이 관계에서 무엇을 의미하는지를 정확하게 파악할 수 있다. "당신은 아름답다."라는 고백은 관능적인 구성요소를 갖고 있다. 이 말은 어머니와 아들의 관계에서 할 수 있는 말이 아니라 남녀관계에서 하는 말이다. 여기서 어머니와 아들 사이에 무언가 무질서가 있다는 것을 나타내 준다. 치료사는 부적당한 표현과 적당한 표현 사이를 구분하기 위해 숙련된 귀를 가지고 있어야 한다.

제4장

가족세우기의 방법

1. 얽힘과 역기능의 해결

질 서

헬링어(Hellinger)가 수십 년간 가족세우기 치료에서 그 효과를 증명하였듯이 가족세우기에서 해결의 기초는 질서에 있다. 가족의 얽힘, 즉 역기능은 가족 질서를 다시 회복할 때 해결된다. 모든 가족 안에는 '좋은 질서' 에 관한 지식이 존재한다. 이러한 질서의 법칙은 다음과 같다.

- 모든 가족구성원은 동일하게 속하며 동일하게 존중된다. 즉, 그의 자질이 어떠하고 그의 운명이 어떠한지와는 별개로 모든 가족구성원은 가족에 속한다.
- 먼저 가족구성원이 된 사람은 첫 번째 자리를 차지한다. 그 후에 가족이 된 사람은 질서 속에서 그 뒤를 이어 자리를 차지한다. 오

빠는 여동생보다 앞에 서 있다. 첫 번째 부인은 두 번째 부인보다 앞에 서 있다. 가족세우기 안에서 위치는 시계 방향 순서로 세워지지만 모두 동일하게 존중된다.

- 가족 안에서 모든 구성원은 자신의 운명을 짊어져야 한다. 각각의 경우에 따라 이것이 나쁘거나 힘들다고 하더라도 마찬가지다. 가족구성원은 모두 동일하게 짐을 지고, 모든 불행을 함께 감당해야 한다. 자신의 인생에 관계 있는 모든 일에 대한 개인적 책임 역시 개인적 운명에 속한다.

헬링어는 질서를 종종 '사랑의 질서' 라고 부른다. 이러한 사랑의 질서는 실제적인 가족 안에서 파괴되기도 한다. 모든 가족의 역사가 보여 주듯이 가족구성원들이 추방당하는 일은 언제나 발생하지만, 이로 인해 발생하는 추방자들의 삶과 행위에 대한 책임은 아무도 지려고 하지 않는다.

만일 가족 안에서 누군가에 의해 사랑의 질서가 손상당하게 되면 표면적으로 다른 가족구성원들은 이 사실을 잊어버리려고 할 것이다. 하지만 그 사실에 대한 이야기는 없어지지 않고 오랫동안 남게 된다. 그리고 마치 심한 갈증처럼 전체 가족 안에서 좋은 질서에 대한 필요가 존재하게 된다. 이러한 근본적인 필요에 의해서 '대용질서' 가 발달된다. 질서의 불균형은 후대 세대의 한 구성원에 의해 해소된다. 누군가 불의하게 추방당하면, 후대 세대의 누군가가 비슷한 삶을 살면서 이러한 운명을 떠맡는다. 누군가 그 책임을 떠맡지 않거나 또는 삶 속에서의 감정을 억누르면, 후대의 한 후손이 그 책임을 떠맡거나 대신에 자기 감정을 억누른다.

한 여성 내담자는 항상 갑작스럽게 나타나는 정서적 혼란 상태로 인해 고통당하고 있었다. 그녀의 가족 중에는 정신병으로 사망했다는 이유로 아무도 그 존재에 관하여 말하려고 하지 않는 한 여성이 있었는데, 바로 그녀의 이모였다. 가족들에게 그녀에 대한 기억은 불편한 것이었다. 가족세우기 안에서 내담자는 이모를 사랑스러운 눈으로 쳐다보면서 이 여성과 연결되어 있다는 것을 보여 주었다. 이를 통해 내담자는 이모의 운명을 받아들이고 그녀와 비슷한 운명을 추구하면서 역시 정서적인 혼란을 겪게 되었다는 것을 알 수 있다.

가족의 새로운 일원은 자녀들이다. 이들은 질서가 왜곡된 에너지를 받아들여 선조들과 유사하게 느끼고 행동한다. 그리고 선조들의 행동, 감정, 운명을 떠맡음으로써 선조들과 얽히게 된다. 이들은 자신들의 삶에서 마치 선조들의 대리인처럼 행동한다. 이러한 에너지는 매우 강하고 무의식적으로 작용하며 그들의 삶에 깊은 영향을 미친다.

해결의 단계

자녀들이 이러한 에너지를 떠맡는 이유는 가족집단의 양심에서 기인하는 가족에 대한 사랑(또는 충성)에 있다. 이와 같은 관점은 해결을 위해 특히 중요하다. 사랑 속에서 일어난 것은 사랑을 통해 다시 해결될 수 있다. 가족세우기가 그 효과를 발휘하기 위해서는 이러한 근본전제가 필수적이다. 해결을 위해서는 다음과 같은 세 가지 가능성이 있다.

- '무질서' 와 얽힘을 분명하게 밝힌다.
- 좋은 질서를 목표로 몇 개의 단계들을 진행시킨다.

- (드디어) 좋은 질서를 세운다.

가족세우기 안에서의 충분한 해결은 다양한 단계들을 통하여 도달할 수 있다. 도달해야 할 각각의 단계들을 생략해서는 안 된다. 우리가 가족세우기를 통해 내면에서 충분한 해결을 이루기 위해서는 지루하고 긴 시간을 필요로 한다. 또한 가족세우기 안에서 원가족과 관련된 주제는 해결을 위해서 매우 중요하게 다루어진다.

원가족의 문제를 갖고 있는 내담자의 경우, 첫 단계는 표면적으로 소외감을 갖는 것으로 역시 부모와 가족으로부터의 소외를 말한다. 이때 종종 돌려주고 보복하려는 필요가 발생할 수 있다. 가족세우기의 참가자들은 이렇게 말한다. "나는 나의 부모에게 그들의 불행을 돌려주기를 원한다." 참가자들은 이런 가족 안에서 태어난 것에 대한 아주 강한 반발감을 분명한 어조로 표현한다.

다음 단계는 소외에도 불구하고, 그 뒤에서 사랑을 경험하고 감지할 수 있다는 것이다. 우리는 어린 아동이 아무런 경계 없이 아버지와 어머니를 향해, 그리고 소외된 가족들을 향해 공감을 보내는 모습을 보게 된다. 사랑이 단단하면 단단할수록, 또는 불행하면 불행할수록 이러한 공감과 연대감은 더욱 고통스러운 것이 된다. 우리는 아동의 이런 행동 안에 사랑이 있음을 알게 된다.

만일 참가자가 자신이 가진 사랑의 원인을 발견하게 된다면, 자신과 연결되어 있는 누군가를 눈으로 보게 된다. 그는 자신과 같은 삶, 자신과 같은 운명을 가진 상대편을 발견하게 된다.

이 모든 과정이 진행된 이후 종결 장면은 다음과 같이 진행된다. 내담자는 부모 앞에서 그의 누이들과 그동안 배제되어 왔던 중요한 가족 사이에 자녀로서 서 있다. 그는 모든 것을 볼 수 있고 자신이 연결되어 있는 것을 느끼게 된다. 부모는 다세대에 걸쳐 흐르는 역기능을 가족 안에 옮긴다. 그는 이제 이 모든 것을 바꾸고, 가족의 배후에서 가족의 힘을 감지하며 삶 속에서 자유로워질 수 있다.

가족세우기는 부모와 자녀의 삶의 자세가 일치한다는 것을 보여 준다. 내담자가 부모로부터 받은 좋은 것과 나쁜 것에 동의를 하면 그는 통합적으로 자신의 삶과 세계를 긍정하게 된다. 이러한 종류의 해결 장면들은 하나의 힘의 원천이다. 이 장면들은 내담자의 긴장을 완화시키고 내담자가 성장하게 한다. 그리고 동시에 모든 다른 참가들에게도 같은 효과를 준다. 이전에 긴장이 있었다면 이제는 긴장이 완화되고 내적인 평화가 있다.

해결은 다양한 차원 위에서 가능하며, 다양한 깊이 속에서 일어난다. 이러한 깊이는 치료사의 삶의 경험에 의존하는 것으로, 치료사의 지혜나 통찰을 통해 가능하다. 이것이 크면 클수록 치료사는 내담자의 본질적인 문제를 좀 더 쉽게 해결할 수 있다. 헬링어의 가족세우기에서는 본질적 내용에 대한 깊이 있는 이해와 파악이 이루어진다. 치료사의 이러한 놀라운 통찰은 하늘에서 그냥 떨어지는 것이 아니라 많은 경험과 주의 깊은 관찰을 통해 얻게 된 일종의 예술이라고 할 수 있다.

구체적인 해결모범

가족세우기 현장 속에서 자주 반복되거나 비슷하게 일어나는 몇몇 상황들이 있다. 이러한 상황들은 다음과 같다.

가족 안에서의 조기사망 가족세우기의 특징 중에 하나는 살아 있는 가족구성원만이 아닌 죽은 가족구성원 역시 세워진다는 것이다. 가족이란 개별적인 개체들의 모임이 아닌 '살아있는 전체'다. 따라서 가족구성원들은 독립된 개체들이 아니라 전체를 이루는 부분들이다. 가족의 의식은 살아 있는 사람들에게만 국한되지 않으며 죽은 가족구성원 역시 가족의 의식에 속한다.

가족세우기에서 조기사망한 사람이 대리인과 내담자에 의해 세워지게 되면 세워진 가족 모두는 그를 보게 된다. 만일 사망자가 이전 세대에서 기인하였고 그가 뒤에 머물러 있다면, 전체 가족이 그를 향해 방향을 트는 것이 적절하다.

한 여성에게 자매가 조기사망한 것은 언제나 커다란 짐이 되었다. 이 여성은 자신이 살아남아 있는 것에 대한 일종의 죄책감을 느꼈다. 이러한 감정으로 인해 살아 있는 자 안에서는 죽음을 향한 움직임이 발생한다. "나는 너에게 간다." 이 말은 죽음을 향한 움직임을 표현하는 것이다. 살아 있는 사람인 내담자에게 중요한 것은 조기사망한 사람을 존중하고 "나는 너와 너의 죽음을 존중한다."라고 표현하는 것이다. 이를 통해 조기사망한 자들은 가족 안에서 다시 그들의 자리를 받게 된다. 그리고 "나는 나의 마음속에서 (나의 큰형 또는 나의 여동생으로서) 당신에게 자리를 제공한다."라고 말하면서 살아 있는 사람은 죽은 자의 안녕을 빈다. 또한 죽은 자는 "제발 내가 살아 있는 것처럼 나를 다정하게 바라보라."라고 말할 수 있다.

만일 조기사망한 사람이 "나의 죽음과 나의 운명을 내가 짊어진다." 라고 말한다면 도움이 된다. 조기사망한 사람은 가족 중에서 아버지와 어머니의 형제인 삼촌이나 이모일 수도 있다. 여기에는 삼촌과 조카의 직접적인 연결과, 아버지와 어머니의 형제와의 연결이 존재한다. 따라서 자녀는 이 말을 조기사망한 삼촌이나 이모에게 직접적으로 하는 것이 중요할 수 있다. 다른 한편으로는, “나는 당신을 존중하고 당신의 형제에게 일어난 불행한 고통을 존중합니다.” 또는 “나는 당신을 존중하고 당신의 죽음의 길을 존중합니다.”라고 말하면서 아버지와 어머니에게 머리 숙여 절을 한다. 헬링어는 가족세우기 안에서 이러한 작업이 몹시 중요하다고 말한다.

“다른 사람을 위해 죽으려는 동경을 갖고 있거나 조기사망한 사람의 길을 따라가려는 누군가에 대해 다른 시각으로 바라보는 것은 중요한 작업 중에 하나다. 그가 다른 시각을 통해 바라보면 다음과 같은 말을 따라 할 수 있다. ‘나는 당신처럼 죽으려고 합니다.’ 그러면 실제로 그는 더 이상 이 말을 따라 할 수 없게 된다. 왜냐하면 자신이 그동안 장님이 되어 자기 문제를 제대로 보지 못했다는 것을 이제 알았기 때문이다. 그리고 그는 지금까지의 장님 상태에서 벗어나게 된다” (Ulsamer, 2001).

해산 중에 돌아가신 할머니가 있다면, 가족에게는 죽음의 공포가 생기게 된다. 따라서 가족들은 죽은 자를 애써 잊으려 하고 그 존재를 지우려 한다. 이러한 노력은 가족 안에 부정적인 영향을 끼치며 얽힘의 문제를 유발한다. 그러나 가족세우기를 통해 죽은 자가 존중받게 되고 그의 자리가 인정받게 되면 긍정적 변화가 일어난다.

조기사망과 더불어 낙태 역시 가족 안에서 중요한 얽힘의 문제가 된다(Hellinger, 1997). 많은 여성이 겪어야 했던 낙태는 여성 본인뿐 아니라 그 가족에게도 깊은 상처를 남기곤 한다. 과거 남아선호사상으로 인하여 여아를 낙태하는 경우가 허다하였으며 산아제한정책 속에서 여성들의 낙태가 권장되어 세 번 이상의 낙태를 하는 경우도 흔하였다. 이러한 낙태의 경험은 그 가족 안에서 다음 세대에게 자녀를 낳지 못할 거라는 얽힘으로 작용하기도 한다. 가족세우기에서 낙태를 경험한 고된 운명의 여성이 가족과 다음 세대에게 얼마나 깊은 흔적을 남겼는지가 나타나게 된다.

한 부인은 첫 아들을 낳고 연이어 임신하게 되었다. 그녀는 임신시킨 남편을 원망하면서 첫 아이에 대한 과중한 의무 속에서 아이를 낙태하였다. 이후 부인은 자신도 모르게 첫 아이에게 과도하게 집착하게 되었고 남편과의 관계에서 친밀감을 느끼지 못하였다. 남편은 부인에게 매우 잘해 주었지만 부인은 언제나 남편에게 거리감을 느꼈고, 자신도 모르게 첫 아이인 아들에게 과도한 집착을 보였다. 사춘기인 아들은 그런 어머니와 거리를 두려고 하면서 어머니를 거부하였다. 가족세우기를 통해 부인은 그 존재를 별로 중요하게 여기지 않았던 낙태된 아이를 세웠다. 이 아이는 세워지자마자 엉엉 울었고 아버지와의 깊은 관계를 느꼈다. 특히, 아들은 낙태된 동생에게 깊은 애정을 느꼈다. 부인은 자신도 모르게 첫 아이를 있는 그대로 보기보다 낙태한 둘째와 함께 보았으며, 둘째는 첫째와 연결되어 있었다. 부인이 둘째를 가족 안에 받아들이고 그의 자리를 존중하였을 때 둘째는 안심하였고 특히 첫째가 편안해하였다. 이를 통해 부인은 아들에 대한 과도한 집착의 원인을 알게 되었고 낙태아를 임신시킨 남편을 받아들임으로써 둘 사이의 소원함이 풀리게 되었다.

이 가족은 자신들도 잊고 있던 낙태아의 존재를 인정하고 가족 안에 그의 자리를 인정해 줌으로써 현재 가족 안에서의 문제를 풀 수 있는 가능성을 얻게 되었다. 이처럼 낙태는 종종 가족 안에 얽힘의 중요 원인이 되며 가족들은 그 원인을 모른 채 힘들어하기도 한다.

누군가 가족 밖으로 추방되다 이전 세대에서는 추방당한 사람들이 자주 발생한다. 추방된 자들에게서는 앞에서 언급했던 문제들이 발생할 수 있다. 왜냐하면 조기사망자들 역시 분명히 추방당하거나 잊혀졌기 때문이다. 특히, 추방된 자와 강한 연결을 느끼는 자녀는 직접적으로 그와의 연결을 세우고 "나는 당신을 존중하고 당신의 운명을 존중합니다."라고 말하게 한다. 종종 구체적인 주제와 운명을 다루게 될 때가 있는데, 이는 좋은 효과를 가져온다.

한 여성 내담자는 수녀가 된 이 이모와 별 관계를 갖지는 않았지만 깊게 연결되어 있었다. 그녀는 이모를 향해 존경을 표시했으며 다음과 같이 말하였다. "내가 남자를 사귀어도 제발 나를 따뜻하게 쳐다봐 주세요." 그리고 이모는 말한다. "네가 비록 남자를 사귀더라도 나와 연결되어 있다는 것을 너는 안다."

추방된 자가 모든 자녀에게 소개되는 것은 아름다운 모습이다. 예를 들어, 아버지가 "이 사람이 장애자인 내 동생이다. 그는 너희의 삼촌이며 우리에 속해 있다."라고 말한 다음에 자녀들은 모두 삼촌에게 머리 숙여 인사를 한다. 만일 아버지가 동생에게 자녀들을 모두 소개해 준다면 가족세우기는 더욱 완전해질 것이다. "나의 자녀들이고 너의 조카들이다. 부탁하건대, 그들을 다정하게 바라봐 다오."

부모로부터 오는 문제: 부모의 미해결 과제와 가족희생양 문제 가족세우기에서 대부분의 내담자의 문제는 사실 부모와 깊은 관계를 갖는다. 얽힘의 문제는 다세대전수 과정 속에서 부모와의 상호작용을 통해 발생하는 것이다. 특히, 부모가 미해결의 문제를 자녀에게 투사하거나 가족갈등을 해결하기 위해 자녀를 가족희생양으로 삼았다면 자녀의 문제는 부모로부터 온 것이다.

그러나 가족세우기는 내담자 문제의 원인제공자일 수 있는 부모에 대해 독특한 해석과 접근을 제시한다. 가족세우기에서는 내담자가 부모의 잘못에 대해 분노하고 자신의 문제를 부모의 탓으로만 합리화하는 행동을 수용하지 않는다.

가족세우기 안에서 우리는 인생 전체의 축소판을 만나게 된다. 가족세우기 안에서 아름다움은 추함과 동시에 나타난다. 사랑은 미움과 갈등에서도 존재한다. 아들은 가족세우기 안에서 아버지의 불행한 운명과 마주하게 된다. 치료사는 아들에게 "나는 당신을 나의 아버지로서 존중합니다."라고 말하고, 아버지에게 절할 것을 제안하였다. 아들은 이 말을 따라 했고 가볍게 절하였지만 성실하게 하지는 않았다. 치료사는 아버지에게 아들의 말이 받아들여지는지를 물었다. 그는 아니라고 하였다. 아들 역시 그 진술에 동의하지 않는다는 감정을 느꼈다. 절하는 것을 중요하게 여긴 아버지는 불일치를 감지하였고, 절을 하였던 아들도 어쩔 수 없이 한 것이라는 느낌을 인식하였다. 이때 다른 참가들은 저항의 작은 신호를 보게 된다. 비록 아들이 뛰어난 연기력을 가졌다고 할지라도 아버지를 존중하지 않는다는 것을 속일 수는 없을 것이다.

가족세우기에서 해결을 가져다주는 힘은 이해와 수용, 존중에 있다. 비록 부모가 불의하였다고 하더라도 자녀로서 부모를 이해하고 존중할 때 부모가 물려준 얽힘으로부터 풀려날 수 있다.

헬링어는 부모와 자녀 사이의 근본적인 차이에 대해 다음과 같이 정리한다. "부모와 자녀 사이의 사랑의 질서는, 부모는 주고 자녀는 받는 것에서 시작된다. 부모와 자녀 사이에는 주고받음의 공평성이 존재하지 않고 대신에 생명의 줌과 받음이 존재한다. 부모는 무조건적으로 자녀에게 그들의 생명을 주었고 자녀는 단지 그것을 받았다" (Hellinger, 2000).

가족세우기에서 해결은 가해자인 부모를 존중함으로써 이루어지게 된다. 종종 다른 가족치료모델에서는 가해자인 부모에게 상징적으로 '욕을 해 봐라.', '부모에게 소리를 내어 화를 표현해라.' 등을 요구한다. 헬링어는 이러한 방식은 오히려 내담자에게 죄책감만을 유발하고 우울증과 같은 증상을 일으킬 수 있다고 보았다. 내담자의 문제는 분함을 표현하지 못해서가 아니라 해결을 가능하게 할 수 있는 행동을 하지 않아서 발생한 것으로 여긴다. 부모 중에 한 명을 자녀가 받아들이지 못한다면 우울증에 걸릴 수 있다. 그런데 자녀가 다른 치료모델에서 요구하는 방식으로 분노를 표현한다면 그 순간은 시원할 수 있지만 오히려 우울증은 더 깊어질 수 있다. 그러면 가족세우기에서는 어떤 방식으로 가해자인 부모를 대해야 하는가? 그것은 부모를 존경하고 생명을 부모로부터 받은 것과 부모됨을 존중하는 자세다. 부모의 한 부분을 경멸하는 자녀는 자기의 삶 속에서 그 부분을 다시 반복하게 된다. 부모를 경멸하면 자신도 모르게 부모와 같이 된다. 헬링어는 부모를 존중하고 부모를 받아들이면 부모가 가진 좋은 부분을 받아들이게 된다고 하였다. 부모를 존중한다는 것은 부모와 같이 부모의 아픔을 깊이 느끼는 자세를 의미한다. 그런데 헬링어(1997)는 부모를 부정하고 부모에게 분노하는 사람뿐만이 아니라 부모를 이상화시켜 자랑하는 사람 역시 부모를 존중하지 않는 것이라고 하였다.

가족세우기를 이끄는 치료사는 이러한 인식을 보다 분명하게 내면화시킨다. 여기서 가족세우기에 활용되는 말들이 만들어진다. "나는 당신을 존중합니다." "나는 당신을 존중하고 당신이 짊어지고 있는 짐을 존중합니다." "당신은 크고 저는 작습니다." 생명에 대한 감사는 커다란 힘을 갖는다. 이는 다음과 같이 표현될 수 있다. "당신은 나의 아버지입니다." "당신을 통해 나의 생명이 나왔습니다." "그것은 저에게 커다란 선물이고 저는 당신에게 감사를 표합니다."

예를 들어, 자녀가 태어날 때 장애를 갖고 나왔다면, 다음과 같이 보충하는 것이 중요하다. "나는 당신에게 모든 것으로 받았습니다. 비록 장애마저도 받았습니다." 어머니가 출산 중에 사망하였거나 이로 인해 병들었다면 자녀가 "나는 생명을 값지게 받았습니다."라고 말하면 도움이 된다. 이러한 말은 다른 힘든 운명에도 도움이 된다. 여기서 바닥까지 머리를 숙여 하는 절은 얽힘의 풀림을 위한 적절한 신체적 표현으로 권장된다.

부모는 짐을 짊어지고 자신의 책임을 받아들임 부모는 자기 삶에 대한 책임을 받아들여야 한다. 좋은 질서에 따라 부모가 짐을 지면 자녀들은 자유로워지고 본래대로 '작아' 질 수 있다. 부모가 갖고 있는 짐에는 자신의 부모에게서 물려받은 삶의 운명과 자신의 개인적 책임도 포함된다(Hellinger, 2002b). 그러나 대부분의 사람들은 온갖 방법을 동원하여 자신에게 주어진 짐을 회피하려 하거나 이런저런 방식으로 자기를 동정하면서 책임에 대한 의무를 거부하려 든다. 예를 들어, 부모는 자신들의 책임인 부모의 역할을 자녀에게 떠넘기거나 부부관계의 어려움을 자녀에게 투사하여 회피하려고 한다. 또한 자녀를 이용하여 부부갈등을 해결하려고 하거나 부모의 의무인 양육자로서의 역할을 포기하고 자녀를 방임 속에서 키운다. 역기능적인 부모는 이러한 행위를 하면서 여기서 발생하는 죄책감을 회피하기 위한 방법으로 자신들의 그릇된 행위에 대한 합리화를 시도한다. 이는 표면적으로는 정당한 합리화이지만 이렇게 함으로써 자신에게 속한 책임을 그대로 받아들이지 않게 되고, 죄책감 역시 떠나지 않게 된다.

부모가 가족 안에서 스스로에게 속한 짐을 지고 간다는 것은 일종의 권리이자 특권이다. 부모가 상황을 희석시키려 하지 않고 자신이 한 말과 행위에 온전히 책임을 지고자 할 때 비로소 짐을 지고 갈 만한 충분한 힘을 얻게 된다. 부모가 각자의 행위에 따른 책임을 짊어짐으로써 잘못의 결과가 부모로부터 자식이나 손자에게 전해지지 않게 된다. 이러한 것을 표현하는 말에는 다음과 같은 것이 있다. "나는 크고, 너는 작다. 나는 나의 책임과 나의 과오를 받아들인다. 네가 나의 운명을 내려놓는다면 나는 너를 존중할 것이다. 너는 부당하게 나의 운명을 가지려고 하지 마라." 여기서 가족세우기 참가자들은 자녀가 부모에게 절을 하는 것과 같은 의식을 거행한다. 헬링어(2002a)는 부모가 자기 책임을 받아들이고 자녀가 부모를 존중하고 그들의 짐을 존중한다면 사랑의 질서를 세우기에 충분하다고 한다.

부부의 이전 인연 가족세우기 안에는 두 개의 중요한 주제가 존재할 수 있다. 부부의 결혼 이전 관계와 부모와 자녀의 관계가 그것이다. 두 사람이 만나서 결혼을 한다고 해서 이전의 관계가 종결되는 것은 아니다. 결혼 전에 두 사람이 가졌던 인연은 이별 이후에도 여전히 무언가 그 작용을 갖는다(Ulsamer, 1999). 두 사람이 만나 서로 사랑하다가 헤어질 때 아픔과 죄책감을 갖게 된다. 두 사람이 서로의 상처로부터 벗어나는 것은 두 사람의 만남과 인연을 부정하는 것이 아닌 인정하는 데 있다. 이별이 다음의 만남에 어떻게 작용하는지는 다음의 예를 통해 볼 수 있다. 한 여성은 사랑하던 남자와 이별하면서 많은 상처를 받았다. 그 후 그녀는 다른 남자를 만나 결혼을 하였다. 그런데 결혼에서 태어난 첫 아이는 이 여성 자신도 모르게 이전에 헤어진 남자를 대신하게 된다. 만일 이 여성이 과거의 남자를 증오하면 이 증오는 자주 아이에게로 전이되며 얽히게 된다. 그런데 이 여성이 그 남자를 인정하고 존중할 때 이 얽힘이 풀린다. 이전의 만남과 인연을 부정하고 머리에서 지우려고 하기보다 화해하게 되면 얽힘은 해결된다. 만일 두 사람이 만남을 통해 아이나 낙태아가 생긴 상태에서 헤어지게 되면 두 사람 사이에는 뗄 수 없는 관계가 유지된다. 얽힘을 풀기 위해서는 먼저 이전의 상대가 존경되어야 하며 이별의 아픔도 허용되어야 한다. 낙태아도 기억되어야 하고 그 아이에 대한 슬픔과 아픔도 허용되어야 한다. 그렇게 되면 그 아이와의 이별도 가능해진다. 이러한 작업을 통해 헤어진 두 남녀는 비로소 새로운 파트너를 만날 수 있다. 헬링어(2004)는 새로 만난 두 남녀의 관계 속에서 이전 만남의 내밀한 이야기는 비밀에 붙여야 한다고 말한다. 남자가 여자에게 이전 관계는 어떠했는지를 묻거나 알려고 하는 것은 파괴적인 결과를 가져올 수 있다고 한다.

이전의 만남으로 고통받는 경우 다음과 같은 말이 도움이 되고 두 사람을 자유로움으로 이끌 수 있다. "내가 당신을 받아들였다는 것에 감사한다. 그리고 당신이 나를 받아들였다는 것을 당신이 간직하길 바란다. 나는 우리의 이별에 대해 내가 책임질 부분을 받아들인다. 그리고 나는 당신이 책임질 부분을 내어 놓는다. 내 마음의 한 공간에 당신의 자리를 마련해 준다."

만일 결혼 전에 두 사람 사이에 자녀가 있었다면 다음과 말할 수 있다. "우리는 우리의 자녀를 통해 연결된다." 그리고 자녀에 대해 부모는 다음과 같이 말한다. "너는 단지 자녀일 뿐이다." "너는 나를 엄마로, 그를 아버지로 알아야 한다. 네가 이것을 결정해서는 안 된다."

치료사의 최소한의 개입 가족세우기는 참가한 많은 사람에게 커다란 작용을 일으킨다. 가족세우기 속에서 언제나 이것이 증명되고 그 효과를 경험할 수 있다. 이러한 작업의 힘은 놀랍다.

우리 모두는 자신의 가족에게 기원하는 전체 가족의 내적인 상(Bild)을 알고 있다. 이러한 상은 지금까지 무의식적으로 내면에 숨겨져 있다가 가족세우기 안에서 밖으로 표출되게 되며, 대리인을 통해 현재 속에서 일깨워지게 된다. 가족세우기 속에서 내담자는 무대 위, 관중 앞에 서게 되고 이때 긴장된 상태와 감정이 표면으로 올라오게 된다. 그리고 내담자는 지금까지 겪었던 개인적인 많은 어려움이 가족과의 연결 속에서 기원되었다는 것을 알게 된다.

가족세우기 참가자들의 도움에 의해 내담자의 내적인 상이 변화된다. 종종 가족세우기는 긴장을 완화시키고 보다 평화롭게 만들어 준다. 내담자는 심층 속에서 가족과의 다정한 연결과 공감을 발견하고, 새롭게 변화된 상을 갖게 된다. 따라서 과거의 상이 내담자에게 영향을 미치고 유지시켰던 것처럼 이제 새로운 내적인 상이 내담자에게 만들어지고 작용하기 시작한다. 가족세우기는 오로지 영혼만이 동기가 된다. 치료사를 통한 자극이 작을수록 내담자의 성장은 크게 이루어진다. 이를 통해 내담자의 힘은 강화되고 자기책임이 고무된다. 헬링어가 명명한 '최소한의 주의' 는 치료사의 개입을 가능한 한 최소화시키는 것을 의미한다. 치료사는 가족체계 속에서 대부분의 에너지가 놓여 있는 결정적인 부분을 발견하였다면 여기서 치료를 중단하는 것이 좋다. 충분한 자극이 주어졌다면, 전체 에너지가 내담자의 성장에 마음대로 사용되도록 허용해 주어야 한다. 치료사가 내담자 스스로의 작용을 무시하고 계속해서 작업하려고 한다면 오히려 에너지는 약화되고 별 성과를 얻지 못하게 된다. 헬링어는 특히 부부치료에서 치료사의 개입을 최소화할 것을 강조하였다. 즉, 부부가 치료사에게 부부문제를 이야기할 때 삼각관계로 발전할 수도 있으므로 치료사의 적극적 개입을 피하는 것이 좋다고 보았다. 그리고 치료사는 부부를 존중하면서 조심스럽게 부부문제에 다가가야 한다고 말하였다(Neuhauser, 2002).

2. 내담자에 대한 존중

좋은 치료사들의 공통점은 내담자를 존중할 수 있는 능력을 지녔다는 점이다. 내담자에게 다가갈 수 있는 능력은 상담에서 가장 기본적인 것이다. 이러한 능력은 사람에 따라 각자 다르게 나타난다. 천성적으로 친절함을 가진 사람이라면 자연스럽게 내담자의 마음을 열게 할 수 있다. 이런 치료사는 가장 다루기 힘든 내담자들의 마음도 열게 할 수 있다. 반면에 어떤 치료사에게는 내담자의 마음을 여는 것이 어려운 일일 수 있다. 그러나 내담자에게 다가가는 자세는 배우고 습득할 수 있는데, 그 자세가 바로 존중이다.

존중

모든 상담모델에서 내담자에 대한 존중은 가장 기본적 요소다. 가족세우기에서도 내담자에 대한 치료사의 존중은 필수적이다. 모든 내담자는 치료사가 자신을 존중하는지, 존중하지 않는지를 충분히 인식할 수 있는 안테나를 가지고 있다. 우리는 존중을 다양한 단계와 차원으로 구분지을 수 있다. 표면적인 차원에서의 존중은 '정중함을 표하다' 는 말로 나타낼 수 있다. 이러한 정중함은 일반적인 관계 형태 안에서 나타나는데, 비용을 지불하고 상대에게 시간을 제공해 주는 용무적인 치료에서도 이러한 정중함은 일상적으로 나타난다. 한편, 좀 더 심층적인 차원에서 내담자에게 보이는 존중이 있다. 이러한 존중은 내담자의 원가족, 그가 짊어지고 있는 짐, 그가 겪은 경험 등 모든 것에 대한 존중을 포함한다. 치료사의 이러한 존중은 계속해서 내담자를 깊이 존중하도록 이끈다. 치료사는 내담자의 문제해결을 위해 내담자를 돕기를 원하면서 동시에 그를 존중해야 한다. 치료사가 내담자를 동정하는 것과 존중하는 것 사이에는 커다란 차이가 있다. 동정은 치료사가 내담자보다 우월한 사람이고 내담자를 치료사보다 못한 존재로 정의내리는 모습을 포함한다. 따라서 내담자를 동정하는 치료사는 내담자보다 우월한 사람으로 서 있게 되는데, 왜냐하면 그가 도움을 필요로 하는 사람 앞에 서 있기 때문이다. 치료사의 동정은 종종 긍정적인 것으로 여겨질 수도 있다. 치료사는 내담자의 불행한 운명을 동정하면서 그를 돕고 위로하려고 한다. 한 가족세우기 안에서 다른 참가자들은 동정의 분위기에 빠져들었고 모두 눈물을 흘렸다. 이러한 동정은 내담자의 삶이 얼마나 힘들었는가에 대한 공감이다.

확실히 여기서 내담자는 치료사와 동료들에게 동정을 받았다. 그러나 여기에는 문제점이 있다. 치료사의 동정은 자연스럽게 내담자 자신의 동정을 강화시키며, 이를 통해 내담자는 자신을 동정할 수 있다. 계속된 내적 단계로서 내담자는 불행한 자신의 환경으로 책임을 돌릴 수 있다. 즉, '내가 그때 그 여자/그 남자를 허용하지 않았다면', '우리 부모가 좀 더 몰상식하지 않았다면' 이라고 생각하며 책임을 회피할 수 있다. 동정보다 공감은 표면적으로는 덜 감정적이고 거리를 둔 자세로 보일 수 있다. 치료사는 확실히 덜 감정적이다. 그러나 그는 내담자의 삶 속에 많은 불행이 있다는 것을 안다. 이는 명백한 의미와 가치를 갖는다. 때로는 치료사가 냉정해 보이고 덜 관대해 보일 수도 있지만, 감정적으로 더 몰입된 동정보다 존중의 행동양식이 오히려 더 효과적이다.

치료사에게 필요한 내적인 자세는 내담자가 짊어지고 있는 운명에 대한 존중이다. 치료사는 내담자에게 그의 운명에 대한 부당한 기대나 요구를 할 수 없으며, 단지 전문가로서 그리고 동료(이웃)로서 서 있어야 한다. 치료사는 내담자를 통해 자기 삶과의 유사성을 인식하지만, 이러한 유사성을 느끼는 감정 속으로 들어가는 것 없이 공감을 한다. 헬링어가 말했듯이, 만일 치료사가 내담자 속에서 자신의 부모를 보고 그들을 함께 존중한다면 치료의 가능성이 열리게 된다. 치료사가 자신의 부모를 존중하면 할수록 다른 사람, 즉 내담자의 부모 역시 존중할 수 있다.

존중은 치료사의 기본적 자세다. 만일 치료사가 내담자들을 존중한다면 그들은 분위기를 통해 이러한 모습을 감지한다. 존중이 표현되면 언제나 커다란 작용을 한다. 존중을 통해 치료사로서 자신의 힘이 획득되고 내담자를 동료로 바라보게 된다. 한편, 치료사가 내담자와의 사이에서 어려움이나 문제를 경험한다면, 이는 존중의 부족에서 왔을 가능성이 크다.

치료사는 종종 내담자를 내적으로 가깝게 느끼기도 한다. 그는 내담자의 문제를 자신의 삶 속에서 인식하고 내담자 가족의 운명을 자신의 가족 안에서 보게 된다. 가족세우기 안에서 치료사가 내담자에게 보이는 최고의 좋은 자세는 다음과 같은 것이다. “나는 당신과 당신의 운명을 존중합니다. 이러한 짐은 당신에 속한 것입니다.” 내담자를 존중한다고 해서 그의 편이 되어 주는 것은 아니다. 존중은 가족 전체를 대상으로 한다. 내담자와 내담자가 의뢰한 일부 가족만을 대상으로 하는 것이 아니라, 얽힘에 빠져 있는 모든 가족을 대상으로 삼는다.

내담자에게 보조맞추기

가족세우기에서 내담자를 존중하는 자세가 가장 중요하지만 치료사가 훈련받고 익혀야 할 일련의 의사소통 능력 역시 중요하다. 가족세우기 이론가인 울사머(Ulsamer, 2001)는 NLP의 주요개념을 통해 가족세우기에서 치료사의 의사소통 능력을 설명한다. 치료사는 내담자와의 관계 속에서 좋은 관계, 즉 라포를 형성하는 것이 중요하다. 라포의 여부에 따라 진행 중인 가족세우기의 방향이 결정된다. 라포는 적절한 의사소통의 첫걸음이다. 이러한 라포의 중심은 상대방이 이해받고 있다는 느낌을 가지게 하고, 적절한 반응을 받고 있다는 느낌을 가지게 하는 것이다. 라포는 내담자의 세계 안에서 내담자와 만나는 것을 의미한다. 우리는 다른 환경과 배경 속에서 서로 다른 인생의 경험과 시각을 갖고 있다. 따라서 우리는 다른 사람과 구별되는 나름대로의 독특성을 지니고 살아가고 자신의 세계관을 통해 바라보게 된다. 내담자와 라포를 형성한다는 것은 그의 세계관을 인정하고 그와 함께 바라본다는 것을 의미한다. 그러나 이것은 반드시 치료사가 내담자의 세계관에 동의한다는 의미는 아니다. 이는 내담자의 세계관을 인정하고 존중해 준다는 의미로, 이를 위해 필요한 작업은 내담자에게 주파수를 맞추는 작업이다. 두 사람이 만났을 경우 각자 자신만의 독특한 템포와 리듬을 갖는다. 두 사람의 만남이 성공하기 위해서는 이러한 특성을 조율할 필요가 있다. 이러한 요소들은 대부분 생각하지 않고 의도되지 않은 행동으로 나타난다. 예를 들면, 카페에서 대화를 잘 나누고 있는 두 사람을 주목해 보면, 이러한 모습을 알 수 있다. 대화를 잘 나누고 있는 두 사람은 똑같거나 비슷한 행동을 보이고 있음을 발견할 수 있다. 특히, 공통의 운동리듬을 발견할 수 있다. 한 사람이 행동을 바꾸면 이어서 다른 사람도 이를 따라 움직인다. 이러한 모습을 관찰하면 마치 춤과 같이 보인다. 두 사람은 의식적으로 노력하지 않으면서 이러한 행동을 취하게 된다.

다음은 대인교제의 기본규칙으로 불릴 수 있는 내용이다. 두 사람은 비슷할수록 좋은 교제(즉, 라포)를 할 가능성이 높다. 반면, 두 사람은 차이가 클수록 좋은 교제를 하기가 어려워진다. 이러한 유사성은 모든 영역에 적용된다. 인종, 국가, 언어, 성, 가치관, 키 등과 같은 광범위한 영역에 적용될 수 있다.

여기에서 NLP의 두 가지 개념을 소개할 수 있다. 보조맞추기(Pacing), 이끌기(leading)가 그것이다. 보조맞추기와 이끌기는 서로 밀접하게 연결되어 있다. 치료사가 내담자에게 충분히 보조를 맞춘다면 그는 내담자와 라포를 형성하게 될 것이다. 라포를 형성하게 되면 치료사는 가족세우기의 다음 단계를 진행할 수 있게 된다.

치료사는 내담자와 조금씩 보조를 맞추면서 적극적으로 라포를 촉진시키게 된다. 보조맞추기가 가능한 많은 차원들이 있다. 특히, 언어와 신체언어는 모두 무의식적으로 반응하는 경우가 많기 때문에 중요하다.

따라서 치료사는 내담자의 단어 선택을 주의 깊게 살펴보고 임의적으로 다른 단어를 사용해서는 안 되며 적절한 반영이 이루어져야 한다.

내담자: 저는 언제나 아내에게 스트레스를 받고 있는데, 이것을 세워 보고자 합니다.

치료사: 예, 당신은 당신 아내와의 문제로 인해 가족세우기를 하려고 하는군요.

치료사는 자동적으로 스트레스라는 말을 문제로 바꾸어 버렸다. 내담자는 스트레스가 문제로 연결되는 것을 알지 못하였다. 이러한 상황 속에서 내담자는 지금 이해받지 못하였다고 느끼고 다음과 같이 대답한다. "아니요, 저는 문제를 갖고 있지 않습니다. 저는 단지 스트레스를 받고 있어요." 치료사는 내담자에게 의미 있는 단어가 불분명하게 여겨진다면 이를 자기의 어리짐작으로 반영하지 말고 내담자에게 직접 물어야 한다. 그렇지 않으면 내담자의 단어 선택을 존중하고 반영해 주어야 한다. 그러면 내담자는 확실하게 느끼고 만족하게 된다. 그러나 역시 말의 소리와 종류가 중요하다. 즉, 누가 무엇을 말했는가보다 누가 어떻게 말했는가가 더 중요하다. 사람들은 모두 스스로 쉽게 들을 수 있는 일정한 템포 속에서 말을 하는 경향이 있다. 치료사가 조금씩 내담자의 템포에 맞추어 말을 한다면 내담자와의 관계를 좀 더 쉽게 할 수 있다. 특히, 신체언어는 무엇보다 중요하다. 치료사는 신체언어를 내담자와 맞춤으로써 내담자의 움직임과 리듬에 일치하게 적절하게 반응할 수 있다. 이러한 것에 일정한 기술적인 행동양식이 있는 것은 아니다. 중요한 것은 치료사가 내담자에게 보조를 맞추려는 자세일 것이다.

비언어적 의사소통

라포를 이해하기 위해서는 비언어적 의사소통을 파악하는 것이 중요하다. 바츨라빅(Watzlawick, 1969)과 그의 동료들에 의하면 인간은 의사소통을 하지 않을 수 없으며, 인간의 모든 행위 자체가 나름대로의 의미를 갖는다고 한다. 일반적으로 대화로 여겨지지 않는 침묵 역시 하나의 의미를 가진 의사소통으로 볼 수 있다. 가족세우기 속에서 내담자가 중간에 침묵한다면 이것은 더 이상 단순한 침묵이 아닌 무언가 의미를 가지는 의사소통으로 여길 수 있다. 따라서 인간의 언어적, 비언어적 모든 행동은 일정한 의미를 갖는다.

이러한 비언어적 의사소통을 신체언어라고 할 수 있다. 가족세우기를 하는 경우 치료사는 먼저 자신의 비언어적 표현과 자세가 내담자에게 영향을 준다는 것과 내담자가 보이는 비언어적 의사소통에는 나름대로의 의미가 있다는 것을 인식하고 주의 깊게 관찰해야 한다.

치료에서 관찰될 수 있는 비언어적인 표현과 자세에는 다음과 같은 것이 있다.

- 전체적인 인상과 외모: 옷차림
- 신체적인 특징: 키, 몸무게, 체격, 외모 등
- 신체적 행동: 제스처, 자세, 몸의 위치와 방향
- 얼굴표정: 미소, 눈을 치켜뜨기, 입술의 움직임, 인상 찡그리기
- 목소리의 형태: 억양, 단어 간의 간격, 빠르기
- 생리적 변화: 얼굴 붉힘, 창백해짐, 조급해짐, 당황스러워짐, 호흡의 세기
- 자기 징벌적 행동: 손톱 깨물기, 몸 긁기, 몸을 문지르거나 비비기
- 격려나 관심 보이기: 어깨를 탁탁 두들겨 줌, 애정의 악수, 애정 어린 시선, 포옹

내담자는 치료사에게 언어를 통해서뿐만 아니라 이러한 다양한 비언어적 의사소통을 통해 자신의 목소리를 전달한다. 내담자는 비언어적 의사소통의 도구를 통해—예를 들어, 무의식적으로 손을 돌리거나 들 때—치료사에게 무의식적으로 자신의 분노, 좌절, 긴장 등의 메시지를 전달하는 것이다. 비언어적 의사소통의 표현들은 내담자를 관찰할 수 있는 일종의 열린 책인 것이다(Sanford, 1994).

우리들은 다른 사람과의 관계에서 언어적 방식만이 아닌 비언어적 방식을 통해 라포를 형성한다. 오코너(O' Connor)와 맥더모트(McDermott)는 비언어적 의사소통을 연구하였다. 이들에 의하면 타인과 의사소통을 할 때 상대방이 보여 주는 신체언어와 음성적 요소, 목소리의 톤을 통해 상대방이 어느 정도 믿을 만한 사람인지에 대해 지각한다고 한다. 만일 상대방의 말과 비언어적 의사소통이 서로 모순되면 사람들은 비언어적 의사소통을 더 중요하게 여긴다고 한다. 라포는 이러한 비언어적 의사소통과 밀접하게 연결된다.

오코너와 맥더모트(1999)는 사람들은 아주 빠른 시간인 10초 안에 상대방의 신체언어를 통해 상대방에 대한 첫인상을 형성하고 그것을 계속 유지하는 경향성을 갖는다고 하였다. 따라서 상대방에게 첫인상을 보여 줄 기회는 두 번 다시 찾아오지 않는 셈이다. 상대방의 말에 주의를 기울이고 그의 세계관을 존중해 주기 위해 치료사가 내담자에게 보여 줄 방법은 내담자의 비언어적 의사소통과 일치시키는 것이다. 치료사는 내담자와 비언어적 의사소통을 자연스럽게 일치시킴으로써 내담자와 라포를 형성할 수 있다. 예를 들어, 내담자가 취한 자세와 시선, 목소리의 높이와 분위기를 일치시키는 것이다. 이러한 일치는 내담자의 인생 경험에 대해 함께 이해하고 그의 세계관을 존중하며 더 나아가서 내담자의 얽힌 가족의 갈등과 문제에 대해 깊이 존중하고 있다는 것을 나타내 준다.

보조맞추기와 이끌기

치료사는 내담자와 목소리를 일치시키거나 특정 단어를 사용하여 내담자와 라포를 형성하게 된다. 먼저 목소리의 일치는 내담자의 목소리를 단순히 흉내 내는 것이 아니라 마치 두 개의 악기가 화음을 이루는 것과 같다. 내담자의 목소리 크기와 속도에 치료사가 자신을 일치시키는 것이다. 그러나 이러한 목소리 일치하기는 내담자의 목소리가 분노로 격앙되어 있거나 너무 우울하여 축 처져 있을 경우, 달리 사용하여 내담자와의 라포를 유도할 수도 있다. 내담자의 목소리가 분노 속에서 격앙되어 있을 때, 치료사가 일치를 보이면 내담자는 더 큰 목소리로 소리를 지를 수 있다. 이 경우에 치료사가 내담자보다 한 톤 낮은 목소리로 다가가면 상대를 점차 차분하게 이끌 수 있다. 그러나 처음부터 내담자와는 너무 다른 밝은 목소리를 낸다면 라포를 형성하기 어려울 것이다. 마찬가지로 지나치게 우울하게 말하는 내담자에게도 같은 방식이 적용될 수 있다.

목소리 일치하기와 더불어 특정 단어를 사용하여 라포를 형성할 수 있다. 내담자가 사용하는 특정 단어를 같이 사용해 줌으로써 치료사는 내담자와 라포를 형성하게 된다.

비언어적 의사소통과 언어적 의사소통을 일치시키고 서로의 세계관과 가치관을 존중하는 것을 NLP에서는 '보조맞추기' 라고 한다. 이것은 내담자로 하여금 치료사에게 맞추게 하는 것이 아니라 내담자의 세계에 치료사가 들어가는 것을 의미한다. 이것은 우리가 어떤 사람과 같이 걸을 경우 그가 나를 따라오게 하기보다는 내가 그의 걸음 속도에 맞춰 걸어가는 것을 의미한다. 이 과정 안에서 우리 자신의 세계관과 정체성은 훼손되지 않는다. 상대방에게 보조를 맞추기 위해서는 오히려 우리 쪽의 강한 자아관이 필요하다. 치료사가 내담자에게 보조를 맞추어 주면 두 사람 사이에는 라포가 형성이 된다. 이러한 라포를 통해 다른 차원, 즉 이끌기가 가능해진다. 흥분한 내담자에게 치료사가 비언어적 의사소통을 일치시키면 내담자는 순간 자신이 치료사에게 받아들여지고 존중된다고 여기면서 좀 더 여유 있는 마음으로 가족세우기에 응하게 된다. 이를 통해 치료사는 좀 더 침착한 상태로 내담자를 이끌 수가 있다. 이렇게 가족세우기 안에서 치료사가 내담자에게 일치시키는 것은 내담자와 라포를 형성하여 존중과 신뢰의 분위기 속에서 가족세우기를 진행하기 위해서다.

3. 가족세우기의 기술

가족세우기의 참가자

개인상담은 상담사와 내담자 두 사람의 작업이고 일반 가족치료는 내담자를 둘러싼 가족과 치료사의 작업이지만, 가족세우기는 치료사와 내담자 그리고 대리인들이 존재한다. 가족세우기는 이 세 가지 요소를 통해 진행된다. 가족세우기의 시작은 일종의 집단상담처럼 치료사와 가족세우기 참가자들의 만남에서 이루어진다. 참가자들 중에는 자신의 문제를 의뢰할 내담자가 포함되어 있다. 참가자 모두가 내담자가 되지는 못한다. 가족세우기는 한 명의 내담자를 위해 짧게는 20분에서 길게는 1시간의 시간이 소요될 수 있다. 따라서 모든 참가자가 내담자가 되는 것은 아니고 그들 중에 일부만이 내담자가 되어 자신의 문제를 해결할 수 있다. 그렇다고 다른 참가자들은 단지 내담자와 치료사의 작업을 구경만 하는 것은 아니다. 참가자들은 내담자의 가족세우기에서 대리인으로 참여한다. 내담자를 대신해서 대리인을 맡거나 내담자의 가족 중에서 어머니, 아버지, 동생, 아내, 자녀의 대리인을 맡는다.

여기서 이런 질문이 제기될 수 있을 것이다. 전체 참가자들 중에서 일부만이 참여하면 나머지 참가자들은 내담자의 대리인을 수행하는 역할만을 하는가? 그러면 대부분의 참가자들은 가족세우기를 통해 얼마나 도움을 받을 수 있는가? 가족세우기는 물론 소수의 내담자만을 대상으로 진행되지만 모든 가족세우기 과정에 대부분의 참가자들이 대리인들로 참여하여 내담자 가족의 역할을 수행하게 된다. 가족의 문제는 늘 다른 종류와 형태로 나타나지만 인간의 문제는 언제나 유사한 문제성을 갖고 있다. 이러한 유사성 속에서 비록 참가자들이 내담자가 되어 자기 가족의 문제를 다루지는 못하지만 대리인이 되어 타인 가족의 문제에 참여함으로써 자기 문제에 대한 통찰을 간접적으로 경험할 수 있다. 이러한 경험은 가족세우기에 참여한 참가자들이 자기 문제를 내어 놓고 해결하지 못함에도 별 불만을 갖지 않는 이유가 된다.

인형을 이용한 가족세우기

가족세우기에서는 가족구성원을 표현할 대리인으로서 사람이 아닌 인형과 같은 도구를 이용한 개인치료도 가능하다. 인형의 팔과 머리의 움직임을 통해 가치 있는 해석을 제공하는 것이 가능하다. 내담자는 사람에 의한 가족세우기에서처럼 의뢰를 구성하며, 그의 가족체계와 집단체계 안에서의 운명에 관한 조사를 수행할 수 있다. 내담자는 인형 중에서 그의 가족이나 팀의 일원들을 선택한다. 대리인을 대신하는 이러한 형상들은 책상 위에서 내적인 상을 즉흥적으로 위치시킨다.

이 작업에서 중요한 것은 생각하고 분석하는 것이 아닌 가슴으로, 직관으로 듣는 것이다. 왜냐하면 내담자의 문제에 대한 해결은 '머리'에서가 아니라 내담자의 '무의식' 에서('영혼' 속에서) 발견하게 되는 것이기 때문이다.

치료사는 세워진 가족세우기 속에서 다양한 역동의 결과를 인식하고 해석할 수 있다. 치료사와 내담자의 대화 속에서 가족상황의 배경이 규명되고 내담자를 위해 만족스러운 해결을 얻게 된다. 가족세우기의 작업에서는 인간의 내면에 대한 하나의 표현수단을 제공한다는 것이 중요하다. 왜냐하면 문제와 어려움의 해결은 내담자 스스로가 감당하는 것이기 때문이다. 내담자는 단지 다시 자기 내면에 귀를 기울이고 그것을 신뢰하는 법을 배워야 한다.

내담자의 의뢰

가족세우기를 본격적으로 진행하기 전에 내담자는 치료사에게 자기의 문제를 의뢰하게 된다. 여기서 내담자는 가족세우기를 통해 어떤 도움을 받고 싶은지에 대해 진술하고 자신의 가족문제에 대하여 설명한다. 개인상담이나 다른 가족치료에서 이 과정은 몹시 중요하게 여겨진다. 따라서 초기상담에서 대부분의 시간을 이 과정에 할애한다. 그러나 가족세우기에서는 이 과정이 축소되어 있다. 헬링어는 내담자에게 많은 것을 이야기하도록 허용하지 않는다. 단지 중요한 진술만을 하게 하고 내담자의 가족체계에 대한 정보를 최소화시킨다. 왜냐하면 대리인을 할 참가자들이 내담자에 대하여 지나치게 많은 부분을 알게 되면 추정을 해 가며 대리인의 역할을 연기할 수 있다고 보기 때문이다. 가족세우기의 진행은 대리인이 서게 되는 위치에 있다. 위치에서 느껴지는 반응과 감정을 통해서 가족세우기를 이끌어가는 것이지 내담자에 대한 정보를 통해 추정해 가면서 연기하는 것이 아니다.

가족세우기 안에서 내담자의 의뢰 내용을 최소화시킨다고 해서 내담자의 문제에 대해 공감하지 않는 것은 아니다. 치료사는 내담자에 대해 공감적 자세를 갖고 전체 상담과정을 통해 공감을 표시한다. 필자는 가족세우기를 하면서 충분한 시간이 확보되면 좀 더 시간을 갖고 내담자의 진술을 들어주려고 한다. 이것은 내담자에 대한 정보를 그만큼 많이 확보하기 위해서라기보다 배려의 차원에서 내담자에게 공감을 표시하기 위해 충분히 들어주려는 것이다.

내담자의 의뢰는 질문이며, 가족세우기를 원하게 한 주제와 문제이기도 하다. 원가족체계(부모와 형제자매)나 현가족체계(배우자와 자녀)가 세워지게 될지 아닐지는 먼저 의뢰에 따라 진행된다. 직접적으로 원가족과 관계 있는 의뢰 내용으로는 "나는 항상 아버지와 어려움을 가졌다.", "내 형제와 나는 아무런 관계를 갖지 않았다."와 같은 것이 있다. 또는 누군가 오랫동안 고통이 어디에서 오는지 알지 못한 채 그 고통스러운 감정을 짊어지고 있다는 것을 알려 주는 의뢰 내용으로는 "나는 항상 이유 없는 죄책감을 가져 왔다.", "나는 종종 슬프고 우울하다.", "나는 막혀 있다.", "나는 무언가에 움츠러든다.", "나는 내

삶 속에서 내 자리를 발견하지 못하고 있으며, 어디에도 소속하지 못한다."와 같은 것이 있다. 현가족체계는 자신의 삶의 결과들과의 관계에서 유래하는 의뢰 내용에 의해 세워지게 된다. 의뢰 내용은 다음과 같다. "배우자와의 관계가 깨졌고 그 후 나는 모든 것을 잃어버렸다." 종종 누군가는 완전히 실제적인 주제를 가지고 오기도 한다. "나는 배우자와 헤어져야 할지 함께 살아야 할지를 알지 못한다." "우리 자녀는 너무 신경질적이고 거칠어서 학교 안에서 요주의 인물이다." 치료사는 이러한 내담자의 의뢰를 통해 원가족 또는 현가족 중에 무엇을 중심적으로 세우게 할지를 결정한다. 이처럼 내담자의 의뢰 내용에 따라 가족세우기를 어떤 방향으로 진행할지를 결정한다.

그러나 치료사는 내담자의 의뢰 내용에 초점을 맞추지 않을 수도 있다. 내담자가 의뢰하는 내용이 표면적이고 본질적이지 않은 경우에 치료사는 의뢰 내용을 뛰어넘어 다른 차원으로 가족세우기를 진행하기도 한다. 가족세우기 세미나 속에서 한 여성 내담자가 현가족 안에서 아들과의 대화 마찰을 의뢰하였다. 의뢰 내용에 초점을 맞춘다면 현가족을 세우는 데 초점을 맞추어야 하지만 치료사는 어머니와 아들 사이에 얽혀 있는 어머니의 원가족 문제에 집중하였다. 내담자는 어린 시절 부모와 떨어져서 조부모 밑에서 성장하였고 반면에 다른 형제들은 부모 밑에서 자라났다. 치료사는 내담자가 어린 시절 느꼈던 해결되지 않은 상처가 현재 어머니와 아들의 관계 속에서 나타나는 것을 인식하게 되었다. 내담자는 처음에 자신이 의뢰하지 않은 원가족의 주제를 다루는 것에 당황하였지만, 가족세우기의 진행 속에서 자신의 본질적인 문제는 바로 원가족의 문제임을 알게 되었다. 가족세우기 안에서 의뢰는 진행을 위한 방향타의 구실을 하지만 항상 그런 것은 아니며, 치료사는 내담자가 의뢰하는 내용 너머에 있는 본질적 문제를 볼 수 있어야 한다. 살펴보았듯이 가족세우기에서는 내담자의 의뢰가 중요한 역할을 하지 못한다. 그러면 치료사는 내담자의 진술을 통해 무엇을 얻으려는 것일까? 그것은 내담자의 가족체계를 둘러싸고 있는 얽힘의 문제를 파악하고자 하는 것이다. 진술을 활용하여 내담자와 그의 가족이 갖고 있는 얽힘의 부분이 무엇인지를 파악하고, 이를 통해 파악된 얽힘의 부분을 검증하고자 가족세우기를 진행시킨다.

가족세우기의 대리인

가족세우기의 기술은 사실 단순하다. 우리 모두는 자기 가족에 대한 내적인 상을 갖고 있다. 우리는 가족 안에서 아버지와 어머니가 어떻게 서 있으며 거리는 얼마나 가깝고 먼지, 그리고 형제자매 사이의 거리감과 서로 간의 관계는 어떠한지에 대해 잘 알고 있다. 이러한 상은 우리의 내적인 상으로 존재하며 우리는 이러한 상을 언제나 불러낼 수 있다.

가족세우기는 관계를 공간적 개념 속에서 정의한다. 가족 사이의 관계는 공간 속에서 가깝고 먼 형태를 통해 명백하게 표현될 수 있다. 가족세우기 안에서의 공간적인 거리를 통해 실제로 집에서 감정적으로 누구와 연결되어 있고 누구와 더 친하고 힘든지가 나타나게 된다. 다양한 거리감은 가족 안에서 구성원들이 갖는 다양한 감정을 반영하며, 가족문화 속에서 어떤 가족 역할의 모습을 갖는지를 나타내 준다. 이와 같이 가족세우기는 가족 안에서 구성원들 간의 다양한 관계 형태를 보여 줄 수 있다.

한편, 가족세우기는 집단에서 이루어지는 것이 보다 편하다. 왜냐하면 가족에 대한 내적인 상을 세우려면, 당연히 가족구성원의 수만큼 인원이 필요하기 때문이다. 즉, 가족세우기는 개인상담처럼 치료사와 내담자의 일대일 만남을 통해서 이루어지기보다는 가족구성원의 수만큼 여러 사람을 필요로 하기 때문에 집단상담 형태에 적합하다. 가족세우기를 할 인원이 갖추어 졌다면 내담자의 가족구성원을 대신할 대리인들을 선택한다. 내담자의 아버지를 대신하고 어머니와 동생을 대신할 대리인들이 집단 속에서 선택된다. 가족의 이야기는 이들 대리인들을 통해 표현된다.

대리인은 다음과 같은 장점을 갖는다. 대리인은 실제 가족의 역사를 경험하지 않았기 때문에 치료적 개입에 대해 저항하지 않는다. 이들은 단지 그 자리에서 느껴지는 감정을 표현하면 되지만 실제 가족은 느껴지는 감정을 부정하거나 억압할 수 있다. 한 사례를 보면, 대리인이 아닌 실제 가족구성원이 가족세우기에 참여했을 때 실제 가족은 가족 안에서 자신이 서 있는 자리에서 올라오는 감정을 허용하지 않고 부정하였다. 그가 가족 안에서 떨어져 외톨이로 서 있었음에도 불구하고 아무런 부정적인 감정이 느껴지지 않고 그냥 좋다고 말하였다. 곧이어 대리인을 그 자리에 서게 했고 느껴지는 감정을 설명하게 했을 때 대리인은 서 있는 자리가 너무나 외롭고 쓸쓸하다고 표현하였다. 마치 자기가 가족 안에서 따돌림을 당한 기분이며 어디에도 의지할 수 없는 외로운 상태라고 말하였다. 이를 듣고 있던 실제 가족구성원은 공감하였고 내담자 역시 대리인의 말이 자기의 상황을 정확하게 표현하고 있다고 인정하였다. 이러한 예에서 드러나듯이 실제 가족구성원을 세우는 것보다 대리인을 세우는 것이 치료적 개입에 더 용의하다는 것을 알 수 있다.

가족세우기 안에서 대리인이 세워지는 자리는 내담자가 자기 가족에게 갖는 내적인 상을 반영하는 것이다. 가족세우기는 이처럼 내담자의 내적인 상에 따라 대리인이 세워지는 것을 통해 시작된다. 치료사는 내담자가 자신의 내적인 상을 외부로 표현할 수 있도록 돕는다. 다음은 가족세우기를 통해 가족의 내적인 상이 표현된 모습이다.

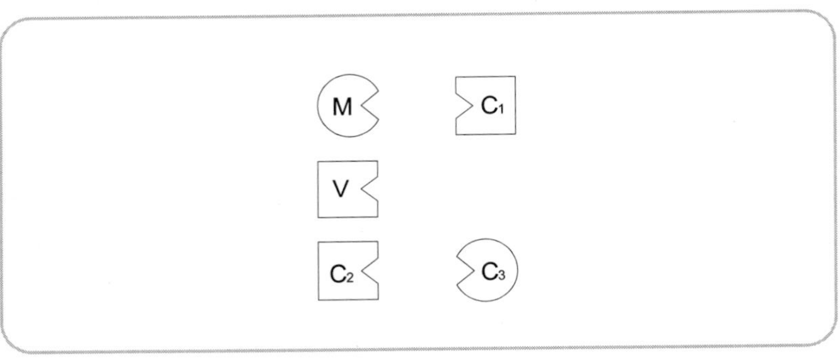

한 부인이 가족세우기를 의뢰하였다. 여기서 M은 내담자의 대리인으로서 남편 V 옆에서 큰아들 C_1과 마주 보고 있다. 남편은 아내 옆에 서서 앞을 응시하고 있으며 가족 중 누구도 보지 않고 혼자 서 있다. 둘째 아들 C_2와 셋째 딸 C_3은 서로 응시하고 있다. 대리인들의 도움을 통해 세워진 이러한 가족세우기는 가족세우기의 과정을 가능하게 해준다. 우리는 가족세우기 안에서 대리인들이 서 있는 모습을 통해 이 가족의 현실과 마주하게 된다. 이 사례에서 부인은 남편 옆에 서서 남편을 보지 못하고 큰아들만을 보고 있다. 남편은 가족 안에서 아무도 보지 않고 혼자서 서 있으며, 둘째 아들과 셋째 딸은 가족 안에서 서로만을 바라보고 있다. 대리인들에 의해 표현된 이러한 모습은 가족체계의 기본적 구조와 문제 및 갈등이 어디에서 오는지를 보여 준다. 이와

같이 대리인들을 통해 세워진 가족의 모습은 가족에 대한 내담자의 내적인 상을 나타내고 있다.

가족세우기에서 대리인을 선택하는 사람은 치료사가 아닌 내담자다. 내담자는 자신의 문제에 대해 간단한 설명과 더불어 가족세우기를 통해 도움받고 싶은 부분에 대해서 말한다. 여기서 치료사는 내담자의 문제에 대해 장황한 설명을 듣지 않고 간단한 설명만을 듣는다. 헬링어는 내담자에 대한 지나치게 많은 정보가 오히려 대리인들의 감정과 행동에 부정적 영향을 줄 수 있다고 본다. 따라서 정보는 최소화하여 가족세우기를 진행한다. 설명이 끝나면 치료사는 참가자들 중에서 자기 가족의 구성원들을 대신할 대리인들을 선택하라고 말한다. 선택된 대리인들이 공간 안으로 나오면 가족세우기는 본격적으로 진행된다.

대리인들이 각자의 자리에 서게 하는 것은 내담자의 몫이다. 내담자는 대리인들을 자기의 내적인 상에 따라 배치시킨다. 치료사는 공간 속에 세워진 대리인에게 다음과 같이 묻는다. "그 자리 위에서 어떤 느낌이 올라오는가? 당신 자신에 대해 어떤 느낌이 들고 다른 가족구성원에 대해 어떤 느낌이 드는가?" 대리인이 느끼는 감정은 상상력과 자기 경험에서 올라오는 것이 아니다. 가족세우기의 공간 속에서 대리인은 다른 가족 대리인들과 함께 서 있게 된다. 여기서 그들은 각자의 자리에서 일정한 감정을 느끼게 된다. 대리인은 융이 말하는 집단무의식의 차원으로 서 있는 자리에서 경험될 수 있는 특정한 감정을 공유하게 된다. 비록 대리인이 실제 가족을 본 적도 없고 그의 역할이 무엇인지도 전혀 모르지만 서 있는 위치를 통해 실제 가족의 특정한 감정을 가지게 된다. 여기서 치료사는 생각을 통해 그 감정을 끄집어 내지 말고 가슴으로 느끼라고 주문한다. 대리인이 느끼는 감정은 실제 가족구성원이 이렇게 느낄 것이라는 추측에서 나온 인위적 감정이 아니라서 있는 위치에 의해 자기 내면에서 떠오르는 감정이다.

대리인이 위치에 서게 되면 종종 갑자기 울거나 분노를 느끼거나 피곤해진다. 또는 몸이 얼어붙거나 식은땀이 나며, 어떤 감정도 전혀 느끼지 못한다. 어떤 위치에서는 마비된 듯한 느낌을 가지며 또는 자신감과 확신에 찬 느낌을 가지거나 충만한 사랑으로 얼굴이 빛나게 된다. 이러한 다양한 감정의 변화는 결국 대리인이 서 있는 위치와 다른 대리인들과의 간격 속에서 나타나게 된다. 가족세우기에는 많은 감정적 작용이 일어나며 치료사는 이러한 작용과 동행한다.

치료사는 대리인들에게 어떤 느낌이 들었는지를 묻는다. 이러한 질문에 대한 대리인들의 대답은 헬링어와 그를 따르는 가족세우기 학파에게서는 중요하게 여겨진다. 이들은 대리인들의 반응과 말을 중요하게 받아들여 가족세우기를 진행시킨다. 그러나 헬링어보다 사티어(Satir)에게 영향을 더 많이 받은 자우터(Sautter)와 같은 치료사는 이것들을 중요하게 받아들이지 않는다. 자우터(2006)는 헬링어와 그의 추종자들이 지나치게 대리인들의 반응과 말을 중요시한 나머지, 마치 불가항력적인 신탁처럼 받아들이려는 경향이 있다고 비난한다. 그러면서 대리인들의 반응과 말은 어디까지나 흥미로운 제안 정도로 활용되어져야 한다고 말한다. 왜냐하면 모든 사람들은 자신의 안경을 통해 세계를 바라보기 때문에 대리인의 반응과 말에는 실제 가족구성원의 모습만 있는 것이 아니라 자기 경험과 자기 감정이 혼합되어 있기 때문이다. 자우터는 이렇게 자기 감정과 혼합되어 있는 대리인의 반응과 말이 실제로 맞는지에 대해서 언제나 검증하는 자세가 중요하다고 본다. 대리인의 감정과 말이 어디까지 일치하는지를 파악해 가면서 진실 여부를 살펴보아야 한다. 가족세우기 안에서 대리인의 반응과 감정의 표현, 다른 구성원들과의 관계의 느낌은 중요하다. 그런데 이러한 대리인들의 반응을 어디까지 믿고 수용해야 할지는 가족세우기 안에서도 분명한 입장의 차이가 존재한다. 이러한 정도의 차이는 있지만 대리인들의 반응과 말을 수용하며 이를 통해 가족세우기를 진행한다는 공통점은 발견할 수 있다.

대리인이 감정을 인식하고 이를 통해 가족세우기를 마감한 후에 치료사는 대리인에게 그 감정으로부터 거리를 둘 것을 요구한다. 왜냐하면 그 감정은 본래 대리인의 감정이 아니기 때문이다. 단지 가족세우기의 위치에 서서 실제 가족의 감정을 대신 느낀 것이다. 가족세우기의 현장 경험에 따르면 가족세우기가 종결되었는데도 대리인이 감정 속에 완전히 빠져 있거나 이로 인해 신체적으로 격렬하게 반응을 보이는 것은 전체 진행에 별 도움이 되지 않는다. 이런 경우 대리인의 감정적 반응에 지나치게 주의를 기울이다 보면 정작 중요한 내담자가 시선에서 도외시될 수도 있기 때문이다. 참가자들은 대리인으로 참여함으로써 자기 자신의 감정과 대리인으로서 경험하는 감정을 구분짓는 것을 배우게 된다. 이러한 구분을 통해 참가자들은 더 이상 감정에 휩쓸리지 않게 된다.

남성 참가자들 중에서 종종 대리인으로서 감정을 잘 느끼지 못하는 경우가 발생한다. 남성들은 여성들에 비해 감정적 인식과 표현에서 차이가 있다는 것은 분명하다. 물론 이러한 점으로 인해 남성을 가족세우기에 참여시키는 데 문제가 있는 것은 아니다. 남성들은 여성에 비해 감정을 잘 느끼지 못하지만, 대리인으로 참여한 후에 감정을 분리시키는 작업이 여성에 비해 훨씬 더 유리하다.

가족세우기는 대리인에 의해서 이루어지지만 종결 시점에서 치료사의 판단에 따라 이 과정을 지켜보던 내담자가 자신의 자리에 세워지기도 한다. 내담자가 처음부터 세워지는 것은 아니지만 대리인이 서 있던 위치에 서서 감정을 직접 느껴 보는데, 여기서 느껴진 감정과 반응은 가족세우기 과정에 중요한 작업이 된다.

가족세우기의 위치

가족세우기의 핵심은 내담자가 가족세우기 안에 서게 되는 위치에 있다. 가족세우기를 성공적으로 진행하기 위해서 반드시 필요한 부분은 대리인들을 어떻게 세우는가다. 치료사가 세우는 대리인의 위치는 단순한 공간이 아닌 내담자 가족의 실제 모습을 재연시키는 현장이다. 치료사의 가장 중요한 과제는 내담자를 통해 어떻게 이 위치를 정확하게 표현하게 하고 실제 가족의 모습을 정확하게 재현하게 하는가다. 위치를 세우는 이 작업이 가족세우기가 성공적으로 진행될지, 아니면 적절한 길을 찾지 못하고 지루하게 진행될지를 결정하게 된다.

가족세우기에 참여한 경험이 이미 있거나 관련 비디오나 이야기를 통해 간접적으로 가족세우기의 과정을 접한 내담자는 대리인의 위치를 세울 때 신중하게 생각하며 실제 가족체계의 모습을 재현하려고 애쓴다. 이러한 경우 치료사의 별다른 개입 없이 내담자가 세운 그 자체로 과정을 진행해도 무방하다. 그러나 가족세우기에 대해 전혀 알지 못한 상태에서 참석하게 된 내담자는 대리인들의 자리를 어떻게 세워야 할지를 모른다. 그래서 종종 치료사가 대리인들을 세우라고 하였을 때 정확하게 세우지 않고 대략적으로 두루뭉술하게 세우게 된다. 이러한 경우에는 가족세우기 과정이 제대로 진행될 수 없다. 따라서 치료사는 내담자에게 대리인의 자리와 자세, 그리고 위치를 하나하나 물어보면서 정확하게 세우도록 돕는다. 가족세우기는 서 있는 위치의 작은 변경만으로도 전혀 다른 감정과 반응을 경험하기 때문에 최초의 위치세우기가 제대로 진행되어야 한다. 한 가족세우기 속에서 최초의 자리에 세워진 대리인이 갑자기 감정이 북받쳐 올라 눈물을 흘렸다. 그러나 얼마 후에 내담자가 그 대리인의 방향을 약간만 수정하자 올라오던 모든 감정은 사라지게 되었다.

가족세우기 안에서 대리인들의 위치를 세우는 것은 가장 중요한 치료사의 과제다. 이것을 잘 진행시키려면 치료사 스스로 어떤 선입견과 경험에 의한 사전지식을 갖지 않고 호기심을 가지고 접근해야 한다. 따라서 헬링어는 이 과정을 '현상학적 인식'이라고 불렀다.

원가족체계와 현가족체계

가족세우기 속에서 내담자는 종종 "내가 어렸을 때의 가족을 세우는 것입니까? 아니면 현재의 가족을 세우는 것입니까?"라고 묻는다. 여기서 어렸을 때의 가족을 원가족체계, 현재의 가족을 현가족체계라고 부를 수 있다.

가족세우기 속에서 다루어지는 가족체계는 원가족과 현가족이다. 헬링어는 가족세우기를 진행할 때, 먼저 현가족을 세운 다음 원가족을 세운다. 그 다음에 다시 현가족을 세우고 종결한다. 반드시 현가족을 먼저 세우는 것은 아니며 종종 상황에 따라 원가족을 먼저 세울 수 있다. 가족세우기에 임하는 내담자에게는 자기가 중요하다고 여기는 가족체계가 있을 수 있다. 극심한 부부갈등을 겪고 있는 부인에게서 다루고 싶은 가족은 원가족보다는 현가족이다. 현가족의 모습을 보면서 더 많은 것을 얻을 수 있을 것이라 생각되지만 실제로 가족세우기를 하면 이러한 기대가 무너지는 경우가 많다. 종교 문제로 남편과 갈등하고 있던 한 부인이 가족세우기를 의뢰하였다. 그녀의 호소는 남편의 종교 억압과 무심하고 자기만 생각하는 남편에 관한 문제였다. 현가족체계가 먼저 세워졌다. 현가족체계는 다음과 같았다.

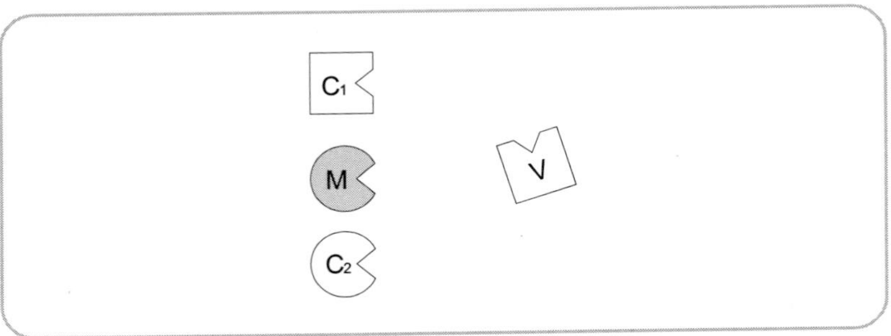

M-내담자인 부인, V-남편, C_1-큰아들, C_2-둘째 딸

부인은 남편에 대해 무언가 채워지지 않는 욕구가 있다고 고백하였다. 남편에 대해 늘 채워지지 않는 무언가가 있으며 그럴수록 종교에 더욱 의지하게 되어 남편과 갈등을 빚는다고 말하였다. 그녀의 채워지지 않는 욕구는 현가족체계 속에서 온 것이 아니었다. 여기서 부인은 자신이 초등학교 3학년 때 아버지가 돌아가셨다는 말을 하게 되었다. 치료사는 원가족을 세우게 되었다.

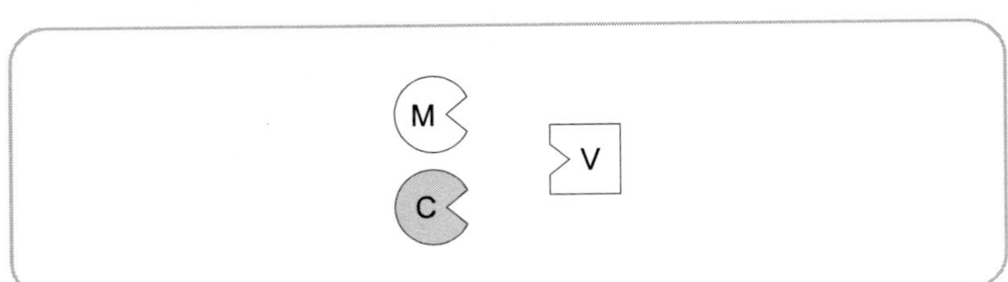

C-내담자, M-어머니, V-아버지

내담자는 아버지가 세워지자 주체할 수 없는 울음을 터트렸다. 내담자는 의식적으로 아버지를 생각하지 않아서 아버지의 영향이 크다는 것을 몰랐는데 가족세우기를 통해 해결되지 못한 아버지와의 관계가 있다는 것이 드러났다. 치료사의 도움으로 돌아가신 아버지를 대면하면서 아버지와의 관계를 해결하게 되었고, 아버지에 대한 깊은 슬픔과 애도를 통해 아버지의 죽음을 수용하게 되었다. 내담자는 감정적으로 큰 슬픔을 경험하면서 서서히 마음의 평온을 되찾게 되었다. 내담자는 부부관계 속에서 남편을 남편으로만 본 것이 아니라 받지 못한 아버지의 사랑에 대한 기대를 덧입혀서 보았다. 이 때문에 내담자는 남편에게서 채워지지 않는 욕구를 느끼게 되었다. 현재 부부의 극심한 갈등, 특히 종교문제로 비하된 부부갈등은 예상치 못하게 원가족체계 안에서 돌아가신 아버지와의 관계를 재설정함으로써 해결되었다. 이러한 사례처럼 가족세우기 안에서는 현가족 문제의 원인이 오히려 생각지도 못하게 원가족 안에 있는 경우가 빈번하게 발생한다.

가족세우기를 진행하다 보면 원가족과 현가족이 분리되지 못하고 서로 교차되어 있는 경우가 있다. 즉, 두 가족체계가 서로 한 공간에서 공존하는 경우다. 딸과의 문제로 힘들어하는 부인이 가족세우기를 의뢰하였다. 이 부인은 초등학교 6학년 때 어머니가 돌아가셨다. 그러나 부인은 현가족체계가 중요하다고 생각하고 현가족체계를 세워줄 것을 주문하였다. 현가족체계는 다음과 같았다.

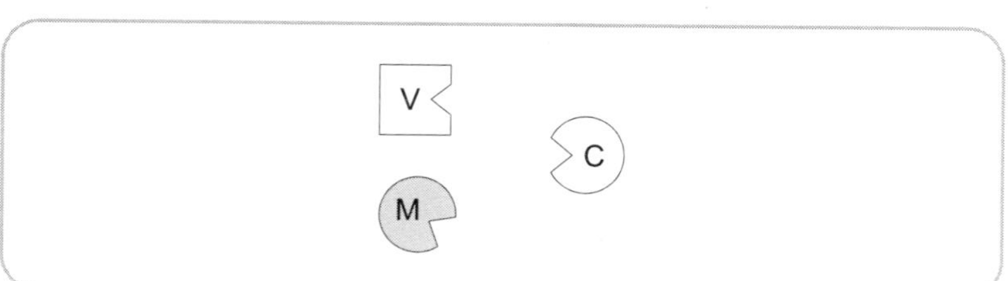

V-남편, M-내담자, C-딸

이러한 현가족체계 속에서 부인은 딸을 바라보지 못하고 무언가 다른 곳을 바라보고 있음을 알 수 있었다. 그 무언가는 어머니였다. 치료사는 원가족체계를 세웠다.

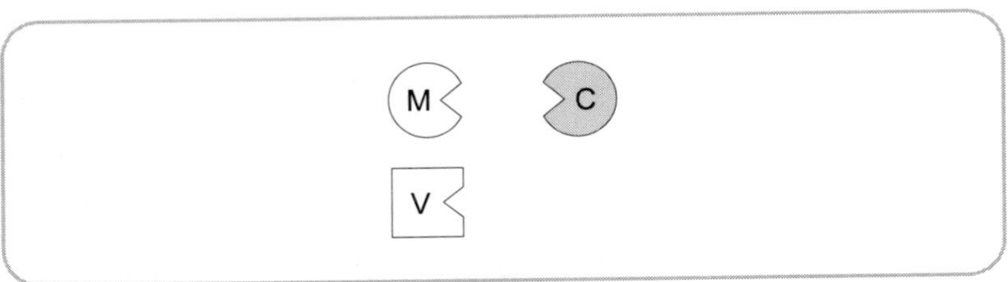

C-내담자, M-어머니, V-아버지

내담자는 돌아가신 어머니를 바라보고 있다. 치료사가 내담자의 대리인을 세웠을 때 이를 지켜보던 내담자는 깊은 슬픔을 느꼈다. 내담자의 대리인은 돌아가신 어머니에게서 눈을 돌리지 못하였고 오직 어머니만 바라보고 있었다. 내담자는 돌아가신 어머니에 대한 슬픔을 막연하게 느끼고 있었지만 이토록 자신의 내면에 남아 있었는지는 몰랐다고 말하였다. 내담자 가족의 현가족체계를 재구성하였다.

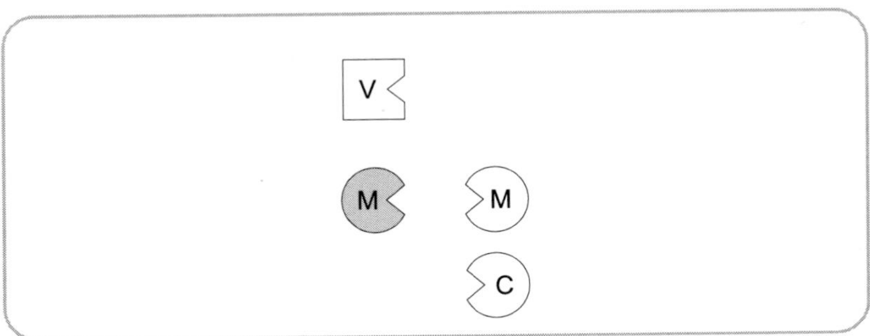

V-남편, 색깔이 있는 M-내담자, M-어머니, C-딸

돌아가신 어머니는 단지 원가족체계 안에 있는 분이 아닌 현가족체계 안에도 존재하였다. 이 모든 작용은 내담자의 무의식 속에서 이루어지던 작용이었다. 내담자는 돌아가신 어머니를 늘 바라보았고 이로 인해 딸에게 집중하지 못하였다. 딸과의 관계 개선을 원하였지만 딸을 진실하게 바라보지 못하고 있었다. 이런 어머니의 모습에 대해 딸은 실망하였고 어머니를 제대로 바라볼 수 없었다. 이것은 분명히 모녀간의 갈등으로 이어졌을 것이다.

살펴본 것처럼 가족세우기 안에서 원가족체계와 현가족체계는 서로 분리될 수도 있고, 두 세계가 한 공간 안에 나타날 수도 있다. 여기서 가족세우기의 기본전제 중에 하나는 원가족 안에서 문제가 해결되면 이것은 현가족에게 긍정적인 변화를 일으킨다는 것이다. 가족세우기에서 원가족체계와 현가족체계는 각기 다른 영역이라기보다 서로에게 영향을 미칠 수 있는 영역이다. 특히, 원가족 안에서 장애를 갖고 있는 경우(얽힘이 있는 경우) 가족세우기를 통해 이러한 장애가 해결되면 현가족체계는 보다 좋아진다. 따라서 가족세우기의 치료사는 언제나 두 가족체계를 통합적으로 인식하면서 가족의 현상을 바라보아야 한다.

의뢰의 대상이 본인이 아닌 경우

다른 가족구성원을 위해서 가족세우기를 하는 것이 가능한가? 가족세우기를 통해서 한 동생은 형의 운명을 해결하고자 하였다. 만일 내담자가 본인이 아닌 타인을 세우려 한다면 다른 사람의 운명과 내담자 본인의 운명이 뒤섞이게 된다. 이러한 것은 가족세우기 안에서 권장되지 않는다. 즉, 이것은 모든 사람이 각자의 운명의 짐을 진다는 질서의 법칙에 어긋난다. 이러한 것에서 다른 사람을 구하고 도우려 하는 마술적 사고가 나타나게 되는 것이다. 가족세우기를 통해서 할 수 있는 것은 가족 안에 있는 얽힘의 부분을 보는 것이다. 이러한 얽힘을 보는 것은 내담자 본인뿐만 아니라 다른 가족구성원들에게도 좋은 작용이 된다. 그러나 다른 사람의 운명을 존중하는 것은 위대한 첫걸음이지만 또한 어려운 길이다.

한 가족세우기에서 마약을 하는 오빠를 세웠을 때 여동생은 그 앞에 서게 되었고 그를 바라보았다. 여동생은 말하였다. "오빠는 마약을 하는데 그것은 오빠에게 좋지 않습니다. 나는 오빠를 존중하고 오빠가 짊어져야 할 것을 존중합니다." 그리고 동생은 오빠에게 머리를 숙여 인사하였다. 갑자기 오빠는 큰 위로를 받게 되었다. 이러한 존중은 오빠에게 힘을 주었다.

부모는 자녀에 대한 염려 속에서 자녀들을 가족세우기 안에 세운다. 자녀들은 이를 통해 도움을 받을 수 있을 것인가? 자녀들이 사춘기 이전이라면 부모로부터 유래되는 에너지에 매우 융통성 있게 존재한다. 부모가 무언가를 분명히 밝히면 이것은 자녀들에게 직접적으로 작용한다. 그러나 사춘기가 된 경우에는 더 이상 그렇지 않다. 자녀들은 이제 어른이 된다. 자녀들이 사춘기 속에서 수용한 모든 것들은 그들 자신의 운명이 된다. 어른이라면 자신의 짐을 짊어지고 스스로 해결하려는 책임을 갖는다. 따라서 부모가 자녀들의 운명을 존중하는 것이 중요해진다.

가족세우기 안에서 종종 본인의 가족체계를 세우기보다는 다른 사람을 세워 줄 것을 의뢰하는 일이 있다. 부인이 남편의 원가족체계를 보고 싶어 하는 경우가 여기에 해당된다. 부인들은 남편의 모습을 보고 싶어서 의뢰하지만 정작 가족세우기 현장에는 당사자인 남편이 없다. 당사자가 없다고 하더라도 가족세우기는 진행될 수 있다. 이것이 가능한 것은 가족세우기는 본인만이 참여해서 이루어지는 작업이라기보다는 대리인을 통해서 이루어지는 작업이기 때문이다. 치료사는 부인의 도움으로 참가자들 중에 남편과 남편의 원가족을 다룰 대리인을 선정하게 되며 이로써 가족세우기는 진행된다.

다음은 남편의 원가족체계를 의뢰한 사례다. 부인은 알코올중독 증상이 있는 남편을 의뢰하였다. 남편은 장남이며 어머니에 대해 지극정성을 다한 효자이기도 하였다. 남편의 오랜 중독 증상에 지쳐 있던 부인은 남편이 없는 상태에서 가족세우기를 의뢰하였다. 현가족체계는 다음과 같다.

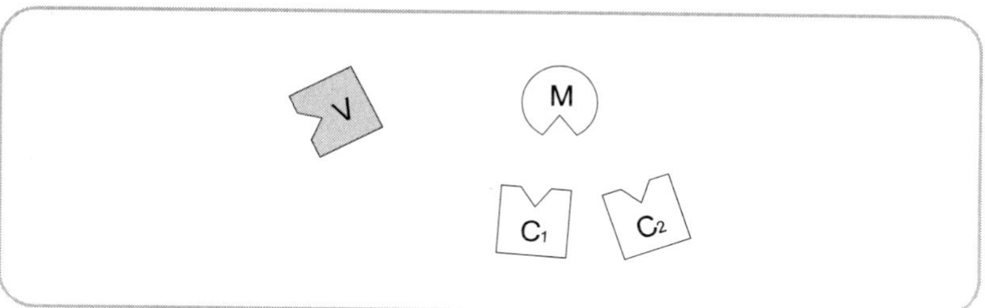

V-남편, M-의뢰인인 부인, C_1-큰아들, C_2-둘째 아들

남편은 가족을 보지 못하고 밖을 보면서 홀로 서 있다. 이어서 남편의 원가족이 세워졌다.

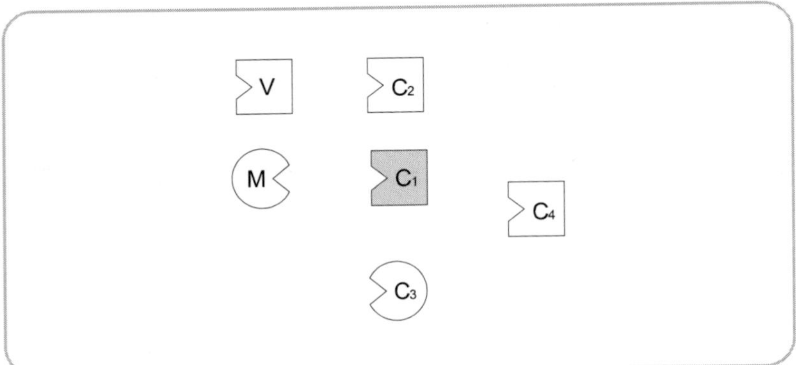

V-아버지, M-어머니, C_1-의뢰인의 남편인 큰아들, C_2-둘째 아들, C_3-셋째 딸, C_4-넷째 아들

남편의 대리인은 위치에 서자마자 가슴에 깊은 통증을 느꼈다. 감정적으로 어쩔 줄 몰라 하며 오직 어머니만을 바라보고 있다. 외롭고 불안하고 위축되어 있으며 무기력하게 서 있다. 그는 어머니에게 힘이 되어 주고 싶고 그러지 못하는 자신이 원망스럽다고 말하였다. 그런 느낌을 가질수록 무언가에게 더 의존하고 싶고 기대고 싶다. 바로 이러한 모습에서 오늘날 남편의 두 가지 특징인 어머니에 대한 지나친 효도와 알코올중독이 설명되었다. 이를 지켜보던 부인은 눈물을 흘리기 시작하였다. 그동안 남편을 이해할 수 없었는데 막상 그 모습을 보니 너무 안타깝다고 하였다.

이처럼 정작 본인이 참석하지 않고도 다른 대리인을 통해 가족세우기가 진행될 수 있다. 물론 남편이 참석했다면 더 의미 있는 가족세우기가 되겠지만 당사자의 부재 속에서도 가족세우기는 가능하다. 필자의 경험으로 보면 당사자가 자신의 문제를 의뢰해서 진행하는 경우가 이처럼 다른 의뢰인을 통해 이루어지는 경우보다 더 효과적이고 심도 있게 진행되는 경우가 많았다. 분명히 당사자 없이도 가족세우기가 가능하지만 당사자의 직접적인 참여와 본인의 의뢰로 진행한 가족세우기보다 심도 깊은 효과가 일어나지 못하는 경우가 많다.

치유고백

가족세우기의 마지막 작업 속에서 내담자가 가족 대리인에게 가족의 얽힘을 풀어 주게 하는 치유문구를 고백하는 의식이 있다. 이 고백 작업을 통해 내담자는 그동안의 깨달음의 통찰을 통합하게 된다. 가족세우기 안에서 내담자가 자기 고백하는 과정은 중요한 치료적 과정이다. 고백을 통해 내담자는 자신의 감정에 직면하게 되고 자신의 깊은 내면에 있던 마음을 끄집어내게 된다. 이를 통해 변화에 대한 가능성을 갖게 되며 변화를 위한 치료적 결단에 이르게 된다. 치유고백은 먼저 내담자를 대신하는 대리인에 의해서 이루어진다. 대리인이 고백할 때 내담자는 이를 듣고 있으며 내적인 변화의 순간을 갖는다. 그 후에 치료사의 판단에 의해 다시 내담자가 자신의 대리인의 자리에 서서 반복적으로 고백을 하게 된다. 고백하는 대상은 어머니나 아버지, 아내나 남편, 조부모 또는 자녀들일 수 있다. 예를 들면, 내담자 역을 하던 대리인이 어머니에게 "사랑하는 어머니, 저는 어머니의 아들입니다. 어머니 곁에 서고 싶습니다. 허용해 주세요."라고 고백하였을 때 이를 듣고 있던 당사자인 내담자는 깊은 마음의 움직임을 경험하게 된다. 대리인이 고백을 할 때 단지 치료사의 말을 단순히 반복하는 것이 아니라 감정적인 분위기 속에서 이루어지게 된다. 대리인이 대상자에게 고백을 하는 동안 가족세우기 참가자들 사이에는 깊은 마음의 동요가 일어나고 감정적으로 몰입하게 된다. 치료사는 대리인이 고백을 마친

후에 내담자에게 같은 고백을 하도록 한다. 이 경우 분위기는 더욱 깊어지고 더욱 감정적인 상태에 돌입한다. 이때 내담자의 고백은 자발적이며 진실하게 이루어져야 한다. 만일 내담자가 단순히 의무적으로 따라 한다면 의미 있는 변화를 가져오지 못한다. 종종 내담자 중에 고백을 거부하거나 성의 없이 따라하는 경우가 발생한다. 이 경우 가족세우기는 겉돌게 되고 치료를 위한 진전이 이루어지지 못한다. 헬링어는 이 경우에 가족세우기를 중단하고 치료과정을 종결하기도 한다.

고백은 내담자나 대리인이 즉흥적으로 대상자에게 할 수도 있으나 대부분의 경우는 치료사의 말을 따라 하면서 이루어진다. 치료사가 이끄는 고백의 내용은 다음과 같다.

〈표 3-1〉 치유고백 문구

부모 자식 관계에서 자녀가 부모에게 고백하는 말	- 어머니(아버지)를 존경하며 어머니의 인생을 존경합니다. - 어머니(아버지), 저는 어머니의 딸입니다. 저는 어머니와 비슷합니다. - 어머니(아버지)! 저는 단지 자녀일 뿐입니다. 어머니(아버지)는 크고 저는 작습니다(부모와 자녀 사이의 질서가 흔들리는 경우). - 사랑하는 어머니(아버지), 저는 어머니(아버지)의 자녀입니다. 저는 어머니(아버지) 옆에 서고 싶습니다. 허용해 주십시오(가족으로부터 소외되어 있는 경우). - 부모님들 사이에 일어난 일은 부모님의 일입니다. 저는 자녀로서 부모님의 일에 나서서 결정하지 않겠습니다(부모의 이혼, 외도 문제인 경우). - 부모님, 정말 감사합니다. 이제까지 먹여 주시고 입혀 주시고 저를 위해서 헌신해 주신 것 고맙습니다. 이제는 제가 스스로 하겠습니다(부모의 지나친 간섭과 구속이 있는 경우). - 사랑하는 어머니, 어머니의 죽음을 절대 헛되이 하지 않겠습니다(자녀 출산 시 사망한 경우).

	- 어머니는 저의 유일한 어머니입니다. 또한 저에게는 아내가 있습니다(어머니와 아들 사이의 밀착이 심한 경우). - 어머니! 이 사람이 제 아내입니다. 제 아내를 잘 봐 주십시오. 우리를 축복해 주십시오(아들이 어머니에게). - 어머니(아버지, 할머니, 할아버지), 저희 가족이 인사드립니다. 여기가 제 가족들입니다. 제 가족들을 축복해 주십시오(돌아가신 부모님께 자녀가). - 어머니(아버지), 저는 어머니(아버지)와 함께한 가족입니다(자녀가 부모와 오랫동안 관계가 없었을 경우). 저는 어머니(아버지)의 딸입니다. - 네가 네 아버지처럼 되는 것이 당연하다. 너는 네 아버지의 아들이다(어머니가 아들에게). - 어머니(아버지)! 어머니(아버지)는 저의 어머니(아버지)입니다. 제 가슴속에는 항상 어머니(아버지)가 있습니다(부모가 일찍 사망한 경우).
부부관계에서 고백할 수 있는 말	- 당신은 제 아내/남편입니다. 저를 당신의 배우자로 선택해 주셔서 고맙습니다. - 당신은 제 아내/남편입니다. 저는 당신을 저의 배우자로 선택하였습니다. 그 선택에 대한 책임을 지겠습니다(부부가 갈등상황 속에 있는 경우). - 이제까지 당신에게 받았던 모든 것을 고맙게 생각합니다. 그리고 당신이 나에게 받았던 것들을 잘 간직하시길 바랍니다. 우리가 헤어진 것에 대하여 저와 당신이 함께 책임을 지겠습니다. 당신을 저의 전 남편으로 가슴에 간직하겠어요. 당신의 삶이 평안하기를 바랍니다(부부가 헤어질 경우). - 이 분이 저의 남편(아내)입니다. 제 남편을 잘 봐 주십시오(임종하거나 이혼한 전 배우자에게 현 배우자를 소개하는 경우). - 저는 당신의 남편과 함께 조금 더 살다가 언젠가는 헤어질 것입니다(현재 아내가 전 아내에게). - 당신의 운명과 당신의 결정을 존중합니다. 당신이 아주 평안하길 바랍니다. 저의 인생이 좀 더 지속되고 잘될 수 있기를 바랍니다(자살한 배우자에게 또는 갑작스러운 죽음을 당한 경우).

출처: 김혜숙(2003). 가족치료의 이론과 기법.

가족세우기의 피드백

가족세우기가 종결되면 대리인들은 본래 자신의 자리로 돌아간다. 대리인들이 자신의 자리에 앉게 되면 치료사는 역할풀기를 한다. "이제 저는 당신 가족의 역할에서 제 자신으로 돌아옵니다. 당신이 평안하기를 바랍니다." 대리인들은 치료사의 이러한 말을 따라 하고 대리인으로서의 역할을 벗고 자기 자신으로 돌아온다. 이러한 역할풀기를 마감하고 치료사는 짧게는 10분에서 길게는 40분에 걸쳐 피드백을 진행한다. 대리인으로 참여한 사람들에게 대리인으로서 어떤 감정을 가졌는지 묻고 내담자에게 해 주고 싶은 말을 하게 한다. 대리인들은 돌아가면서 이러한 피드백을 하고 끝으로 내담자에게 지금 어떤 감정이고 가족세우기를 통해서 무엇을 얻었는지를 묻는다. 이러한 피드백 작업은 가족세우기의 과정을 완결짓게 하고 정리하게 한다. 이를 통해 내담자는 도움받은 것과 아직 더 생각해야 할 부분이 무엇인지를 분리하게 된다. 치료사는 이러한 피드백 과정 속에서 내담자가 처음에 제기한 의뢰 내용을 확인하고 가족세우기가 어떻게 도움이 되었으며 아직 남은 과제는 무엇인지를 정리해 준다.

만일 가족세우기 치료가 1회로 종결하는 것이 아니라 몇 주 동안 계속해서 진행된다면 자기 문제를 의뢰한 내담자는 다음 회기에 참석할 것이다. 이때 새로운 내담자와 더불어 가족세우기를 진행하기 전에 가족세우기를 통한 한 주간의 변화와 과제, 그리고 현재의 감정상태에 대해 피드백을 다시 나누게 된다. 이러한 과정은 자신의 문제를 의뢰한 내담자에 대한 최종적인 치료과정이다. 가족세우기는 단 1회의 과정으로 마감되는 것이 아니라 피드백 과정을 통해 계속해서 이어져 간다. 따라서 피드백 과정은 가족세우기에서 중요하게 다루어지는 치료과정의 연장선이라고 볼 수 있다. 이러한 피드백을 통해 내담자는 가족세우기의 실제적인 도움을 정리할 수 있으며, 만일 의문점이 남아있고 내면에서 만족이 이루어지지 못하였다면 치료사와 더불어 다시 한 번 가족세우기를 할 것을 상의할 수 있다.

가족세우기의 횟수

개인상담은 1회로 끝나지 않고 길게는 300회까지 진행한다. 일반 가족치료는 짧게는 6회에서 길게는 20회까지 진행된다. 그러면 가족세우기는 몇 회를 진행하는가? 헬링어는 1회를 기본적 횟수로 설정한다. 대부분의 가족세우기는 내담자에게 1회로 마감을 한다. 한 번의 가족세우기를 통해서도 충분히 만족할 수 있으며 가족체계의 변화를 위한 자각과 통찰을 얻을 수 있다고 본다. 그렇다고 해서 가족세우기를 항상 단 1회만 진행하는 것은 아니다. 사람에 따라서 1회로 만족하지 않고 여러 번 가족세우기를 하면서 점차로 도움을 받는 경우도 있다. 따라서 가족세우기는 1회로 마감하는 것을 전제하지만 그 횟수를 1회로 제한하지는 않는다. 종종 힘든 가족문제를 가진 내담자는 단 1회의 가족세우기 과정을 통해 만족할 만한 해결을 얻지 못하고 여러 번 충분한 시간을 갖고 진행하면서 더 큰 도움을 받은 경우도 있다. 한 부인은 가족세우기를 의뢰하여 1회를 진행하였다. 부인은 원가족의 모습을 더 보고 싶어서 1회를 더 하였고, 현가족체계를 더 정확하게 보고 싶어서 1회를 더 하였다. 그 후 남편의 원가족을 보고 싶어서 1회를 더 하였다. 부인은 총 4회까지 가족세우기를 진행하였다. 이렇듯이 내담자의 필요에 따라 여러 번 가족세우기를 진행하기도 한다.

제5장

가족세우기의 과정

1. 가족세우기의 준비 단계

좋은 공간

가족세우기를 이끌 치료사는 가족세우기를 진행할 공간을 마련해야 한다. 치료사가 좋은 공간을 확보하면 그만큼 집중력 있게 가족세우기를 진행할 수 있다. 어떤 공간이 가족세우기를 위해 좋은 공간인가?

참가자들이 원을 그리고 앉을 수 있을 정도의 넓은 공간과 경우에 따라 바닥에 앉아도 무방한 카펫이 있거나 바닥이 목재인 공간이 가족세우기를 위한 전형적인 모습이다. 가족세우기의 공간이 단순하고 외부의 간섭(소음, 외부인들의 잦은 방문)으로부터 벗어나 있으면 참가자들은 그만큼 집중할 수 있다. 또한 화려한 장식으로 꾸며진 공간보다는 단순한 공간이 좀 더 효과가 있다. 안정된 공간은 가족세우기를 그만큼 심도 깊게 이끌 수 있게 해 준다.

모든 가족세우기가 내담자가 원하는 아름다운 해결을 가져오는 것은 아니다. 그러나 가족세우기에는 많은 가능성이 존재한다.

준 비

가족세우기 세미나를 준비하는 데 가장 중요한 것은 가족세우기의 참가자 수와 기간을 결정하는 것이다. 가족세우기는 참가자 수와 기간에 따라 달라질 수 있다. 기간이 길다면 참가자들 대부분이 자신의 가족을 세울 수 있는 기회를 확보할 수 있다. 그러나 참가자들이 너무 많거나 기간이 너무 짧다면 그만큼 많은 참가자가 자신의 문제를 세울 기회가 적어지게 된다. 무엇보다 치료사는 참가인원을 확보할 충분한 시간적 여유가 필요할 것이다. 가족세우기 세미나의 준비 기간이 적다면 그만큼 적은 인원이 참가할 가능성이 크다.

가족세우기를 진행할 경우 치료사들은 가족을 세우는 데 걸리는 평균적인 소요시간을 갖고 있다. 치료사들은 대부분 20분 또는 더 짧은 시간 동안 가족세우기를 진행하며, 가족의 전체 파노라마를 세우기 위해서는 더 긴 시간을 소요하기도 한다. 독일에서는 이틀 동안 진행하는 주말 가족세우기 세미나(토요일 오전부터 일요일 점심 때까지 진행)가 가장 보편적으로 활용된다. 여기서는 일주일간 진행되는 가족세우기 세미나보다는 적은 가족을 세운다. 그동안 주말 가족세우기가 많이 진행되어 왔는데 점차로 4~5일간 진행하는 가족세우기 세미나가 늘어나는 추세다. 한국에서는 일주일 중에, 예를 들어 토요일 또는 월요일을 택하여 매주 가족세우기가 열린다. 보통 이런 코스는 한번에 3시간씩 6주 동안 진행된다.

가족세우기 안에서 참가자들은 일반적으로 새로운 공간 속에서 깊게 몰입되어 간다. 왜 그런지에 대한 이해는 경험을 통해 성장한다. 성격적으로 문제가 있는 참가자들도 가족세우기 작업 속에서 자기 이해를 가지며 집단 속의 다른 사람에 대한 이해도 갖게 된다.

가족세우기에 참여하려는 거의 모든 참가자는 자기 자신의 가족을 세우고자 한다. 많은 참가자가 있는 경우 참가자 모두가 가족세우기를 하는 것은 불가능하다. 따라서 누가 가족세우기를 할 수 있고 하지 못할 것인가로 인해 자연히 참가자들과 치료사 사이에 긴장이 흐르게 된다. 여기서 치료사는 스스로 누구를 세우고 누구를 세우지 않을 것인가를 결정해야 한다. 이것은 분명 치료사에게 부담이 되는 일이다. 만일 20명이 참가한 경우 기껏해야 10명만을 세울 수 있다. 이와 같이 가족세우기를 원하는 모든 참가자에게 기회가 주어지는 것이 아니기 때문에 참가자들에게는 불만족스러울 수가 있다. 따라서 치료사는 참가자들의 개인적 의견을 최대한 존중하면서 가족세우기를 할 자원자를 선택한다.

2. 참가자들의 가족세우기 입문

가족세우기 세미나에 참가하는 참가자들은 다양한 부류로 나뉠 수 있다. 이미 가족세우기를 경험한 적이 있는 사람도 있고 처음 접하는 사람도 있다. 이 중에는 가족세우기에 대해 전혀 모르는 사람도 있고 이미 친구나 다른 사람들을 통해 어느 정도 이야기를 들은 사람도 있다. 따라서 가족세우기 안에는 무지, 생소함, 낯섦, 회의주의, 불안 등이 존재한다.

특히, 가족세우기에 대해 사전 지식이 없는 참가자들의 머릿속은 다양한 의문과 생각으로 채워진다. 이와 동시에 불안과 의심이 형성된다. 그러면 치료사는 어떻게 이 참가자들을 가족세우기에 공감하게 하고 몰입하게 할 수 있는가?

이러한 질문은 치료사 개인에 대한 평가가 우호적이고, 참가자들이 가족세우기에 대해 공감적인 자세를 갖게 되면 해결된다. 그러나 참가자 모두가 치료사의 인도에 만족할 수는 없으며 일부는 위험스러운 진행으로 여길 수도 있다. 또는 치료사가 권위적인 진행을 하면 일부 참가자들은 저항을 일으킬 수도 있다. 가족세우기는 다른 가족치료보다 치료사의 적극적인 개입과 진행에 더욱 의존하기 때문에 이러한 문제는 치료사에게 중요한 과제가 된다. 참가자들에 의한 가족세우기의 평가과정은 대부분 자동적으로 이루어진다. 이러한 평가과정은 의식적으로 이루어지는 것이 아니라 무의식적인 차원에서 진행된다. 참가자들이 제기하는 질문은 '내가 과연 치료사의 능력과 정중한 자세를 얼마나 신뢰할 수 있는가?' 다.

가족세우기 안에서 발생하는 과도한 불안과 의심을 제거하기 위해서는 시작단계에서 먼저 가족세우기에 대한 기초적인 정보를 제공해 주는 것이 중요하다. 이와 동시에 치료사는 참가자들에게 이 작업이 얼마나 신뢰할 만한 것으로 여겨지는지 물어야 한다. 참가자들이 가족세우기를 배우려는 분위기는 가족세우기의 진행에 도움이 된다. 동시에 치료사가 가족세우기의 작업이 지체되지 않도록 하는 것도 중요하다. 참가자들은 직접적인 대면을 통해 그들 스스로 의문을 해소할 수 있을 것이라는 기대감으로 조바심이 생긴다. 따라서 첫 번째 가족세우기를 시작하는 초기단계에서는 긴장감이 조성되어 있다. 이와 같은 가족세우기 세미나의 시작단계에서 치료사에게는 무엇이 어떻게 필요한가? 이와 함께 다음과 같은 질문이 제기될 수 있다. 치료사는 무엇을 어떻게 필요로 하는가?

치료사들은 시작단계를 거치면서 가족세우기를 시작해야 할 시점에 도달했다는 느낌을 종종 경험한다. 만일 치료사가 이러한 시점을 인식하게 되면 그것은 첫 번째 가족세우기의 시점이 될 것이다. 그렇지 않다면 참가자들은 지루해하게 되고 일부 참가자들은 불안과 의심으로 인해 단지 가족세우기를 지체시키기 위해서 수많은 질문을 제기하게 될 것이다.

시작단계에서 가족세우기의 진행과정에 대해 짧게 설명해 주는 것은 매우 중요하다. 가족세우기를 하기 전에 치료사는 참가자들의 가족세우기에 대한 개인적 바람을 듣고, 가족세우기를 하는 동기나 자신이 갖고 있는 개인적 문제를 경청하며, 원가족과 현가족을 세우는 이유들을 설명한다. 이러한 시작단계에서 일부 참가자는 자기의 바람을 잘 정리하지 못할 수도 있다. 성공한 모든 가족세우기에서는 참가자들이 자신의 바람을 분명하게 밝혀 주었다. 그리고 가족세우기가 진행될수록 자신이 가족세우기를 하는 동기와 이를 통해 무엇을 얻고자 하는지를 분명하게 구성하게 된다.

치료사는 참가자 모두가 각자의 동기와 관심, 개인적 문제를 진술하고 나면, 한 명의 내담자를 선정하고 대리인들을 선정할 것이라고 말해 준다. 또한 내담자가 어떻게 대리인을 세우는지에 대해 짧게 설명해 준다. 내담자는 대리인 뒤로 가서 자신의 팔로 대리인의 어깨를 잡고 천천히 자기가 원하는 자리로 옮긴다. 대리인을 이끌어 옮기는 자리는 앞일 수도 있고 뒤나 옆일 수도 있다. 계속해서 치료사는 서 있는 대리인들과 대리인 역할을 할 참가자들에게 앞으로의 진행과정을 간단히 설명해 주고 그들에게 용기를 북돋아 준다. 이때 치료사는 처음

가족세우기를 할 때 제기되는 문제에 대해 설명해 준다. 참가자들이 대리인의 역할을 할 때 대부분 가족 안에서 그 역할이 무엇인지 이미 알고 있다. 예를 들어, 한 참가자가 실제로 장남인데 가족세우기 안에서 장남의 역할을 하게 되어 내담자에 의해 장남의 자리에 서게 되었다. 그러면 자연스럽게 동생들에 대한 감정이 일어나게 된다. 이때 일어나는 감정은 자기가 가족 안에서 경험한 감정인지 아니면 내담자 가족의 대리인으로서의 감정인지 의문이 일어나게 된다. 또는 자기 개인의 경험에 의한 감정이 대리인으로 오는 감정과 혼합된 것은 아닌지 의문이 제기된다. 대리인이 갖고 있는 현재의 감정은 자신의 가족 안에서 느낀 것이 아니라 내담자 가족에서 온 것이다. 단지 자신의 가족 안에서 장남으로서 느낀 감정과 현재 장남인 대리인의 역할에서 느끼는 감정이 유사한 것뿐이다. 분명히 이러한 유사성에서 떠오른 감정이 혼합되는 것같이 느껴질 수 있다. 따라서 떠오른 감정이 대리인 역할을 하는 내담자의 가족구성원에게서 온 것이라는 것을 믿고 그 자리에서 느껴지는 모든 것을 표현해야 한다. 이를 위해서 대리인은 자신이 느낀 감정을 밖으로 표현할 수 있는 용기가 필요하다. 예를 들면, 자녀의 역할을 하도록 선택받은 한 참가자가 내담자에 이끌려 아버지 앞에 서자마자 갑자기 성적 학대를 받은 느낌이 올라왔다. 대리인은 서 있는 자리를 통해 어떤 불의가 느껴져 왔다. 이러한 상황 속에서 자녀의 역할을 하는 대리인은 자기가 느낀 감정과 생각들을 표현하도록 요구된다. 따라서 가족세우기 안에서는 밖으로 표현할 수 있는 용기와 모든 과정을 진행하는 치료사를 신뢰하는 것이 절대적으로 중요하다.

모든 가족세우기가 정해진 순서에 따라서 엄격하게 진행되는 것은 아니며 가족세우기를 할 때마다 상황에 따라서 순서는 변할 수 있다. 가족세우기 안에서 치료사의 인도로 진행되는 순서 안에서 대리인들의 동의가 중요하다. 만일 대리인이 치료사가 말해 주는 일정한 문구를 고백할 경우 그냥 기계적으로 따라 하는 것이 아니라 실제로 그 말을 자발적으로 하는 것인지에 대한 검증이 필요하다. 예를 들어, 대리인은 어머니로서의 역할을 제대로 하지 않고 무슨 일이든지 딸에게 책임을 전가해 온 어머니 앞에 서 있으면서 치료사의 말인 "엄마, 저는 당신의 딸입니다."라는 문장을 따라 하게 되었다. 이때 대리인은 그냥 기계적으로 그 문장을 따라 하는 것이 아니라 마음 깊은 곳에서 올라오는 자발성을 검증받게 된다. 대리인이 가족세우기 안에서 무언가를 말하는 그 순간 그 말에 동의가 되면 숨을 크게 내쉰다. 이때 무언가 풀려지고 긴장이 완화되는 것을 느끼게 된다.

참가자들은 가족세우기를 통해 하나의 상을 만들고 그것을 바라보아야 한다. 가족의 얽힘을 풀게 하는 말이 누구에게 가장 이상적으로 전달되고 그 내용이 무엇인가보다는 그에게 어떤 좋은 작용이 일어났는가가 더욱 중요하다. 치료사는 계속해서 가족세우기의 다양한 종결에 관해 설명해 준다. 모든 문제가 해결되고 참가한 대리인들이 각자의 자리에 만족하며 의뢰한 내담자가 이 모든 과정을 통해 많은 것을 깨달았다면 좋은 종결이 된다. 그러나 무언가 불분명하고 확실하지 않은 상태에서 완전히 정리되고 해소되지 않은 채로 미완으로 종결되는 경우도 있다. 그러나 이러한 종결 역시 좋은 종결이 될 수도 있다. 왜냐하면 가족세우기를 통해 문제가 해결되는 것보다 자기의 영혼에 하나의 동기가 되는 것이 더 중요하기 때문이다(Hellinger, 2004).

치료사는 이러한 모든 설명과 더불어 가족세우기를 처음 접해 보는 참가자들이 확실하게 느낄 수 있도록 해 주는 공간을 제공한다. 참가자들은 치료사의 전체적인 설명을 듣고 부분적으로나마 만족하게 되면 처음에 가졌던 회의적이고 의심이 가는 태도에서 점점 개방적인 자세로 호기심을 갖고 접근하게 된다. 이어서 치료사는 참가자들에게 자신이 왜 여기에 오게 되었으며 무엇을 찾고 있는지를 떠올리게 한다. 내게 가장 중요한 문제가 무엇인가? 이것을 짧은 문장으로 표현하면 무엇인가?

치료사는 참가자들이 눈을 크게 뜨고 세미나에 집중할 것을 상기시킨다. 이러한 준비를 통해 참가자 모두는 가족세우기 앞에 한걸음 다가서게 된다. 사실 참가자들이 가져온 문제들은 유사하다. 이들은 가족사의 문제와 개인의 문제가 해결되기를 바라고 있다. 이제 가족세우기를 시작할 시점에 서게 된다.

가족세우기의 시작

가족세우기의 시작에서 참자가들이 가족세우기에 가져온 바람은 중요하다. 바람을 분명하고 단순하게 정리할수록 가족세우기가 분명하게 진행될 수 있다. 치료사는 내담자의 바람을 통해 그에게 중요한 것이 실제로 무엇인지를 파악한다.

내담자의 바람은 왜 가족세우기를 하기를 원하는가에 대한 질문이고 또한 문제가 무엇인지를 파악하기 위한 것이다. 가족세우기 안에서 현가족체계가 세워지게 될지 원가족체계가 세워지게 될지는 내담자가 가져온 바람에 달려 있다. 참가자들 중에는 성실성 없이 자신의 가족 안에서 무슨 일이 일어났는가에 대한 단순한 호기심만을 가지고 온 사람도 있다. 이러한 경우 그 참가자가 가져갈 것도 단순한 호기심의 충족일 것이다. 반면에 어떤 참가자는 그가 가져온 문제에 집중하고 해결에 대한 간절한 바람을 가지고 있는 경우가 있다. 이러한 참가자는 가족세우기에 필요한 성실성을 가지고 있는 것이다. 이러한 성실성 있는 바람은 가족체계를 쉽고 명료하게 보여 주며 해결을 위한 문장 역시 명쾌하게 진술될 수 있다. 자기의 바람을 의뢰하는 내담자들 중에는 초기에 매우 긴장되어 있고 모든 과정이 빨리 진행되기를 바라는 경우가 있다. 이러한 내담자들은 성급하게 진행하기보다 다음 순서를 기다리게 하는 것이 더 좋다. 모든 내담자가 이미 시작부터 자신이 원하는 것이 무엇인지를 정확하게 아는 것은 중요하지 않다. 모든 가족세우기는 내담자의 바람을 분명하게 해 주고 문제를 해결하기 위해 이루어진다. 종종 다른 사람의 가족세우기가 진행되는 동안, 자신의 원래 바람이 변화되어 새로운 바람을 갖게 되는 경우도 있으나, 대부분의 참가자들은 가족세우기가 진행될수록 자신의 바람을 보다 명료하게 만든다. 참가자들 중에는 자신의 바람을 분명하게 정리하지 못하여 아주 예민해지는 경우도 있지만 실제 가족세우기 안에서는 오히려 잘 진행되기도 한다. 반면에 어떤 내담자는 자신의 바람을 명쾌하고 분명하게 정의하지만 그 바람이 때로는 속빈 강정처럼 무의미한 바람일 수도 있다.

치료사에게는 바람을 가지고 온 내담자와 그의 문제에 대해 긍정하는 자세가 중요하다. 가족세우기 안에서는 종종 의심과 불신이 일어나기도 한다. 치료사가 이러한 의심을 무시한다면 내담자는 불만족스러운 느낌을 갖게 될 것이다. 또한 내담자가 제시하는 바람이 매우 불명확함에도 불구하고 치료사가 그 바람을 적극적으로 분명하게 파악하지 않은 상태로 계속해서 가족세우기를 진행하였을 경우 실망스러운 결과가 나온다.

예를 들어, 치료사는 부모와 자녀를 빠르게 좋은 종결 질서의 자리로 배치하였으며 그 결과는 실망스럽지 않았다. 그런데 내담자는 실망하였고, "나의 가족 안에는 더 많은 문제가 있다."라고 말하였다. 이런 경우 치료사는 내담자의 요구대로 계속 가족세우기를 진행하기보다는 연기하는 것이 좋다. 헬링어는 가족세우기를 연기함으로써 내담자가 '자기의 나쁜 양심'을 만드는 것을 피하게 하는 것이 중요하다고 말한다. 치료사는 이러한 사실을 다음과 같이 간결하게 말할 수도 있다. "당신은 아직 준비가 안 되었습니다. 나중에 하시죠!" 이 말에 내담자는 자기 자신에게서 문제를 찾으려고 하는 위험이 발생할 수 있다. 반면에 다른 방식으로도 말할 수 있다. "나는 이 시점에서 당신의 가족세우기를 허락하기 어렵습니다. 좀 더 기다렸다가 가족세우기를 하시길 부탁드립니다. 그 사이에 당신의 문제는 보다 명료화될 수 있을 겁니다." 후자의 방식은 내담자에게 원인을 돌리지 않고 좀 더 시간을 갖고 자기의 바람을 정리할 수 있는 기회를 갖게 한다.

자신의 문제를 과거 속에서 보는 내담자는 원가족체계를 우선적으로 세운다. 이러한 원가족체계에는 누가 속하는가? 그리고 과연 누구를 세워야 하는가? 여기에는 먼저 자신의 형제자매, 부모, 조부모, 부모의 형제자매(삼촌, 고모, 이모), 부모의 삼촌, 고모, 이모 등이 세워지게 된다. 이러한 가족들만이 아니라 한때 가족구성원에 속하였던 모든 사람이 세워지게 된다. 예를 들어, 한 남자는 결혼하자마자 첫 번째 부인이 사망하였다. 그는 두 번째 부인과 결혼하여 자녀를 낳았다. 내담자는 두 번째 부인의 손자다. 그러나 가족세우기 안에서는 첫 번째 부인도 가족세우기의 대상이 된다. 왜냐하면 첫 번째 부인은 이미 가족구성원으로 존재하였고 그녀의 자리를 두 번째 부인이 물려받은 것이기 때문이다. 또한 아버지가 첫 번째 부인과 이혼을 하고 내담자의 어머니인 두 번째 부인과 결혼을 하였을 때 역시 첫 번째 부인은 가족체계에 속하므로 가족세우기의 대상이 된다.

반대로 자신의 문제를 현재 속에서 보는 내담자는 현가족체계를 우선적으로 세운다. 이러한 현가족체계에는 남편, 부인, 자녀들이 속하고 양쪽 배우자가 이전에 관계를 맺었던 남자나 여자를 세운다. 또한 여기에는 낙태한 아이도 속한다.

현재는 우리에게 직접적으로 영향을 미친다. 왜냐하면 시간적으로 가까울수록 그 결과가 더욱 강하게 작용을 하기 때문이다. 시간적으로 멀리 떨어져 있을수록 그 결과로 인한 영향은 줄어든다. 즉, 자매가 사망하면 부모의 자매가 사망한 것보다 더 크게 다가오는 것이다.

종종 과거를 보는 것은 편하고 가벼울 수 있다. 왜냐하면 과거에는 자신의 책임보다 부모와 가족의 책임을 더 보기 때문이다. 만일 우리가 현재의 결과와 삶을 본다면 편하지 않을 것이다. 왜냐하면 여기서 우리는 자신의 책임을 보아야 하며 그것을 받아들여야 하기 때문이다. 아동들의 경우 현재를 보게 하는 것이 더 의미 있다. 왜냐하면 아동들은 종종 부모의 짐과 과거로부터 오는 해결할 수 없는 문제를 짊어지기 때문이다. 부모가 가족세우기 안에서 이러한 것을 인식하면 과거와 원가족의 짐과의 씨름에서 더욱 큰 힘을 얻게 된다. 가족세우기에서 현가족체계와 원가족체계에 대한 작업이 동시에 일어날 수도 있다. 예를 들어, 만일 내담자 뒤에 어머니와 아버지가 서게 되는 것처럼 현가족체계가 더욱 확장된다면 그렇다. 또는 한 내담자가 원가족을 세우고 종결 과정에서 현가족에서의 자녀를 세웠다면 역시 양쪽 가족체계가 동시에 나타나게 된다. 전체적인 상을 갖기 위해서 치료사는 내담자의 양쪽 가족체계 모두를 세우게 된다.

단기치료적인 질문방식들은 가족세우기 안에서 활용된다. 초기에 내담자에 대한 질문에서 다음과 같은 질문개입이 이루어진다. "당신은 가족세우기를 통해 무엇을 얻고자 합니까? 가족세우기가 당신에게

서 성공적으로 일어난다면 당신은 무엇이 달라질까요?" 이러한 질문을 통해 두 가지 내용에 도달하게 된다. 첫째, 내담자는 목표에 대한 설명을 통해 그가 가야 할 구체적인 긍정적 방향을 갖게 된다. 따라서 내담자는 문제에 직면하기보다 해결에 직면할 수 있게 된다. 둘째, 내담자는 좋은 자원에 도달하게 된다. 그가 보다 구체적으로 설명할수록 이러한 목표 상태에 더욱 잘 도달할 수 있다. 이러한 긍정적인 효과로 인해 많은 치료사는 단기치료적인 질문을 많이 사용한다.

치료사는 내담자의 바람을 듣고 나면 그에게 가족의 요소에 대한 질문을 제기한다. 이와 동시에 가족세우기를 위해 본질적으로 중요한 내용을 구분하고 경계를 설정하는 것이 중요하다. 내담자가 의미 없는 말을 과도하게 많이 할수록, 그리고 각각의 가족구성원들에 대한 평가를 많이 할수록 가족세우기 안에서 대리인과 치료사는 부적절한 선입견에 사로잡히거나 영향을 받게 된다. 이에 대해서 다음과 같은 헬링어의 진술이 있다.

질 문: 헬링어 씨는 내담자의 가족에 대한 정보를 알아보기 위해 언제 어떻게 하십니까?

헬링어: 나는 기본적인 질문패턴을 갖고 있습니다. 나는 내담자가 결혼을 했는지, 자녀는 있는지, 결혼 이전에 깊게 사귄 파트너가 있었는지, 가족 안에서 누군가 죽었거나 자녀가 죽었는지, 출생 전에 사망한 사람이 있는지 등을 묻습니다. 이를 통해 현가족체계에 대한 중요한 정보들을 얻습니다. 나는 이러한 외형적인 정보만을 필요로 합니다. 아버지가 술을 많이 마셨는지 좋은 사람이었는지 또는 나쁜 사람이었는지, 그가 독재적이었는지 또는 복종적이었는지 알기를 원하지 않습니다. 이러한 것들은 가족세우기 안에서 중요하지 않습니다. 가족세우기 안에서 이루어지는 질문은 외형적으로 드러나

> 는 사실에 집중합니다. 이후에 나는 원가족에 대한 정보를 묻습니다. 여기서도 나는 외형적인 결과를 알아보는 질문을 합니다. 가족 안에서 무언가 특별한 일이 있었는지, 형제는 몇이었는지, 누가 이전에 결혼을 했으며, 누가 죽었는지를 질문합니다. 내담자가 나에게 그 외에 더 많은 정보를 주려고 한다면 그를 제지합니다. 왜냐하면 가족세우기 안에서 그것은 필요하지 않기 때문입니다. 나는 가족세우기를 하기 전에 내담자에게 물어보는 것이 아니라 가족세우기를 하는 도중에 가족에 대한 정보를 수집합니다. 그래서 나는 도중에 많은 것을 물어봅니다. 이러한 것이 기본적인 질문내용입니다 (Hellinger, 1996).

치료사가 내담자에게 무언가 특별한 일이 가족 안에 있었는가를 물었다. "아니요, 특별한 일은 우리 가족 안에 없습니다. 큰아버지가 사생아를 두었습니다만, 별로 큰일은 아닙니다." 그러나 거의 모든 가족의 경우 사생아는 아주 중요한 의미를 갖는다. 치료사들은 가족세우기 안에서 사생아들이 가족 안의 얽힘에 언제나 중요한 역할을 한다는 것을 경험한다.

가족세우기 안에서 내담자의 가족구성원을 적게 세우면 에너지가 그만큼 집중되게 된다. 따라서 가족 안의 중요한 관계들이 분명하고 확실하게 드러날 수 있다. 반면에 많은 가족구성원을 세우면 그만큼 넓은 관점을 갖게 되고 다양한 관계와 얽힘이 인식될 수 있다. 가족 중에 누구를 세울지는 내담자의 바람과 더불어 가족세우기의 필수적인 기초 작업이다. 그 다음에 내담자는 세워질 가족대리인들을 자유롭게 선택하게 된다. 여기서 각 대리인들의 동의가 중요하다. 가족세우기 안에서 치료사는 적절한 때에 누가 피곤한지, 누구의 역할이 힘이 들어 보이는지, 누가 지루하게 느끼고 있는지 등을 지적하여 이에 따라 가족세우기 안에서 이루어지는 제안을 거부할 수 있다. 여기서 모든 참가자들이 배려되어야 하며 무조건적으로 대리인의 다른 사람을 위해 그 역할을 담당할 의무는 없다.

대리인 선정에서 여자 가족구성원을 대신해서 남자가 대리인을 맡을 수 있으며, 반대로 남자 가족구성원을 대신해서 여자가 대리인을 맡을 수도 있다. 그러나 간혹 가족의 실제 성에 맞게 대리인을 선정하는 것이 적절한 경우가 있다. 예를 들면, 아버지와 어머니의 경우가 그렇다.

그런데 내담자가 대리인을 선정하면서 아버지의 역할에 여자를 세우거나 어머니의 역할에 남자를 세우는 경우는 가족 안에서 성 역할의 혼란에 대한 징후로 보기도 한다. 한편, 다양한 대리인을 맡을 충분한 참가자들이 없는 경우는 남자를 여자가 또는 여자를 남자가 맡는 경우가 있다. 이것은 종종 가치 있는 특별한 경험이 될 수도 있다.

한 가족세우기 속에서 남자가 부족하였다. 그래서 한 여성이 큰아버지 역할을 맡았다. 가족세우기 안에서 가족구성원들로부터 남자에 대한 강한 경멸이 발생했다. 큰어머니는 그녀의 딸에게 말하였다. "남자들은 돼지야." 큰아버지의 역할을 하고 있는 여자 대리인이 거만하게 그녀의 부인에게 말하였다. "맞아!" 가족세우기가 종결한 후에 그 대리인이 말하길, 가족세우기 속에서 남자들에 대한 그녀의 기본적인 자세가 갑자기 변화되었다고 한다. 그녀는 평상시에 남자들에 대한 불안을 갖고 있었는데 그 불안이 갑자기 사라졌다고 하였다. 가족세우기 안에서 다른 성의 역할을 맡는 것은 다른 성에 대한 이해를 보다 넓혀줄 수 있다.

가족세우기의 진행

치료사는 가족세우기를 시작하기 전에 정신집중의 시간을 갖는다. 치료사는 이를 위해 대리인들의 눈을 감게 하고 두세 번 크게 숨을 쉬게 하며 서 있는 자리에서 무언가 느낌을 인식하도록 한다. 그런 후에 대리인들의 눈을 뜨게 하고 가족세우기를 시작한다.

대리인이 선정된 후에 그들은 참가자들이 둘러앉아 있는 공간의 가운데 부분에 서게 된다. 치료사는 내담자와 더불어 가족질서의 서열관계에 따라서 그들을 세우게 된다. 나이순에 따라서 먼저 부모를 세우고 그 다음에 자녀를 세운다. 이들이 각자의 자리에 다 세워지면 "아버지, 어머니, 첫째 아이, 둘째 아이."라고 잘 들리게 호명을 한다. 여기서 대리인을 실제 가족의 이름이나 대리인의 이름으로 호명하지 않는다. 단지 위와 같은 호칭으로 부른다. 이러한 호칭은 가족세우기에서 중요한 역할을 한다. 호칭을 통해 이름 너머에 있는 중요한 가족의 질서에 도달하게 된다. 이를 통해 치료사는 간접적인 방식으로 가족의 질서를 존중하게 되는 것이다. 치료사는 내담자에게 가족 모두가 좋게 보일 수 있는 자리를 찾을 것을 요청한다. 그리고 필요할 경우 그 자리는 변할 수 있다. 치료사는 대리인들이 각자 맡은 역할을 수행하도록 그들을 고무시킨다. 대리인의 역할은 봉사하는 것으로, 그들은 그들이 서 있는 가족체계의 에너지에 관여하며 그들이 인식한 것을 표현한다. 동시에 치료사의 제안을 수행한다. 치료사를 따라 몇 가지 치유고백 문구를 말하거나 피드백을 통해 이들은 해결을 위해 가치 있는 일을 수행한다.

철수는 대리인으로서 아버지의 역할을 수행한다. 치료사는 그에게 몸을 돌리고 묻는다. "철수 씨, 역할이 괜찮습니까?" 가족세우기 안에서 이처럼 대리인의 실제 이름을 호명하는 것은 적절하지 못하다. 치료의 흐름을 방해할 수 있기 때문이다. 반면에 만일 치료사가 실제 대리인의 이름을 부르지 않고, 비인칭의 방식으로 대리인을 다룬다면 역할의 특성을 강조할 수 있다. 철수는 대리인으로서 아버지의 역할을 수행한다. 치료사는 그에게 몸을 돌리고 묻는다. "그 자리에서 아버지는 어떤 것 같습니까?" 그 후에 치료사는 어머니에게 묻는다. "어머니는 어떻습니까?" 그 다음에 연이어 묻는다. "첫째 아이는 어떻습니까?" "둘째는 어떻습니까?" 이와 같이 비인칭으로 다루어지면 대리인들은 그 역할을 받아들이고 자신의 인격으로부터 분리가 쉽다. 또한 이러한 대리인의 역할은 역시 가족체계의 질서를 존중하는 것을 전제로 한다. 이러한 질문은 가족체계의 순서에 따라 진행된다.

한 여자 내담자는 그녀의 부모와 자매를 세웠다. 치료사는 아버지를 제쳐 놓고 오직 어머니에게만 집중하였다. 이에 어머니는 치료사의 첫 질문에 매우 안 좋은 느낌을 가졌다. 치료사는 옆에 서 있는 아버지에 대해서는 한마디도 묻지 않고 오직 어머니에 대해서만 집중하였다. 치료사는 가족세우기에 참여한 모든 대상들을 다루어야 한다. 사실 가족 안에서는 가족의 역동으로 인해 별로 의미 없는 가족구성원이 존재할 수도 있다. 그럼에도 불구하고 가족세우기는 세워진 가족 모두를 다루고 그들을 존중하는 것이 중요하다. 위의 사례에서 치료사는 무의식적으로 한 가족구성원을 배제시킨 것이다. 의식적이든 무의식적이든 이는 분명히 치료사의 잘못으로, 가족의 질서에 반하는 행동이다.

치료사가 대리인에게 내담자나 실제 가족구성원에 관한 구체적인 정보를 알기 위해 질문을 제기하는 것은 부절적한 행동으로, 대리인이 수행할 수 있는 능력 너머에 있는 것이다. 이러한 질문에 대리인은 대답할 수 없다.

남편은 부인에게 화가 나 있다. 치료사가 이때 부인의 대리인에게 묻는다. "당신은 남편이 왜 화가 났는지를 아는가?" 또는 자녀가 아버지 앞에 서 있고 그를 바라보지 않는다. 역시 아버지는 자녀에게 관심이 없다. 치료사는 자녀의 대리인에게 묻는다. "당신은 아버지가 왜 그러는지 아는가?" 이런 식의 질문은 분명히 치료사의 실수다. 사실 이러한 실수는 가족세우기 안에서 자주 발생하며 이것은 가족세우기를 혼란에 빠뜨리게 한다. 즉, 이와 같은 질문은 대리인들이 그들의 신체적 반응과 감정에 집중하게 하는 대신에 적절한 대답을 찾기 위해 머리에 집중하게 하는 결과를 가져온다.

가족세우기 안에서 치료사나 내담자에 의해 대리인의 자리가 옮겨졌을 경우 치료사는 대리인에게 자리의 변화가 어떻게 느껴지는지를 묻게 된다. 더 좋아졌는가? 더 나빠졌는가? 치료사는 계속적으로 얻게 되는 정보를 통해 치료과정을 진행시킨다. 그는 대리인의 표현과 내담자의 반응을 철저히 관찰하고, 동시에 대리인의 피드백을 기대한다. 종종 가족세우기는 이유가 분명하지 않은 채 중단되기도 한다. 이는 지금까지 언급되지 않은 내담자의 실제 사실 때문이다. 따라서 가족세우기가 진행되는 동안에 내담자에게 한 번 더 실제 사실에 대해 묻는 것이 중요하다. 이때 종종 중요한 정보들이 나오기도 한다.

가족세우기가 진행되는 동안 내담자는 모든 과정을 지켜본다. 이때 치료사는 내담자에게 어떤 해석이나 이의를 제공하지 않는다. 가족세우기 도중에 무언가 의문이 든다면 치료사는 내담자에게 질문을 하고 이에 내담자는 필요한 정보를 제공한다. "예, 큰아버지의 형제 중에 자살한 형제가 있어요." 추가적으로 나오는 정보는 내담자에 대한 질문을 통해서다. 내담자는 이 과정 속에서 자리에 앉아 있거나 주변에 서 있는다. 가족세우기 도중에 새로운 가족구성원의 역할이 필요하게 되면 추가적으로 대리인이 선정되어 앞으로 나가 가족세우기에 참여한다. 반면에 한 대리인이 더 이상 필요 없게 되는 경우 가족세우기 과정을 떠나서 자리에 돌아가 앉는다.

가족세우기의 종결

치료사는 가족세우기의 종결을 결정한다. 종결은 치료사가 갖고 있는 책임의 일부로, 내담자에 의해서 결정되는 것이 아니다. 종결은 내담자가 만족한 상태가 되었을 경우가 이상적이지만 내담자의 결정사항은 아니다. 종결을 위한 말에는 "내가 여기서 종결해도 되겠습니까? 나는 이제 여기서 종결하겠습니다." 등이 있다.

가족세우기의 종결 과정에서 내담자는 자신의 대리인의 자리에 서게 되는 경우가 자주 있다. 내담자는 가족세우기가 진행되는 내내 자기 가족의 이야기를 어느 정도 거리를 둔 채 외부에서 관찰하였다. 그는 이제 새로운 상과 가족의 각각의 자리에 대한 새로운 질서를 의식적으로 인식하게 되었다. 모든 것이 풀리고 해결된 종결의 상황 속에서 관찰만 하던 내담자는 이제 자신의 대리인의 자리에 가서 서게 된다. 내담자는 그동안 자신을 대신해서 역할을 해 준 대리인의 뒤로 가서 손으로 잡고 그의 자리로 돌려보낸다. 이제 그 자리에 실제 내담자가 돌아와서 서게 된다. 이때 다른 가족구성원들은 그대로 서 있고 내담자의 대리인만 자리로 돌아간다. 이렇게 대리인의 자리에 실제 내담자가 서게 되는 것은 가족세우기의 종결에서 의미 있는 작업이다.

이제 내담자는 가족세우기의 한가운데로 와서 그의 대리인의 자리를 넘겨 받아 서게 된다. 그는 그 자리에서 오는 느낌과 감정을 경험하고 치료사의 말을 따라 하며 실제적인 경험을 하게 된다. 이러한 과정을 통해 가족세우기는 종결하게 된다.

한 내담자의 누나가 어린 시절에 사망하였다. 가족세우기 안에서 부모에 대해 많은 것이 드러났다. 종결 과정에서 내담자는 그의 대리인의 자리에 서게 된다. 그는 대리인이 그동안 서 있었던 자리인 누나 앞에 서 있다. 그가 서자마자 내면 안에서 커다란 감정이 밀려오고 마음속에 누나를 위한 자리를 공식적으로 마련하게 된다.

바로 이러한 실제적인 만남은 내담자에게 커다란 의미를 주고 도움을 준다. 내담자는 치료사의 말을 따라 하며 스스로 누나에게 말을 하게 된다. 이때 내담자 안에서 커다란 감정이 올라오고 무의식에 있던 누나에 대한 감정이 의식 밖으로 나오게 된다. 그는 울면서 치료사를 따라 누나에게 말을 하면서 새로운 내적인 상과 질서를 형성하게 된다.

한 내담자는 아버지와의 관계에서 어려움이 있었다. 가족세우기 안에서 이러한 문제가 분명하게 드러나게 되었고 대리인인 아들은 드디어 아버지 앞에 사랑스럽게 서게 된다. 종결에서 치료사는 내담자를 대리인의 자리에 서게 하였다. 그가 거기에 서자마자 얼굴색이 바뀌면서 아버지에 대한 분노가 올라왔다.

치료사는 이러한 상황에 부딪히면 처음에는 당황하고 실망하게 된다. 그는 내담자의 문제로 한 시간가량을 진행하였으며 나름대로 문제체계를 바꾸어 문제를 분명하게 밝혔다. 그런데 실제 내담자의 반응은 그동안의 진행을 거꾸로 되돌리는 것이었다. 이것은 치료사에게 분명한 타격이다. 여기서 치료사가 내담자에게 화를 내거나, “당신은 아직 성숙되지 못하였다.”라고 불만을 표시하는 것은 상황을 더욱 어렵게 할 수 있다.

치료사는 대리인의 자리에 서 있는 내담자를 향해 아버지에게 "나는 아직 시간이 필요합니다."라고 말할 것을 요구한다. 이렇게 말하는 것만으로도 충분하며 이를 통해 가족세우기는 종결된다.

가끔 치료사는 종결과정에서 다시 한 번 가족세우기를 진행하거나 가족의 역동 안으로 들어간다. 그 이유는 대리인이 제대로 하지 않아서가 아니다. 이러한 현상은 대리인의 감정표현 능력과 개인적 능력과는 상관없이 자주 발생하는 현상이다.

종결과정에서 매번 내담자가 자신의 대리인의 자리에 서게 되는 것은 아니다. 내담자로 하여금 대리인의 느낌을 실제적으로 갖게 하는 것보다 중요한 것은 내담자가 가족세우기를 밖에서 지켜보도록 배려해 주는 것이다. 치료사는 이러한 배려를 종결과정에서 계속 진행할 것인지 아니면 내담자로 하여금 실제적인 경험을 하게 할 것인지를 결정해야 한다. 비록 가족세우기가 긴장 속에서 종결되더라도 내담자가 가족세우기를 밖에서 지켜보는 것은 중요하다. 내담자가 가족세우기를 밖에서 지켜보는 경우에는 가족세우기 세미나가 길면 길수록 오히려 더 성공적일 수 있다. 내담자가 가족 안에서 그의 자리에 서게 되면 이로써 가족세우기는 종결한다. 가족세우기의 종결과정에서 대리인들은 그동안의 대리인으로서의 모든 역할을 내려놓고 원래 자기의 자리로 돌아오게 된다. 치료사는 대리인들에게 "저는 이제 당신 가족의 역할에서 벗어나서 제 자신으로 돌아옵니다."라고 따라 말하게 한다. 종종 대리인들 중에는 가족세우기 중에 느꼈던 강한 감정과 신체화 증상으로 인해 오랫동안 대리인으로서의 느낌을 갖는 경우가 있다. 가족세우기가 성공적으로 끝나고 내담자가 만족해하며 모든 문제가 명쾌하게 드러나게 되면 여기에 참여하였던 대리인들은 대리인의 역할을 벗는 데 어려움이 적다. 그러나 문제가 해결되지 않고 가족세우기 과정에서 많은 긴장이 유발되었다면 대리인의 역할을 벗는 데 어려움을 느끼게 된다. 또한 내담자의 사례가 특별히 불운한 운명인 경우라면 역시 대리인의 역할에서 벗어나는 데 어려움이 있다.

비록 내담자의 문제가 해결되었고 치료가 성공적으로 종결되었다고 하더라도 가족 중에서 힘든 운명을 지고 있었던 한 가족구성원이 그 운명 속에서 벗어나지 못하고 고통당하고 있다면 이러한 역할을 수행한 대리인은 그 역할에서 벗어나는 데 더 어려움이 있을 수 있다. 힘들고 강한 긴장감 속에서 진행된 가족세우기가 종결되면 치료사는 대리인 모두에게 역할에서 벗어나는 데 괜찮은지에 관하여 묻는 것이 좋다. 이때 대리인 중 일부 또는 전부가 대답을 망설인다면 치료사는 역할에서 벗어날 수 있도록 도움을 주어야 한다. 또한 치료사는 가족세우기 초기에 대리인으로 선정된 사람들에게 대리인이 종결된 후에 역할에서 벗어나는 것이 어려울 수 있다는 점을 간단하게라도 알려 주는 것도 도움이 될 수 있다.

휴 식

가족세우기는 지금까지 알려지지 않은 에너지장과의 만남으로 우리를 이끈다. 가족세우기에 처음 참여한 참가자들은 가족세우기의 한 과정이 끝나면 녹초가 되고 기진맥진해진다. 더구나 참가자들 중에 대리인의 역할을 수행한 참가자들의 경우는 더욱 지치게 된다. 이때 참가자들로 하여금 다시 원기를 회복하고 새로운 힘을 갖게 해 줘서 다시 가족세우기에 집중할 수 있게 해 주는 장치가 필요해진다. 이 좋은 장치는 바로 휴식이다. 휴식은 가족세우기의 피곤함으로부터 일정 시간 거리를 두게 만들기 때문에 유용하다. 모든 치료사는 자기 나름대로의 가족세우기의 리듬이나 휴식을 발전시킨다.

독일의 헬링어의 가족세우기센터에서는 한 세션으로 1시간 동안 상담을 진행하고 일주일 후에 약속을 정하는 일반적인 상담의 방식을 따르지 않는다. 이곳의 진행 순서는 1박 2일 프로그램인 경우, 금요일 오전에 약 30분에서 1시간 동안 가족세우기를 하고 그 다음에 30분의 휴식을 한다. 그리고 다시 30분에서 1시간 동안 가족세우기를 하고 그 다음에 30분의 휴식을 한다. 그리고 좀 더 긴 시간을 휴식하는 점심시간을 갖는다. 오후 시간에도 역시 같은 방식으로 진행을 한다. 보통은 30분에 가족세우기가 종결되지만 내담자에 따라서 1시간 동안 진행되기도 한다. 저녁식사 후에는 1시간 동안 강의나 헬링어의 치료비디오를 보게 한다. 이러한 휴식 방식은 한국의 상담센터에서는 보기 어렵다. 헬링어는 좀 더 많은 휴식이 참가자들로 하여금 더 많은 집중력과 관심을 유발한다고 믿는다. 종종 휴식 중에 음악을 들려주어 참가자들로 하여금 긴장을 완화시키고 약간의 운동을 하게 하기도 한다. 이를 통해 전체 분위기는 더욱 집중되고 엄숙해질 수 있다.

가족세우기의 전체 과정

가족세우기는 일정한 치료과정을 갖는다. 항상 동일한 패턴의 과정을 갖는 것은 아니지만, 일반적으로 다음과 같은 순서에 따라 진행된다.

가족체계의 파악 가족세우기의 첫 단계로서 치료사는 내담자의 원가족의 가족사, 현가족의 가족사, 가족구성원의 죽음, 특정 사건, 갈등, 비밀, 현가족 상태의 문제점 등을 탐색한다. 이 중에서도 특히 얽힘의 문제를 집중적으로 파악한다. 여기서 치료사는 내담자의 가족체계에 대한 자세한 내용을 수집하기보다는 얽힘의 문제와 관련된 내용을 중심으로 가족체계에 대한 정보를 수집한다. 이 단계는 다른 과정에 비해 상대적으로 짧다.

가족 대리인 세우기 치료사는 가족체계에 대한 파악이 끝나면 내담자로 하여금 자신을 비롯해서 가족구성원 전체의 역할을 수행할 대리인을 선택하도록 한다. 선택은 내담자가 임의적으로 판단해서 참가자들 중에서 선택한다. 분명한 선택기준은 없다. 대부분의 경우 내담자들이 참가자들 중에서 자신의 가족구성원들과 비슷한 분위기와 외모를 가진 사람들을 중심으로 선택하며 가끔 이러한 과정이 무시되고 선택되기도 한다. 내담자는 자신의 가족에 대한 내적인 상을 표현하여 대리인들을 일정한 위치에 세우게 된다.

가족관계 세우기 치료사는 내담자가 가족 대리인들을 각자 자기의 자리에 세울 수 있도록 도와준다. 이를 위해 누구와 마주 보게 혹은 등을 대고, 누구와 멀리 혹은 가까이 설 수 있도록 구성원들의 위치를 세운다. 이 단계는 가족세우기 작업에서 중요한 작업으로 우선적으로 내담자가 갖고 있는 가족의 상이 정확하게 표현되도록 한다. 만일 가족관계의 위치가 두루뭉술하게 세워지면 제대로 과정이 진행되기 어렵다.

가족 대리인들이 현 상태에서의 심리상태, 느낌, 원하는 것 등을 솔직하게 표현하기 치료사는 세워진 대리인들에게 서 있는 현 상태에서 무엇이 느껴지는가를 묻는다. 대리인들이 서 있는 위치에서 느끼는 감정과 욕구는 내담자 가족의 실상을 표현해 주는 도구가 된다. 여기서 대리인들이 자신이 서 있는 위치에서 느끼는 감정과 욕구를 얼마나 잘 표현할 수 있느냐가 중요하다. 대리인들은 순간 떠오른 감정을 자신의 감정으로 인식하고 표현하지 않을 수도 있다. 이때 필요한 능력은 객관적으로 자신이 느끼는 감정을 표현할 수 있는 용기다.

치료사가 가족관계와 위치를 다르게 세우기 치료사는 대리인들이 자신들이 서 있는 위치에서 느껴지는 느낌과 욕구를 표현한 후에 이들 대리인들이 안정감을 갖거나 편안하게 서 있을 새로운 자리를 찾게 한다. 이때 치료사가 적극적으로 개입하여 대리인들의 자리를 찾아 주거나 내담자의 의도에 따라 새로운 자리를 찾을 수 있다.

가족 대리인들이 다른 위치에서 다시 심리적 느낌과 감정 표현하기 새로운 자리에 서게 된 대리인들에게 그 자리가 편안하고 원하던 자리였는지를 알아보기 위해서 치료사는 다시 한번 대리인들에게 서 있는 자리의 느낌과 욕구를 말하게 한다.

가족 대리인들이 흡족해하고 만족해할 때까지 가족관계 세우기 내담자와 대리인들이 만족할 자리는 한 번에 찾아지기보다는 여러 번의 시도를 통해서 얻어질 수 있다. 치료사는 여러 번의 시도를 통해 대리인들이 만족해하고 편안해할 자리를 찾게 한다.

치유고백 작업과 내담자의 참여 치료사의 판단에 따라서 일부 대리인들은 치료사가 하는 말을 따라 하면서 치유고백 작업을 진행한다. 이 경우 매우 감정적인 작용이 일어나게 되는데, 치유고백 작업에 활용되는 어구는 일정한 틀을 가지고 있다. 대부분의 경우 치유고백 작업에 참여하는 대리인은 내담자의 대리인과 직접적인 얽힘의 관계를 갖고 있는 대상이 된다. 예를 들어, 여러 가족들이 가족세우기에 세워졌지만, 만일 얽힘의 대상이 어머니라면 내담자인 딸과 어머니만이 치유고백 작업을 진행한다.

치유고백 작업이 마무리되고 대리인들이 만족해할 새로운 자리가 세워지게 되면 내담자에게 피드백을 요청한다. 내담자에게 새로운 자리가 어떻게 느껴지는지를 묻고 그의 느낌과 생각을 듣는다. 그리고 얼마나 만족스러운지 아닌지를 피드백받게 된다. 헬링어는 이 단계에서 내담자의 얼굴표정이 환하게 밝아지면 가족세우기의 작업이 성공이라고 말한다. 무엇보다 중요한 성공의 증거는 내담자가 무의식적으로 표현하는 얼굴표정이라는 것이다.

가족세우기 마무리 내담자의 피드백이 마무리되면 치료사는 대리인들을 자기의 자리로 돌려보낸다. 그리고 대리인들에게 대리인의 역할을 풀어 주는 의식을 진행한다. “이제 당신 가족의 역할에서 내 본래의 자리로 돌아옵니다. 당신이 평안하기 바랍니다.”를 따라 말하게 하고 각자 대리인의 역할에서 본래 자신으로 돌아온다.

3. 가족세우기에서 유의해야 할 사항

가족세우기에서 유의해야 할 몇 가지 사항을 살펴보면 다음과 같다.

첫째, 가족세우기는 일정한 규칙이 있는데 그것은 내담자의 현가족을 먼저 세우고 그 다음에 원가족을 세운다는 것이다. 원가족 세우기가 종결되면 치료사는 현가족을 다시 세우고, 원가족과의 연관성을 살펴본 후 마무리를 한다. 대부분의 가족세우기 현장 속에서 이러한 진행과정을 볼 수 있다. 그러나 반드시 이렇게 하는 것은 아니다. 내담자가 가져온 문제에 따라 원가족을 먼저 세울 수도 있고 때로는 현가족을 세우는 것을 생략할 수도 있다. 이는 내담자의 바람과 문제, 그리고 치료사의 판단에 의해 진행된다.

둘째, 가족대리인들을 세우는 과정에서 가족의 본래 질서에 유의하여 세운다. 치료사는 가족이 가진 본래 질서를 존중해야 한다. 가족 안에는 먼저 온 순서에 따라 질서가 형성되며, 누가 가족에 더 많은 공헌을 하는지나 똑똑한지 어리석은지와는 상관이 없다. 질서의 법칙에는 가족 안에서 그 누구도 소외되거나 버림받은 사람이 없어야 한다는 것이 포함된다. 가족의 모든 구성원은 동일하게 가족에 속해야 하고 마찬가지로 동일하게 존중되어야 한다. 치료사는 이러한 가족의 질서를 존중하면서 가족을 세워야 한다.

셋째, 가족세우기 안에 누구를 포함하여 세울 것인지는 중요한 과제로서, 치료사는 일방적으로 세우려 하기보다 내담자와 협의하여 결정한다. 만일 결혼 전의 관계에서 남편이나 아내에게 동거인이나 애인이 있었던 경우, 가족에는 포함시키지 않지만 가족세우기에서는 포함시켜 다룬다. 가족 중에 사망한 사람과 낙태아 역시 가족세우기에 포함된다. 치료사가 이들을 포함시키려고 할 때 내담자가 종종 의아해하거나 당황해할 수 있다. 이 경우에 치료사는 간단한 설명과 더불어 동의를 구한다. 가족세우기에 포함되는 대상은 사람만이 아니다. 때로는 알코올과 마약, 일 등과 같은 중독이 가족세우기에 포함될 수 있다.

넷째, 남편이나 아내에게 결혼 전 관계에서 자녀가 있는 경우는 이 자녀를 가족체계에 포함하여 다룬다.

다섯째, 내담자의 원가족을 세울 때는 먼저 부모님을 세우고 그 다음으로 형제자매들을 세우는데, 이때 아내의 원가족이면 아내 쪽에, 남편의 원가족이면 남편 쪽에 세운다.

제6장
가족세우기 사례

1. 가족세우기 I: 나를 존중하고 받아들여요

내담자는 20대 후반의 주부로 남편과의 관계에서 언제나 위축되고 긴장되어 있다고 호소하였다. 또한 언제나 낮은 자기 가치감과 무기력감을 가지고 있다고 하였다. 그녀의 원가족 안에서 외할머니와 어머니가 이혼을 하였으며 아버지는 재혼을 하여 따로 살고 있다. 내담자 본인 역시 이혼에 대한 두려움을 갖고 있으며, 치료과정은 원가족을 중심으로 이루어졌다.

치료사: 자, 아버지와 어머니, 본인을 한번 선택해 보세요. 아버지의 두 번째 부인도 세워 보세요.

내담자: 두 번째 부인은 전혀 모르는데요.

치료사: 그래도……. 자, 그러면 가족을 한번 세워 보세요. 뒤에 가서 한 분씩 등을 잡고 세워 보세요. 느껴지는 대로 나의 원가족을 세워 보세요.

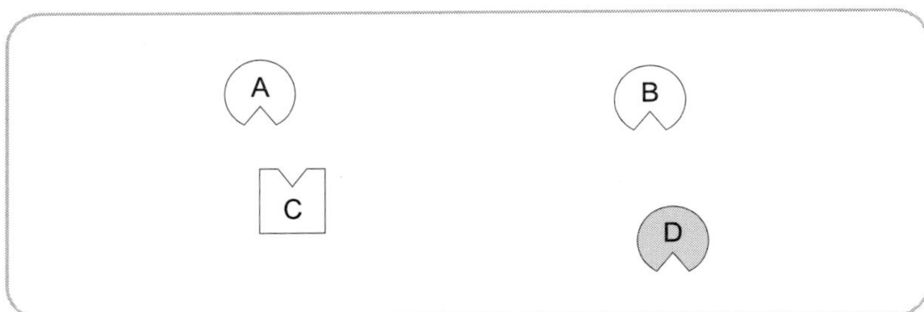

A-아버지의 두 번째 부인, B-어머니, C-아버지, D-내담자 대리인

치료사: 이제 됐습니다. 여러분, 눈을 한번 감아 보세요. 눈을 감고 그 자리에서 느껴지는 감정을 허용해 보세요. 머리가 아니라 가슴으로 느껴보십시오. 네, 됐습니다. 눈을 뜨세요. 본인은 어떠세요?

내담자 대리인: 감정이 별로 안 느껴지는데요.

치료사: 충분합니다. 네, 어머님은 어떠세요? 그 자리가?

어머니: 날아가 버릴까 봐 잡고 싶어요.

치료사: 날아가 버릴까 봐…….

어머니: 날아갈 것 같아요.

치료사: 네, 좋습니다. 아버지는 어떻습니까?

아버지: 아무런 감정이 없어요.

치료사: 네, 충분합니다. 감정이 없군요. 아버지에게는 어떻게 보면 여기 있는 가족들은 잊혀진 존재일 수도 있었겠네요. 다시 한번 본인 대리인은 어떠세요? 그 자리가 어떻게 느껴집니까?

내담자 대리인: 저쪽이 자꾸 신경 쓰여요.

치료사: 이쪽이요? 어…… 아버지 쪽이…… 음…… 알겠습니다. 이쪽 뒤에 서시고 한번 쳐다보세요.

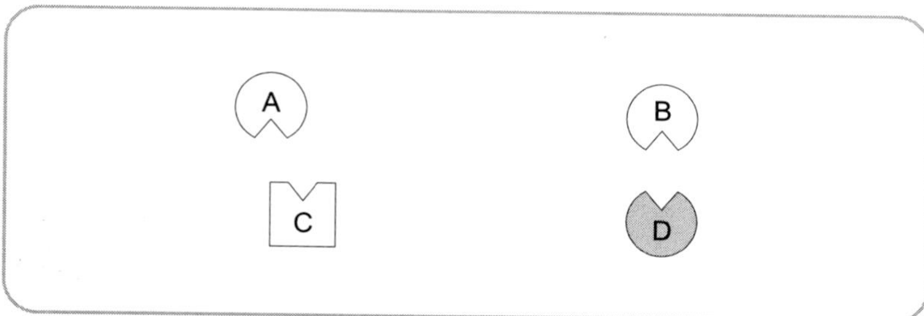

A-아버지의 두 번째 부인, B-어머니: 나를 안으려고 한다, C-아버지, D-내담자 대리인

어머니: 예뻐요.

치료사: 어떻습니까? 본인은?

내담자 대리인: 편하지 않은데요.

치료사: 음…… 편하지 않다. 다시 한번.

내담자 대리인: 부딪히는 것 같기도 하고.

치료사: 그래요? 알겠습니다. 한번 일어나 보세요. 할머니를 세워 봅시다.

내담자: 할머니요?

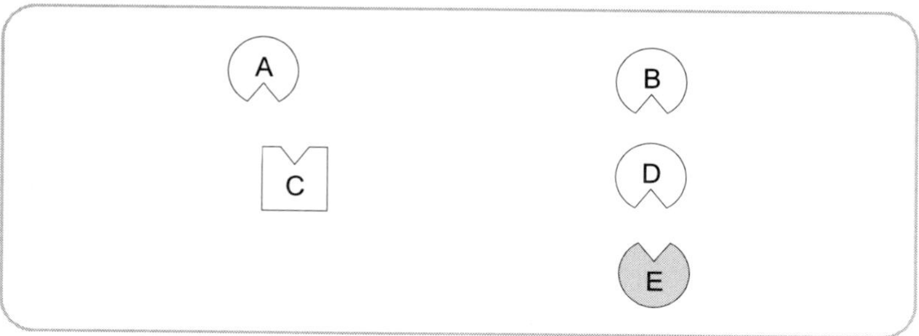

A-아버지의 두번째 부인, B-할머니, C-아버지, D-엄마, E-내담자 대리인

치료사: 네, 이혼당한 할머니를 세워 보세요. 할머니도 이혼했고 어머니도

이혼했고, 나는 이 집의 딸이고, 한번 보세요. 어떻습니까?

내담자 대리인: 할머니가 일어나는데 아주 부담스러운데요.

치료사: 네……. 이게 내게 주어진 내 가족의 운명입니다. 그 자리가 어떻게 느껴지십니까?

내담자 대리인: 좀 웃긴 것 같아요.

치료사: 네, 충분합니다. 앉아주시고 어머님 들어가 주시고…….

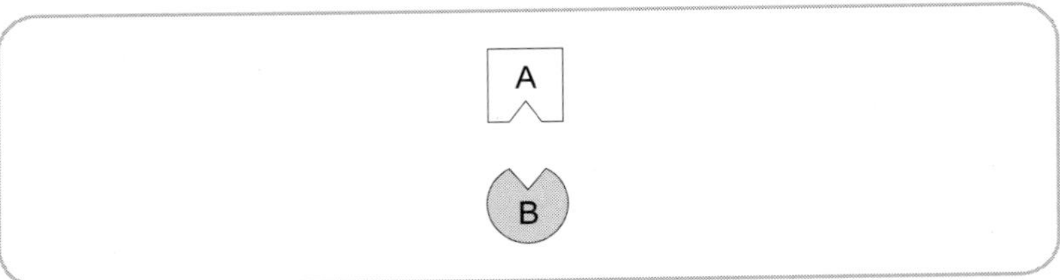

A-아버지, B-내담자 대리인

치료사: 자, 눈을 떠 보십시오. 뜨시고 여기 한번 서 보세요. 아버지를 보십시오. 어떻습니까?

내담자 대리인: 낯선데요. 좀…… 좀…… 안쓰럽기도 하고, 뭔가 좀…… 묘하면서…….

치료사: 묘한 느낌, 알겠습니다. 내담자 대리인은 들어가 주시고 내담자 본인이 나와 주세요.

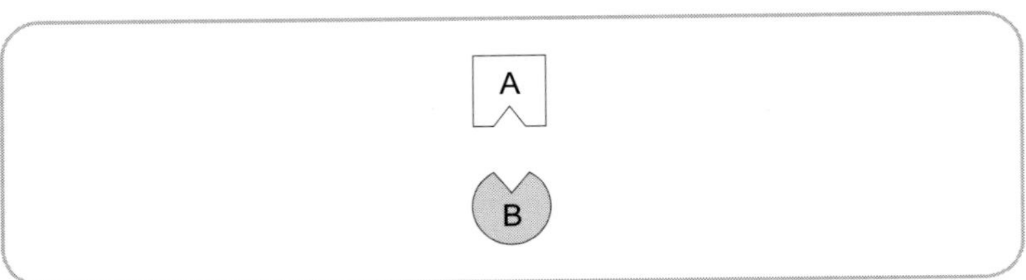

A-아버지, B-내담자

치료사: 눈을 잠시 감고 서 있는 자리의 느낌을 느껴 보세요.

내담자: 그냥 좀…… 어…… 불쌍하게도 보이고, 좀 음…… 왜 이제 나타났는지 원망스럽고 나를 사랑해 주지 않은 거에 대해서 좀 화가 나기도 하고, 아버지 품에 한번 안겨 보고 싶은 그런 마음들이…….

치료사: 여러 가지 감정들이 교차되는군요.

내담자: 네. 좋아하는 마음, 아버지를 좋아하는 마음이 들면서…….

치료사: 다가가고 싶은 마음이군요.

내담자: 다가가고 싶은 마음이 있으면서도 한편으로는 화가 나고 원망스러워요. 한번도 나를 찾지 않은 아버지에게 화가 나네요.

치료사: 네, 충분합니다. 아버지는 어떠세요?

아버지: 네. 저도 안쓰럽다는 생각을 하고 있었는데, 아까 그 말을 해 가지고 깜짝 놀랐어요.

치료사: 네. 여기 서 계시고 어머니 한번 나오세요. 나와 볼까요?

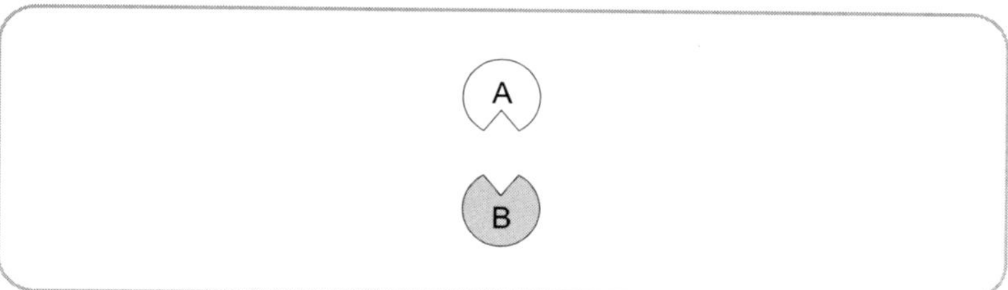

A-어머니, B-내담자

치료사: 본인은 잠깐 눈을 감으시고 앞에 있는 어머니를 한번 보십시오. 자, 눈을 뜨세요. 어머니가 어떻게 느껴지십니까?

내담자: 음……. 포근하기는 한데 저한테 다가오려는 느낌 때문에 좀…… 부담스러운 생각이 들어요…….

치료사: 자, 따라 해 보세요. 엄마

내담자: …….
치료사: 따라 해 보세요.
내담자: 엄마
치료사: 사랑하는 엄마
내담자: 사랑하는 엄마
치료사: 나를 키워 주시고
내담자: 나를 키워 주시고
치료사: 성장시켜 주신 거
내담자: 성장시켜 주신 거
치료사: 고맙습니다.
내담자: 고맙습니다.
치료사: 엄마
내담자: 엄마
치료사: 저는
내담자: 저는
치료사: 엄마의 딸입니다.
내담자: 엄마의 딸입니다.
치료사: 엄마가 이혼하고
내담자: 엄마가 이혼하고
치료사: 외롭게
내담자: 외롭게
치료사: 저를 키워 주신 것을
내담자: 저를 키워 주신 것을
치료사: 고맙게 생각합니다.
내담자: 고맙게 생각합니다.
치료사: 엄마
내담자: 엄마

치료사: 저를 지켜 주신 것

내담자: 저를 지켜 주신 것

치료사: 고맙습니다.

내담자: 고맙습니다.

치료사: 이제

내담자: 이제

치료사: 엄마의 딸로서

내담자: 엄마의 딸로서

치료사: 제 인생을

내담자: 제 인생을

치료사: 살아가겠습니다.

내담자: 살아가겠습니다.

치료사: 엄마

내담자: 엄마

치료사: 당신을 사랑합니다.

내담자: 당신을 사랑합니다.

치료사: 엄마의 그 사랑을

내담자: 엄마의 그 사랑을

치료사: 잊지 않겠습니다.

내담자: 잊지 않겠습니다.

치료사: 엄마

내담자: 엄마

치료사: 저를 이제

내담자: 저를 이제

치료사: 지켜 봐 주세요.

내담자: 지켜 봐 주세요.

치료사: 저는 언제나 당신의 딸입니다.

내담자: 저는 언제나 당신의 딸입니다.

치료사: 느낌이 어떠세요?

어머니: 아까는 아무런 감정 없이 딸이 날아갈 것 같아 잡고 싶고 그랬는데, 지금은 딸이 예쁘다는 생각이 들고 평안해요.

치료사: 어떠셨어요? 본인은.

내담자: 마음이 편안했어요. "이제 제 인생을 살아가겠습니다."라고 말할 때 마음이 편안해지는 것을 느꼈어요.

어머니: 편안하고 부담스러운 느낌도 들지 않아요. 딸에게 부담 주고 싶지 않고, 딸이 예뻐 보이고 앞으로 잘하겠구나 그런 마음이 들어요.

치료사: 어머니에게 고개 숙여서 존중의 절을 해 보세요.

내담자: (절을 한다.)

어머니: 우리 딸이 장하다 싶어요.

치료사: 그렇습니다.

어머니: 부담을 주고 싶은 생각이 전혀 없어요.

치료사: 그냥 딸이 예쁘고…… 좋습니다. 어떻습니까? 본인은?

내담자: 저도 좋아요. 엄마를 사랑하면서도 저는 저만의 삶을 살아왔는데, 그 와중에 좀 혼란스러웠던 것 같아요. 엄마를 사랑하지만 엄마의 인생과 상처를 내 책임이라고 여기는 것이 너무 힘들었어요. 엄마를 사랑하지만 이제 제 인생을 살고 싶어요.

어머니: 각자 동료처럼 살아가도 될 것 같아요.

치료사: 네. 충분합니다.

어머니: 딸이 저의 든든한 힘인 것 같아요.

치료사: 네. 이제 아버지께서 이리 오세요. 아버지를 한번 보세요.

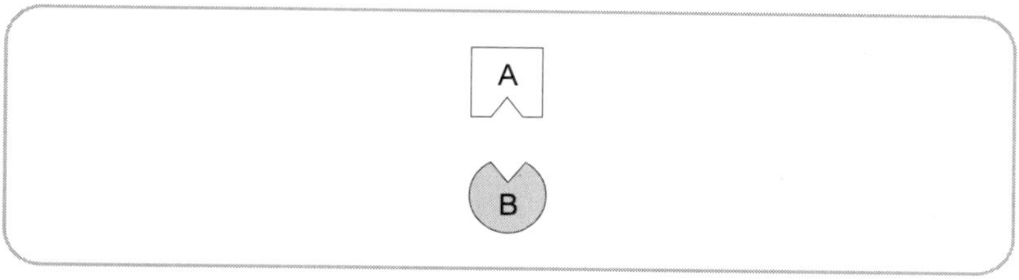

A-아버지, B-내담자

치료사: 따라 해 보세요. 아버지

내담자: 아버지

치료사: 저는

내담자: 저는

치료사: 아버지의 딸입니다.

내담자: 아버지의 딸입니다.

치료사: 아버지

내담자: 아버지

치료사: 아버지를

내담자: 아버지를

치료사: 많이 보고 싶었고

내담자: 많이 보고 싶었고

치료사: 아버지의 사랑과

내담자: 아버지의 사랑과

치료사: 아버지의 관심이

내담자: 아버지의 관심이

치료사: 너무나

내담자: 너무나

치료사: 그리웠습니다.

내담자: 그리웠습니다.

치료사: 아버지

내담자: 아버지

치료사: 저는

내담자: 저는

치료사: 아버지의 딸입니다.

내담자: 아버지의 딸입니다.

치료사: 비록 두 분이 헤어져서

내담자: 비록 두 분이 헤어져서

치료사: 제가

내담자: 제가

치료사: 두 분 가운데서

내담자: 두 분 가운데서

치료사: 두 분의 사랑을 받으면서

내담자: 두 분의 사랑을 받으면서

치료사: 성장하지는 못했지만

내담자: 성장하지는 못했지만

치료사: 저는

내담자: 저는

치료사: 아버지의 딸입니다.

내담자: 아버지의 딸입니다.

치료사: 아버지

내담자: 아버지

치료사: 저를 봐 주세요.

내담자: 저를 봐 주세요.

치료사: 두 분의 불행했던 운명을

내담자: 두 분의 불행했던 운명을

치료사: 존중합니다.

내담자: 존중합니다.

치료사: 그리고 받아들입니다.

내담자: 그리고 받아들입니다.

치료사: 그리고

내담자: 그리고

치료사: 두 분 사이에서 태어난

내담자: 두 분 사이에서 태어난

치료사: 소중한

내담자: 소중한

치료사: 생명이

내담자: 생명이

치료사: 저라는 것을

내담자: 저라는 것을

치료사: 받아들입니다.

내담자: 받아들입니다.

치료사: 저는

내담자: 저는

치료사: 한때

내담자: 한때

치료사: 두 분이 사랑했던

내담자: 두 분이 사랑했던

치료사: 사랑의 열매라는 것을

내담자: 사랑의 열매라는 것을

치료사: 받아들입니다.

내담자: 받아들입니다.

치료사: 아버지를 존중하고

내담자: 아버지를 존중하고

치료사: 아버지를

내담자: 아버지를

치료사: 저의 아버지로

내담자: 저의 아버지로

치료사: 받아들이기를 원합니다.

내담자: 받아들이기를 원합니다.

치료사: 어떠세요? 지금……

내담자: 마음에 와 닿지는 않아요.

치료사: 그렇죠.

내담자: 네.

치료사: 아직 선생님 내면에는 아버지에 대해서 할 말이 많이 있는 거죠. 강요하지 않겠습니다. 이리로 오셔서 아버지에 대해서 다른 이야기는 하지 마시고 아버지에게 한번 아버지라고만 불러 보세요.

내담자: 아버지…….

치료사: 다시 한번 아버지를 불러 보세요.

내담자: 아버지.

치료사: 지금 어떠세요? 마음이……

내담자: 제가 마음을 닫아버린 것 같아요. 아버지가 지금은 나를 별로 사랑하지 않겠지라고 생각하고 제가 마음을 닫아버린 것 같아요. 아버지한테 사랑을 받고 싶었지만 받을 수가 없기 때문에 스스로 마음을 닫아버린 것 같아요.

치료사: 자……, 소희야

아버지: 소희야

치료사: 나는

아버지: 나는

치료사: 너의 아버지다.

아버지: 너의 아버지다.

치료사: 소희야

아버지: 소희야

치료사: 내가 너를 낳은 이후에

아버지: 내가 너를 낳은 이후에

치료사: 엄마와 이혼하고

아버지: 엄마와 이혼하고

치료사: 너를 돌아보지 못했단다.

아버지: 너를 돌아보지 못했단다.

치료사: 아버지로서

아버지: 아버지로서

치료사: 너에게 책임을 다하지 못한 것에 대해서

아버지: 너에게 책임을 다하지 못한 것에 대해서

치료사: 미안하다.

아버지: 미안하다.

치료사: 소희야

아버지: 소희야

치료사: 하지만

아버지: 하지만

치료사: 나는

아버지: 나는

치료사: 너의

아버지: 너의

치료사: 아버지다.

아버지: 아버지다.

치료사: 네가

아버지: 네가

치료사: 소녀가 되고

아버지: 소녀가 되고

치료사: 성인이 되는 모든 과정을

아버지: 성인이 되는 모든 과정을

치료사: 지켜보지 못하고

아버지: 지켜보지 못하고

치료사: 나도 모르게

아버지: 나도 모르게

치료사: 애써 외면하면서

아버지: 애써 외면하면서

치료사: 살아온 것에 대해서

아버지: 살아온 것에 대해서

치료사: 너에게

아버지: 너에게

치료사: 용서를 빌고 싶다.

아버지: 용서를 빌고 싶다.

치료사: 아버지는 어떠세요? 이 이야기가 괜찮습니까? 아니면 부담스럽습니까?

아버지: 죄책감이 들어요.

치료사: 죄책감이 든다. 본인은 어떻습니까?

내담자: 아버지가 저에게 아버지 노릇을 하지 않은 것과 저를 책임지지 못한 것에 대해서 죄책감과 미안함을 느끼고 계시는구나 하는 생각이 들어요. 음…… 용서를 빈다는 얘기를 받아들이고 싶은 마음이 들었어요. 하지만 마음 한 구석에는…….

치료사: 그렇죠.

내담자: 시원섭섭한…… 채우고 싶은 것이 있지만 채워지지 않았다는 생각도 들어요.

치료사: 그렇죠. 선생님이 아버지에 대해서 느끼는 감정은 아마 이 시간에

해결할 수 없는 것일 겁니다. 아까도 말했지만 그건 복합적인 감정이죠. 아버지 앞에서 애증도 아니고 분노도 아니고, 또 사랑도 아닌 그런 감정이 느껴질 거예요. 그런데 선생님에게 이제 중요한 것이 뭐냐면, 아버지의 존재를 마음속에 받아들이는 거예요. 비록 아버지로부터 사랑을 많이 받지는 못했지만 밉든 곱든 간에 아버지의 존재를 마음속에 받아들이고 삶의 한 부분으로 받아들이는 과정이 필요해요. 그런 과정은 앞으로 남은 선생님의 삶에서 선생님이 건강하게 살아갈 수 있게 해 주는 큰 힘이 될 것입니다. 선생님은 어린 시절에 어머니에게서 받았듯이 아버지에게서도 많은 것을 받았어야 했잖아요. 하지만 그 모든 것이 차단당했어요. 그 모든 것을 회복할 수는 없겠지만 지금이라도 마음 한 구석에 아버지의 존재를 허용하세요. 그런 작업만이라도 이루어진다면 선생님의 문제는 이 시간에 해결된 겁니다. 한번 따라 해 보세요. 아버지

내담자: 아버지

치료사: 저는 아버지의 딸입니다.

내담자: 저는 아버지의 딸입니다.

치료사: 제 마음속에 있는

내담자: 제 마음속에 있는

치료사: 아버지에 대한

내담자: 아버지에 대한

치료사: 모든 생각과 감정을

내담자: 모든 생각과 감정을

치료사: 정리하기는 어렵습니다.

내담자: 정리하기는 어렵습니다.

치료사: 하지만 이 시간

내담자: 하지만 이 시간

치료사: 아버지의 존재를

내담자: 아버지의 존재를
치료사: 내 마음 한 부분에
내담자: 내 마음 한 부분에
치료사: 보관하겠습니다.
내담자: 보관하겠습니다.
치료사: 아버지
내담자: 아버지
치료사: 제가
내담자: 제가
치료사: 그동안의 아버지의 삶을
내담자: 그동안의 아버지의 삶을
치료사: 존중하기를 바랍니다.
내담자: 존중하기를 바랍니다.
치료사: 어떠세요?
내담자: 존중한다는 말에 마음이 편했어요.
치료사: 알겠습니다. 제가 제안해 드리고 싶은 것은 아버지의 존재를 마음속에 보관하라는 것입니다. 그것만으로도 충분합니다. 아버지의 존재를 마음속에 보관하는 것은 아버지가 내 삶 속에 없는 존재가 아니라 언제든 꺼내 볼 수 있게끔 내 내면에 있는 것을 의미합니다. 언제든 내가 꺼내서 직면할 수 있는 그런 아버지로 수용하고 받아들이시면 됩니다. 어떻습니까? 지금.
내담자: 네. 그렇게 하고 싶어요. 아버지를 내 삶의 한 부분으로 받아들이기에는 아직 감정이 좀 그렇지만 존중해 주고 싶어요. 좀 이기적이지만 그렇게 하고 싶어요.
치료사: 어머니 한번 나와 보세요. 나란히 서 보세요. 이때는 부모님의 존재가 어떠세요?

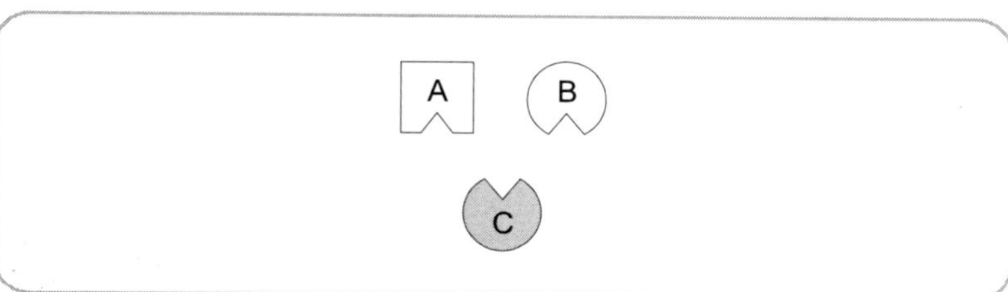

A-아버지, B-어머니, C-내담자

내담자: 이렇게 서 있으니까 좋아요.
치료사: 그렇죠. 보기 좋죠. 마음속으로 바랐던…….
내담자: 참 보기 좋네요. 내가 마음속으로 바랐던 모습이었나 봐요. 언제나 내 마음속에 있었던 그런 상인거 같아요. 하지만 감히 생각할 수도 없었고 허용할 수도 없었던 모습이었어요.
치료사: 한때 나를 낳았을 때 두 분이 이렇게 서 있었어요. 부모님은 내가 태어나기 전에, 그리고 태어나서 몇 달 동안은 실제 이런 모습이었던 거죠. 이것은 거짓이 아니에요. 사실입니다. 두 분이 따라 해 보세요.
치료사: 소희야
부모님: 소희야
치료사: 우리는
부모님: 우리는
치료사: 너의 부모다.
부모님: 너의 부모다.
치료사: 우리가 너를 낳았다.
부모님: 우리가 너를 낳았다.
치료사: 소희야
부모님: 소희야
치료사: 우리는

부모님: 우리는
치료사: 우리의 변한 운명에 따라
부모님: 우리의 변한 운명에 따라
치료사: 결정하고 선택하여
부모님: 결정하고 선택하여
치료사: 각자의
부모님: 각자의
치료사: 삶을 살게 되었단다.
부모님: 삶을 살게 되었단다.
치료사: 우리가 이혼하기로 결정한 것은
부모님: 우리가 이혼하기로 결정한 것은
치료사: 너와는 상관이 없단다.
부모님: 너와는 상관이 없단다.
치료사: 불행했던 운명은
부모님: 불행했던 운명은
치료사: 우리의 선택이었고
부모님: 우리의 선택이었고
치료사: 너와는
부모님: 너와는
치료사: 아무런 상관이 없단다.
부모님: 아무런 상관이 없단다.
치료사: 소희야
부모님: 소희야
치료사: 너는
부모님: 너는
치료사: 우리의
부모님: 우리의

치료사: 딸이란다.

부모님: 딸이란다.

치료사: 우리는

부모님: 우리는

치료사: 우리의 선택과는 상관없이

부모님: 우리의 선택과는 상관없이

치료사: 네가 편안하고

부모님: 네가 편안하고

치료사: 행복하게

부모님: 행복하게

치료사: 살아가기를

부모님: 살아가기를

치료사: 바란단다.

부모님: 바란단다.

치료사: 어떠세요?

내담자: 좋아요. 보기에 너무 좋고, 행복하기를 바라는 부모님의 마음이 진심이라는 생각이 들었고 그렇게 살고 싶고 그렇게 살 거예요. 그렇게 살고 싶어요.

치료사: 그렇죠. 여기에서 선생님은 더 이상 거절당하고 무의미한 존재가 아니에요. 당신은 이 두 분에 의해서 태어났고 존재한 거죠. 이 두 분이 헤어진 것은 그 이후이며, 두 분이 매우 사랑해서 당신을 낳았고 당신은 이분들의 자녀로 살아왔죠. 이 안에서 충분히 자신에 대해 긍정할 수 있고, 끝없이 나를 무가치하게 여기고 비난하는 감정으로부터 벗어날 수 있습니다. 어떻습니까?

내담자: 저는 이제 두려워할 필요가 없다는 것을 알았어요.

치료사: 네, 충분합니다. 나를 낳아 주신 부모님에게 존중의 절을 한 번 하십시오. 하십시오.

내담자: (절을 한다.)

치료사: 한 번 더 깊게 존중의 절 해 보세요.

내담자: (절을 한다.)

치료사: 어떠세요?

내담자: 좋아요.

치료사: 어머니를 꼭 안아 보세요.

내담자: (포옹한다.)

치료사: 자, 이쪽도.

내담자: (포옹한다.)

치료사: 박수 한 번 주세요. 짧은 순간이었지만 어떠셨습니까? 선생님의 마음속에서 이 모든 것이 어떻게 느껴집니까?

내담자: 편안하고 좀 자유로운 느낌이 들어요. 습관이 되어 버려 거절에 대한 두려움이 있기는 하지만, 이제는 타파하고 나가고 싶어요. 여기서 느낀 점은 내가 나 자신을 바라보는 것 이상으로 많은 사람들이 나를 긍정적으로 바라본다는 거예요. 그래서 나도 나 자신을 긍정적으로 바라보고 '거절당해도 괜찮아.' 라고 긍정적으로 말하면서 내가 원하는 감정과 생각을 말하는 훈련을 하고 싶어요.

치료사: 여러분은 어떠셨어요?

참가자: 매번 가족세우기를 할 때마다 아버지에 대한 존재에 대해서 참 많이 느끼게 되는 것 같아요. 이것을 하면서 소희 씨한테 아버지에 대한 존재가 마음속으로 많이 커졌다는 것을 느낍니다. 또 어떨 때는 부모님 없이도 잘 살 수 있을 것 같은 느낌이 들었는데, 부모님이 나를 있게 하신 존재라는 것을 다시 한번 느끼게 해 준 시간이었던 것 같아요.

치료사: 또 다음 분.

참가자: 결국은 이 모든 작업이 내가 행복해지기 위해서 하는 것 같아요. 행복해지기 위해서 나 자신을 사랑할 때 그만큼 다른 문제들도 여

유를 갖고 해결책을 찾을 수 있을 것 같아요. 결혼 생활도 가정도 다른 누구를 위한 것이 아니라 나 자신을 위한 것이라는 생각이 들어요.

치료사: 제가 정리를 해 드리면, 선생님의 경우에 제가 노력을 했던 것은 나는 거절당할 존재가 아니고 사랑받을 가치가 있다는 것을 충분히 알려드리는 것이었어요. 그것이 조금이라도 느껴졌다면 이 시간이 의미 있지 않았을까 합니다. 지금까지도 잘해 오셨어요. 지금까지 어려움 속에서 최선을 다해서 살아왔고 앞으로도 그렇게 살아갈 거라는 생각이 듭니다. 그리고 선생님이 좀 더 행복하고 좀 더 밝게, 그리고 좀 더 자유롭게 살아가는 데 이런 자원이 도움이 되기를 바랍니다.

2. 가족세우기 II:
남편에게 받은 상처를 떠나보냅니다

내담자는 30대 후반의 여성으로, 10년 전 이혼을 하고 현재 원가족과 함께 살고 있다. 그녀는 가족 안에서 늘 소외되었고 어머니와의 갈등으로 힘들어하고 있다.

치료사: 여기 어머니, 아버지, 본인 그리고 동생을 한번 세워 보세요. 자, 그리고 이대로 거리감과 방향에 따라서 한 분씩 세워 보세요.

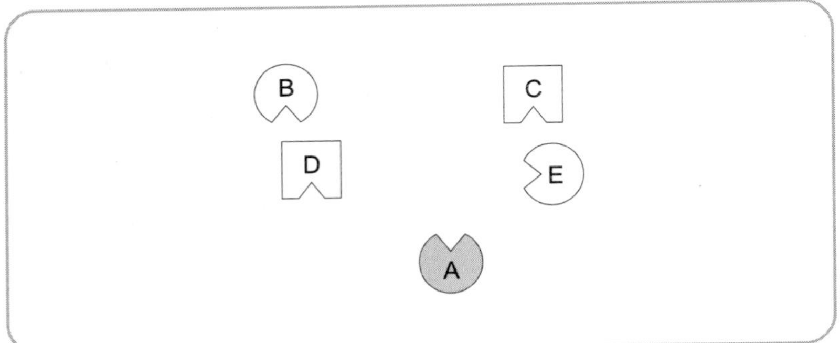

A-내담자: 쪼그리고 앉아 있다.
B-여동생: 아버지의 허리를 잡고 아버지의 어깨에 턱을 기대고 있다.
C-남동생: 어머니의 눈치를 살피며 어머니의 팔을 잡고 있다.
D-아버지: 차렷 자세
E-어머니: 상체를 굽히고 고개를 숙이고 있다.

치료사: 대리인 여러분, 눈을 감으세요. 자, 눈을 감고 그 자리에서 느껴지는 감정을 허락해 보세요. 머리가 아니라 가슴으로 감정을 느껴 보십시오. (약 40초의 시간이 흐른 후) 네, 눈을 뜨시고요. 어머니, 그 자리가 어떻게 느껴집니까?

어머니: 어머니인 저는 힘들고 지친 모습이고, 아까 딸이 와서 주위를 맴돌 때 이 안으로 들어오려는 그런 느낌을 받았어요.

치료사: 아버지는 어떠세요?

아버지: 아내가 남같이 느껴지고 막내딸이 없었으면 죽었을 것 같아요.

치료사: 죽었을 것 같다.

치료사: 남동생은 어떠세요?

남동생: 어머니만 보이고요. 어머니가 불쌍하고 가엾게 느껴져요.

치료사: 남동생은 그 자리가 어떠세요?

남동생: 혼자인 것 같고요. 가족들을 보고 싶은데 보고 싶지 않기도 해요.

치료사: 가족들을 보고 싶은데 보고 싶지 않은……. 어떤 느낌이 올라와요?

남동생: 그냥 외로워요.

치료사: 외롭다. 좋습니다. 이제 전남편도 세워야죠. 전남편도 여전히 그 끈이 이어지고 있으니까…… 세워 보세요. 아주 짧은 만남이었지만 여전히 이 가족 안에 존재하고 있는 남편을 세워 보세요.

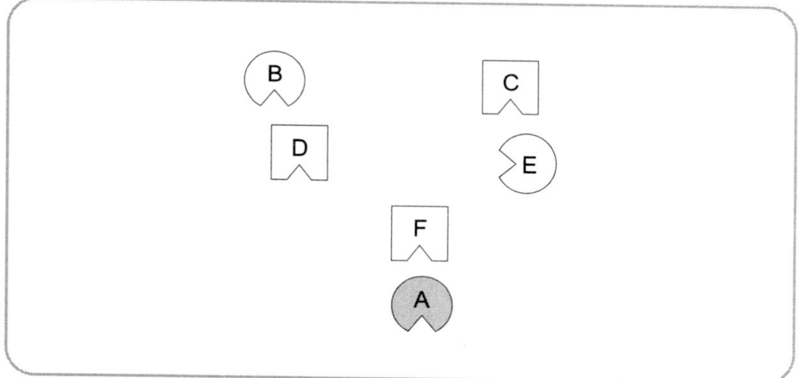

A-내담자: 쪼그리고 앉아 있다.
B-여동생: 아버지의 허리를 잡고 아버지의 어깨에 턱을 기대고 있다.
C-남동생: 어머니의 눈치를 살피며 어머니의 팔을 잡고 있다.
D-아버지: 차렷 자세
E-어머니: 상체를 굽히고 고개를 숙이고 있다.
F-전남편: 쏘아보고 있다.

치료사: 두 분은 눈을 감고 느껴 보십시오. 눈을 뜨십시오. 어떻습니까? 선생님, 뒤에 가족들이 있는데 어떤 느낌들이 올라옵니까?

내담자: 뒤에 있는 사람이 없었으면 좋겠다는 느낌이요. 좀 무섭고, 그냥 전남편이 없었으면 좋겠어요.

치료사: 본인은 어떤 느낌이에요?

내담자: 전남편이 있으니까 가족들에 대한 느낌을 느낄 수가 없어요. 여기 뒤에 있는 사람이 무섭고 저 사람 때문에 가족들 생각이 안나요.

치료사: 지금 바로 그 상태네요. 10년이 지났어도 지금 이 자리에 이 느낌이 있죠? 이게 익숙한가요? 아니면 낯선가요? 지금 쪼그리고 앉아 저 뒤에 있는 남편으로부터 느껴지는 감정이 익숙합니까? 아니면 낯섭니까?

내담자: 두려움이 많이 느껴지는데 평소에 제가 잘 느끼는 그런 느낌 같아요.

치료사: 한번 느껴 보십시오. 다시 한번 전남편에 대한 느낌이 이 가족 안에서 느껴지지 않는지.

내담자: 아무 생각도 안 나고 단지 저 사람이 없었으면 좋겠어요. 저 사람 때문에 다른 가족이 안 보였어요. 뒤쪽이 너무 신경 쓰이고…….

치료사: 본인이 스스로 느끼는 감정은 두려움하고 또…….

내담자: 두렵고 뭔가 불안하고 빨리 집에 가고 싶어요.

치료사: 집에 가고 싶다. 그 두려움 때문에 집에 들어가서 나오지 못했던 거군요. 어머니에 대해서는 어떤 느낌이 드세요? 내 주위에 어머니는…… 느낌이 없나요?

내담자: 어머니는 그냥 쳐다보고만 있지 해결을 못해 주시는 것 같아요.

치료사: 아버지도요?

내담자: 아버지는 저 사람 때문에 가려서 존재감이 느껴지지 않아요.

치료사: 알겠습니다. 일어나 보세요. 일어나서 두 분이 마주 보세요.

치료사: 어떻습니까?

내담자: 쳐다보고 싶지 않아요.

치료사: 어떤 마음이 올라오세요?

내담자: 죽여 버리고 싶은 마음도 있는데, 혼자는 왠지 두렵고 그냥 없어졌으면 좋겠어요.

치료사: 여기는 어떠세요?

전남편: 별 마음이 없는데요. 그냥 느낌이 안 올라와요. 근데 여기는 감정이 와요.

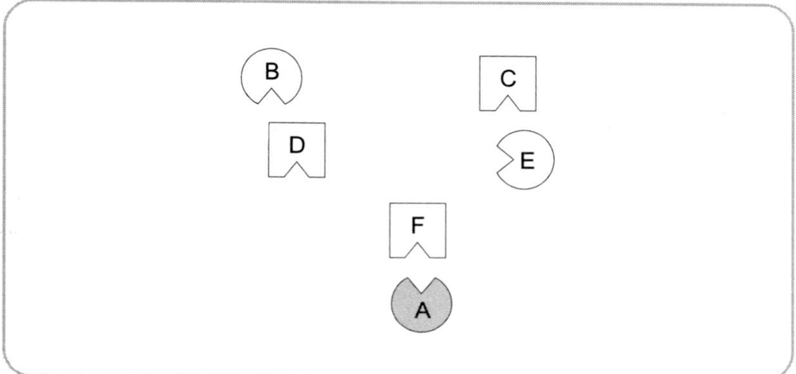

A-내담자: 서서 남편과 마주 본다.
B-여동생: 아버지의 허리를 잡고 아버지의 어깨에 턱을 기대고 있다.
C-남동생: 어머니의 눈치를 살피며 어머니의 팔을 잡고 있다.
D-아버지: 차렷 자세
E-어머니: 상체를 굽히고 고개를 숙이고 있다.
F-전남편: 내담자를 마주 본다.

치료사: 어떠세요? 지금 이 가족을 보는데…….

내담자: 식구 같은 느낌이 너무 안 들어요.

치료사: 아까도 여쭤 봤지만 지금 감정이 익숙한가요? 낯선가요?

내담자: 이러한 관계가 익숙한 것 같아요.

치료사: 그럼 지금까지 이러한 익숙한 관계로 살아왔네요. 남편을 뭐라 불렀습니까?

내담자: 대현이요.

치료사: 대현?

내담자: 이대현

치료사: 대현 씨라고 해 보세요.

내담자: 대현 씨

치료사: 저는

내담자: 전 대현 씨라고 하고 싶지 않아요. 전 저 사람에 대한 제 마음을 무

시했던 것 같아요.

치료사: 그게 어떻게 보면 모든 감정을 다 차단시킨 방법이었어요. 남편 때문에 고통스러웠던 모든 것을 마음속에서 애써서 지우려 했지만, 10년이 지난 지금도 여전히 내 안에서 작용하고 있죠. 이 고통의 감정은 가족들에 대한 느낌마저도 느끼지 못하게 했고 다른 사람을 바라볼 수 있는 그런 길까지 차단하게 했죠. 저는 지금 도움을 드리려고 하는 거예요. 좋은 기회일 수 있어요. 한번 해 보시겠어요? 좋은 기회잖아요. 따라 해 보세요. 대현 씨

내담자: 대현 씨

치료사: 나는

내담자: 나는

치료사: 당신의

내담자: 당신의

치료사: 아내였습니다.

내담자: 아내였습니다.

치료사: 대현 씨

내담자: 대현 씨

치료사: 내가

내담자: 내가

치료사: 당신을

내담자: 당신을

치료사: 제 배우자로

내담자: 제 배우자로

치료사: 선택했습니다.

내담자: 선택했습니다.

치료사: 한때

내담자: 한때

치료사: 우리는
내담자: 우리는
치료사: 부부였습니다.
내담자: 부부였습니다. 인정하고 싶지 않아요.
치료사: 그렇죠. 네. 그걸 인정하지 않으려고 얼마나 많은 감정을 눌렀겠어요?
내담자: ……원망스러워요.
치료사: 남편이 본인을 어떻게 불렀습니까?
내담자: 희경이
치료사: 희경 씨
전남편: 희경 씨
내담자: 너무 가까우니까 부담스러워요.
치료사: 조금만
치료사: 그 자리에서…… 희경 씨 됐습니다.
치료사: 희경 씨
전남편: 희경 씨
치료사: 저는
전남편: 저는
치료사: 당신의 남편이었습니다.
전남편: 당신의 남편이었습니다.
치료사: 저는
전남편: 저는
치료사: 당신을
전남편: 당신을
치료사: 제 배우자로
전남편: 제 배우자로
치료사: 선택했었습니다.

전남편: 선택했었습니다.

치료사: 우리가 한때

전남편: 우리가 한때

치료사: 부부였던 것을

전남편: 부부였던 것을

치료사: 받아들입니다.

전남편: 받아들입니다.

치료사: 그리고

전남편: 그리고

치료사: 당신에게

전남편: 당신에게

치료사: 행한

전남편: 행한

치료사: 상처에 대해서

전남편: 상처에 대해서

치료사: 머리 숙여

전남편: 머리 숙여

치료사: 사죄합니다.

전남편: 사죄합니다.

치료사: 희경 씨

전남편: 희경 씨

치료사: 저는

전남편: 저는

치료사: 당신에게

전남편: 당신에게

치료사: 너무나 큰

전남편: 너무나 큰

치료사: 마음의 상처를 남겼습니다.

전남편: 마음의 상처를 남겼습니다.

치료사: 제가 행한

전남편: 제가 행한

치료사: 잘못에 대해서

전남편: 잘못에 대해서

치료사: 머리 숙여

전남편: 머리 숙여

치료사: 내면 깊이 사과합니다.

전남편: 내면 깊이 사과합니다.

치료사: 어떠세요? 따라하신 그 마음이…… .

전남편: 감정이 안 잡혀서 잘 모르겠어요.

치료사: 본인은 어떠세요?

내담자: 가식적인 것 같아요.

치료사: 그렇죠. 네. 그럴 수 있어요. 자, 가식적인 것도 있고 어떻게 보면 억지로 사랑할 수도 없지만, 내 안에 있는 감정을 정리할 수 있을 것 같아요. 다시 한번, 대현 씨

내담자: 대현 씨

치료사: 저는

내담자: 저는

치료사: 한때

내담자: 한때

치료사: 당신의 아내였습니다.

내담자: 당신의 아내였습니다.

치료사: 제가

내담자: 제가

치료사: 당신을

내담자: 당신을

치료사: 제 배우자로

내담자: 제 배우자로

치료사: 선택했습니다.

내담자: 선택했습니다.

치료사: 당신을 선택한 것에 대한 책임을

내담자: 당신을 선택한 것에 대한 책임을

치료사: 제가 집니다.

내담자: 제가 집니다.

치료사: 대현 씨

내담자: 대현 씨

치료사: 저는

내담자: 저는

치료사: 당신을

내담자: 당신을

치료사: 제 배우자로 선택했습니다.

내담자: 제 배우자로 선택했습니다.

치료사: 그 선택에 대해서

내담자: 그 선택에 대해서

치료사: 저의 책임을

내담자: 저의 책임을

치료사: 받아들입니다.

내담자: 받아들입니다.

치료사: 비록 우리가

내담자: 비록 우리가

치료사: 결혼생활을 유지하지 못했지만

내담자: 결혼생활을 유지하지 못했지만

치료사: 당신의 앞날이

내담자: 당신의 앞날이

치료사: 편안하시길 빕니다.

내담자: 편안하시길 빕니다.

치료사: 당신이 나의 배우자였다는 사실을

내담자: 당신이 나의 배우자였다는 사실을

치료사: 받아들이고

내담자: 받아들이고

치료사: 기억하겠습니다.

내담자: ……. 기억하고 싶지 않아요.

치료사: 네. 좋습니다. 이 가족 안에서 남편을 떠나보내기 위해서 본인에게 필요한 것은 이 사람의 존재를 부정하는 것이 아닙니다. 이 사람과 함께했던 그 기억이 악몽이었겠지만 결혼생활의 첫 경험을 좋든 나쁘든 간에 기억해야 합니다. 그리고 그걸 받아들이시면 돼요. 여기에서 고민했던 감정들과 만날 수 있고 새로운 변화에 대해서 마음을 열 수 있게 되죠. 그렇게 할 수 있겠어요? 힘들지라도 그것이 이 남자를 떠나보내는 최고의 지름길이죠. 다시 한 번, 대현 씨

내담자: 대현 씨

치료사: 저는

내담자: 저는

치료사: 당신을

내담자: 당신을

치료사: 떠나보냅니다.

내담자: 떠나보냅니다.

치료사: 내 마음을 괴롭혔던

내담자: 내 마음을 괴롭혔던

치료사: 당신을

내담자: 당신을

치료사: 떠나보내겠습니다.

내담자: 떠나보내겠습니다.

치료사: 하지만

내담자: 하지만

치료사: 우리가

내담자: 우리가

치료사: 한때 부부였다는 사실을

내담자: 한때 부부였다는 사실을

치료사: 받아들이겠습니다.

내담자: 받아들이겠습니다.

치료사: 당신이 편안하길 빕니다.

내담자: 당신이 편안하길 빕니다.

치료사: 네. 어떠세요?

내담자: ……마음이 가벼워지네요.

치료사: 네. 앉으십시오. 전남편은 뒤에 가 주시고, 선생님은 앞으로 와 주세요. 변한 가족을 어떻게 하고 싶으세요?

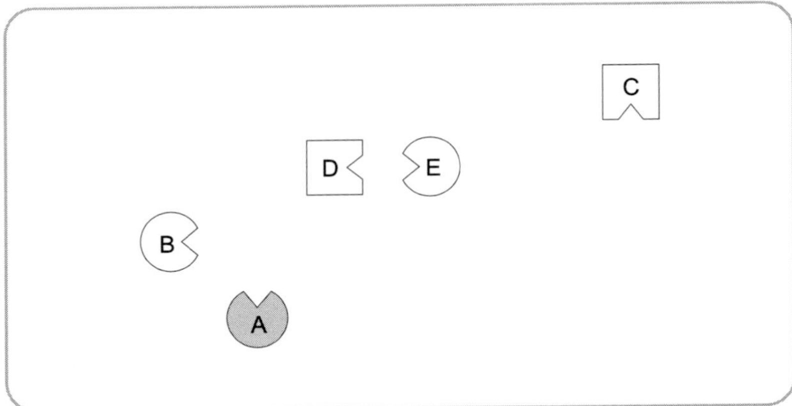

A-내담자, B-여동생, C-남동생, D-아버지, E-어머니

내담자: 남동생은 장가갔으니 떨어져서 자기 식구들이랑 살았으면 좋겠어요.

치료사: 여동생은?

내담자: 왔다 갔다 하지 말고 신랑이랑 행복하게 살았으면 좋겠어요.

치료사: 가족 안에서 어디 있을 것 같아요?

내담자: 여동생요?

치료사: 여전히 가족 안에 있죠? 아버지 옆에?

내담자: 네, 아버지 옆에.

치료사: 본인은 이제 어디 있어요?

내담자: 저는 두 분 사이에서 떨어져 있고 싶어요.

치료사: 네, 떨어져 있죠.

내담자: 아버지랑 어머니는……. 어머니가 아버지를 보살펴줬으면 좋겠어요.

치료사: 그건 됐습니다. 그건 현실에서 불가능하죠. 본인은 이 가족 안에서 어디 서면 좋을 것 같아요?

내담자: 아버지와 어머니가 행복하면 저는 그냥 독립해서 살고 싶어요.

치료사: 이 분들은 이 분들의 삶이 있고 이 분들에게 주어진 삶을 누리는 것뿐이에요. 전남편을 보냈다면 이제는 나의 자리, 나의 소속감을 찾아야죠. 내 자리가 어디인 것 같습니까? 내 자리를 찾아 보세요.

내담자: 뒤돌아서 가도 되나요?

치료사: 편하신 대로 하세요.

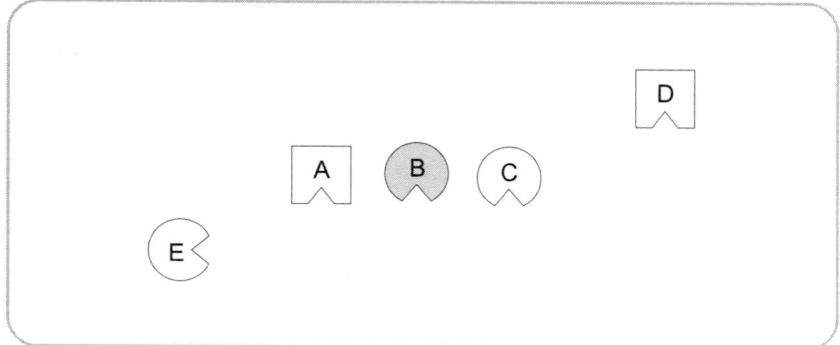

A-아버지, B-내담자, C-어머니, D-남동생, E-여동생

치료사: 거기는 선생님의 자리가 아니에요. 지금까지의 자리예요. 거기는 지금까지 있어 왔던 자리이고, 그 역할에서 벗어나서 이 분들의 삶은 이 분들에게 맡겨요. 본인의 삶은 본인이 사는 거예요. 이제는 이 분들의 삶에 개입하지 마세요. 그렇다면 어디 있을까요? 이 가족 안에서 동생들의 위치를 보세요.

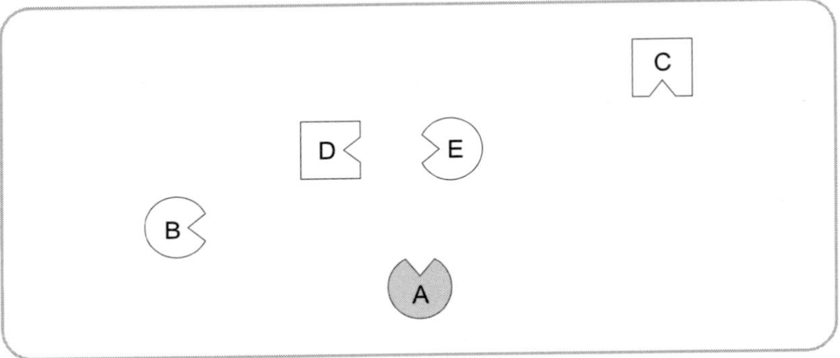

A-내담자: 약간 위를 본다.
B-여동생, C-남동생, D-아버지, E-어머니

내담자: 어려워요.

치료사: 어렵죠. 여기 한번 서 보세요. 이 자리는 어떻습니까? 이 두 분을 보지 말고 약간 위를 보세요. 지금 어떻습니까?

내담자: 오히려 멀리 있을 때보다 더 편한 것 같아요.

치료사: 편안한 자리로 더 정확하게 가 보세요.

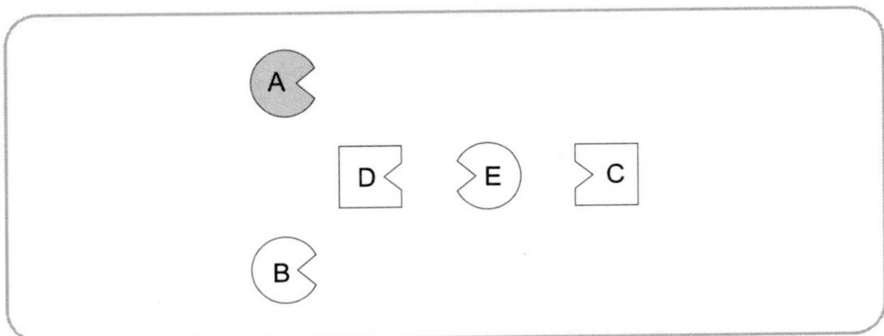

A-내담자, B-여동생, C-남동생, D-아버지, E-어머니

치료사: 네, 좋습니다. 괜찮으세요?

내담자: 괜찮은 것 같아요.

치료사: 거기 서 있을 수 있겠어요?

내담자: 네, 괜찮아요. 아까 어머니, 아버지와 마주 보고 있던 그쪽 자리보다는…….

치료사: 거기가 더 나은 것 같아요?

내담자: 안 보이는데도 마음의 부담이 덜한 것 같아요.

치료사: 좋습니다. 박수 한 번 보내 주세요.

내담자: 이혼한 지 10년이나 됐는데, 아까 전남편에 대해 선생님이 하자는 대로 따라 하고 나서 어떤 응어리가 없어지는 느낌이 있었어요.

치료사: 이 가족세우기에 남편이 있어요. 여기에 남편이 존재하고 남편과의 이혼에 대한 아픔이 있죠. 이 문제가 해결되면 도움이 될 겁니다. 이 문제는 깊이 뿌리를 내리고 있었죠.

내담자: 어머니와의 문제는 어떻게 되는 건가요?

치료사: 어머니와의 갈등관계는 표면적인 거고 진짜 갈등은 여기 있죠. 이 진짜 장본인하고 갈등하지 않아서 쌓인 그 에너지를 어머니하고 싸우는 데 썼죠. 진짜 대상은 여기 있는데 너무 힘들어서 은폐했던 것을 어머니한테 표현한 거죠.

내담자: 그럼 제가 다른 방식으로 어머니를 대할 수 있을까요?

치료사: 그렇죠. 오늘 당신은 남편을 잊지 못했고 남편과의 문제가 해결되지 않았다는 것을 느꼈어요. 그리고 10년이 지난 지금도 여전히 힘들어 하셨잖아요? 오늘 한번 정리해 드려 봤고, 이 정리 속에서 어머니와의 관계 회복도 이어지게 된 거죠. 자연스럽게…… 고리를 푼 거예요. 오늘 이 한 번으로 그동안 쌓였던 남편과의 감정을 정리할 수 있는 것은 아니지만 그 짐을 내려놓는 거죠.

내담자: 앞으로도 비슷한 작업을 계속해서 끝까지 하고 싶어요.

치료사: 그렇죠. 해야죠. 오늘 한 번 했고 계속 기회를 찾아서 내려놓는 작

업을 하십시오. 남편과 해결되지 않은 감정은 여전히 당신에게 큰 영향을 미치고 있으며, 그것이 사랑이 아닐지라도 여전히 당신에게 아픔을 주고 있죠. 이혼으로 해결된 것이 아니에요. 오히려 이혼이 미해결의 과제로 남아 있는 것이죠. 이혼할 때의 감정이 그대로 선생님에게 남아 있는 거죠. 그걸 오늘 한번 펼쳐 보인 거고 이게 잘 해결되면 어머니와의 관계 회복은 그렇게 어려운 게 아니죠. 아까 섰을 때 선생님이 뭐라고 그랬냐면 "이 남편으로 인해 가족에 대한 감정이 느껴지지 않는다."라고 했어요. 아주 중요한 관점이었죠. 오늘 가족세우기를 통해 어머니와 남편과의 관계를 풀어 봤는데, 남편은 여전히 이 속에 살아 있고 이혼에 대한 아픔 역시 여전히 이 속에 깔려 있었죠.

3. 가족세우기 Ⅲ:

인형을 이용한 가족세우기—딸의 자리로 돌아갈래요

내담자는 20대 후반의 미혼 여성으로, 가족 안에서 언제나 무거운 책임감을 갖고 있으며 이것이 자기를 더욱 무기력하게 만든다고 호소하였다.

인형을 나열해 놓고 내담자에게 가족의 역할을 수행할 인형을 고르게 한다. 그러고 나서 내담자는 인형을 세운다.

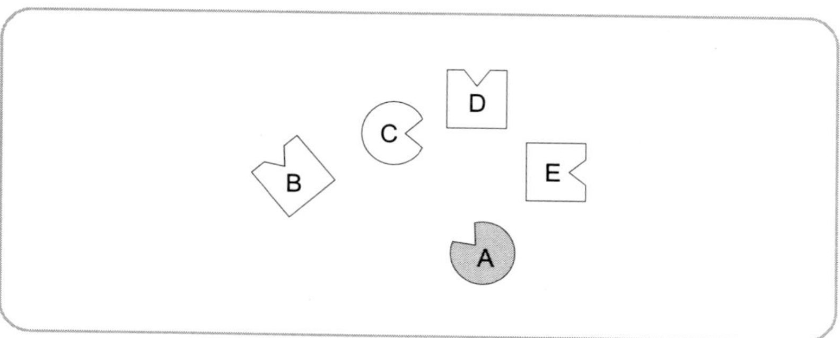

A-내담자, B-아버지, C-어머니, D-첫째 남동생, E-둘째 남동생

치료사: 아버지의 느낌은 어떤가요? 아버지가 어떤 느낌을 받을까요?

내담자: 소외된 느낌.

치료사: 아버지를 주어로 말해 보세요(나는 ……이다).

내담자: 나는 혼자다.

치료사: 어머니의 느낌은?

내담자: 나는 지치고 힘들다.

치료사: 본인의 느낌은?

내담자: 내가 해결해야 할 문제인 것 같아 복잡하다.

치료사: 주어를 나로 해서 이야기하면?

내담자: 나는 힘들다.

치료사: 남동생들은?

내담자: 힘든 것 같다.

치료사: 모두 '나는 힘들다' 라는 공통점이 있네요. 가족 안에서 힘든 것에 대한 정보는 어떤 것이 있나요?

내담자: 아버지가 예전에 개척교회에서 목회를 하셨는데 지금은 안 하세요. 동생들이 교회에 나가지 않아 내가 동생들을 다시 교회에 데리고 나가야 한다는 부담감이 있어요.

치료사: 이유는 무엇입니까?

내담자: 아버지가 개척교회를 하시면서 이사를 많이 다니다 마지막으로 공동목회를 하셨는데 같이 하던 목사에게 상처를 많이 받으셨어요.

치료사: 언제 그랬나요?

내담자: 제가 고3 때요.

치료사: 아버지가 신학을 하게 된 이유는?

내담자: 어릴 때 방탕하게 지내다가 18세 때 결심하셨대요.

치료사: 현재 아버지의 직업은?

내담자: 특별한 직업은 없고 판매 같은 것을 해요

치료사: 가정의 대부분은 어머니 몫이겠네요?

내담자: 네.

치료사: (아버지와 내담자의 인형을 마주보게 세운다.)

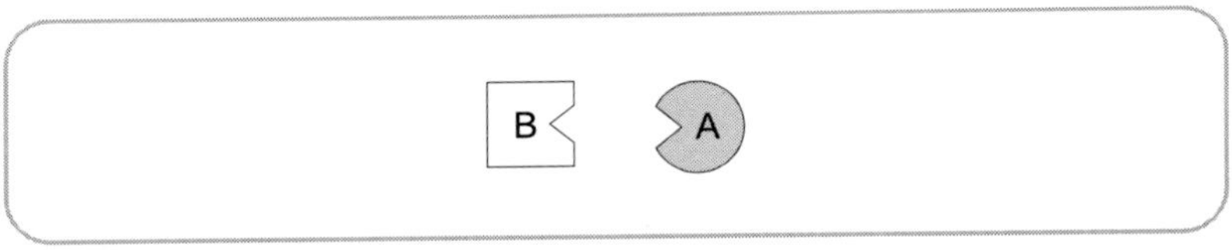

B A

A-내담자, B-아버지

치료사: 아버지가 내담자를 어떻게 보고 있나요?

내담자: 좀 미안해하는 것 같아요

치료사: 이것이 어떤 것을 의미하는 것 같나요?

내담자: 많이 기대했는데 못 해 준 것 같아 미안…….
나이가 들면서 아버지를 이해하게 되었고 이제는 안됐다는 느낌이 들어요.

치료사: 이번에는 어머니를 포함해서 인형을 세워 보세요.

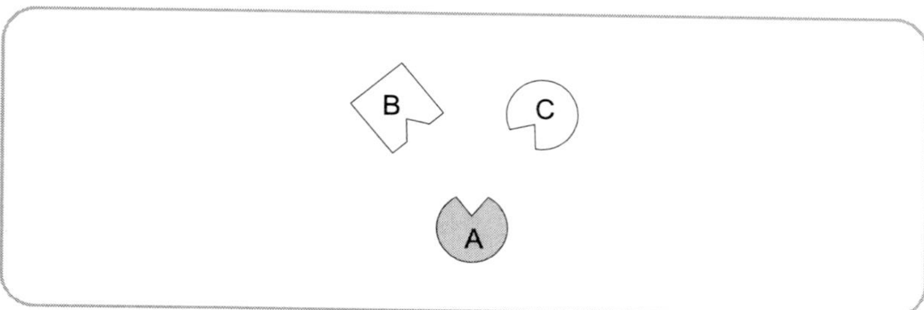

A-내담자, B-아버지, C-어머니

치료사: 느낌이 어떠세요?

내담자: 엄마랑 많이 친한데 지금 느낌은…….

치료사: (어머니의 인형을 내담자 쪽으로 움직인다.)

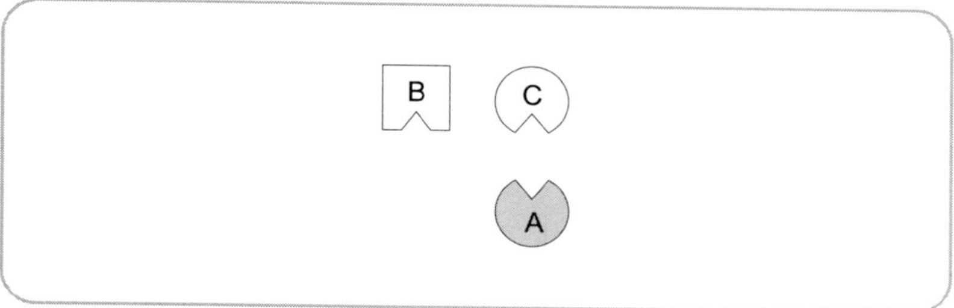

A-내담자, B-아버지, C-어머니

치료사: 어떻습니까?

내담자: 엄마 얼굴을 보기가 힘들어요.

치료사: (내담자의 인형을 옮긴다.) 어머니는 어떤 것 같습니까?

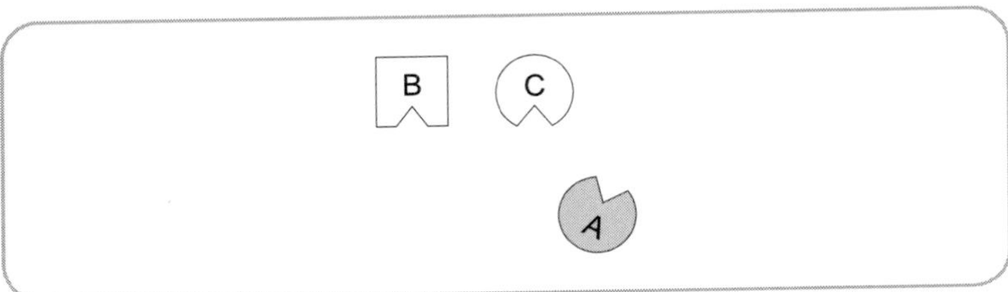

A-내담자, B-아버지, C-어머니

내담자: 엄마는 나를 보고 있어요.

치료사: 엄마에게 느껴지는 감정은?

내담자: 엄마에게 부담감이 느껴져요.

치료사: 엄마가 본인에게 부담을 주는 것에는 무엇이 있나요?

내담자: 여러 가지……. 엄마는 나에게 잘해 주지만, 준 만큼 받고 싶어 해요. 난 그게 안 되니까 부담스러워요.

치료사: 가족 안에서 큰딸의 역할로 오는 부담감은?

내담자: 없어요.

치료사: 친할아버지, 친할머니는 어떤 분이셨어요?

내담자: 할아버지는 내가 어릴 때 돌아가셨고, 할머니는 40세 때 아버지를 낳으셨는데 늦게 아기를 낳아 창피해하셨고, 아주 무서운 분이셨어요.

치료사: 아버지가 방황했던 원인은 가족문제인가요?

내담자: 아버지는 어릴 때는 싸움대장이었고 지금은 독불장군이에요.

치료사: (인형을 세운다.)

A B

A-아버지, B-할아버지

치료사: 아버지는 할아버지에게 어떤 느낌을 느낄까요?

내담자: 무서운 느낌이 올 것 같아요. 외로움도 있어요.

치료사: 무섭다는 것은 비난받을 것 같은 것인가요?

내담자: …….

치료사: 아버지의 형제들 중 특별한 사건은 있었나요?

내담자: 큰아버지와 고모 둘이 있고 아버지가 막내인데, 큰아버지와 열아홉 살 차이가 나서 아버지가 큰아버지를 무서워하셨고, 저도 큰 아버지가 무서웠어요.

치료사: (인형을 세운다.) 아버지와 어떤 관계였나요?

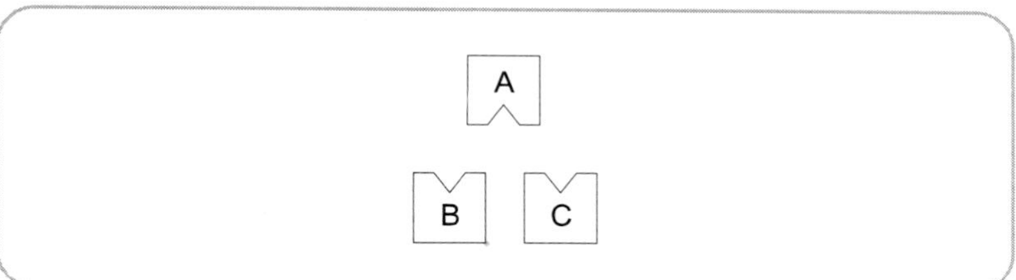

A-아버지, B-할아버지, C-큰아버지

내담자: (아버지가 작아진 것 같다면서 인형을 옮긴다.)

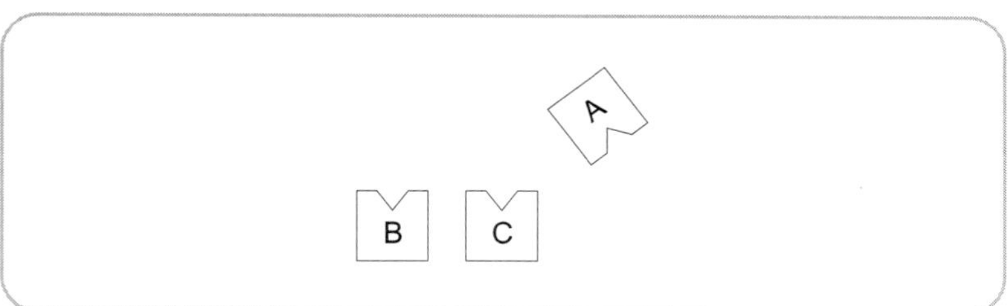

A-아버지, B-할아버지, C-큰아버지

치료사: (내담자의 인형을 옮겨 온다.)

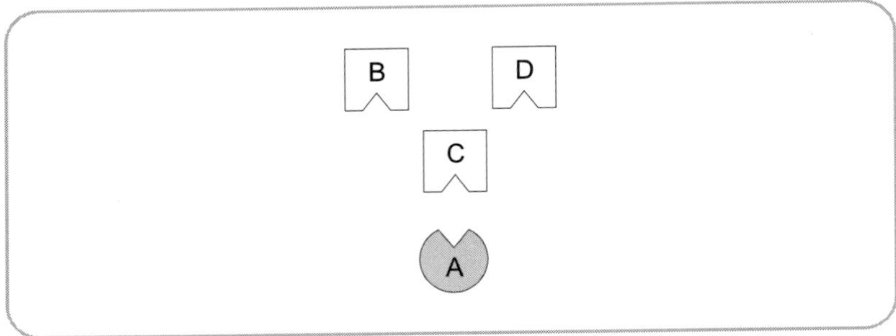

A-내담자, B-할아버지, C-아버지, D-큰아버지

치료사: 어떤 느낌이 드세요?
내담자: 저도 아버지를 마주보지 못하고 멀리 떨어져서 쳐다보고 있어요.
치료사: 뒤에 할아버지와 큰아버지가 있는 것과 없는 것의 차이가 있나요?
내담자: 있어요.
치료사: (인형의 위치를 옮긴다.)

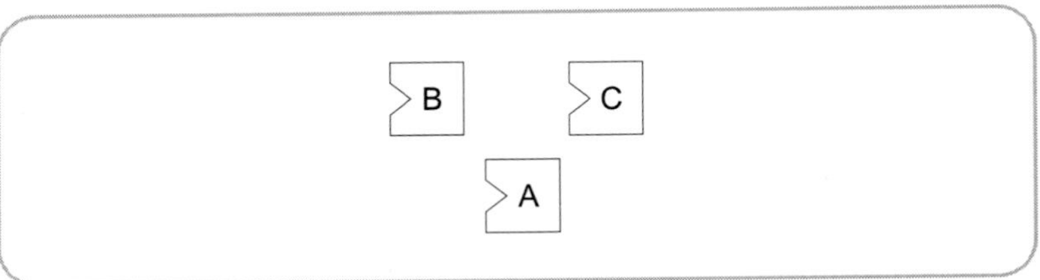

A-아버지, B-할아버지, C-큰아버지

치료사: 아버지의 느낌은?
내담자: 갇혀 있는 것 같아요. 아버지가 이제는 좀 편해져도 될 것 같은데…….
치료사: (할아버지, 큰아버지의 인형을 걷어 낸다.)

아버지의 뒤에 두 분의 존재가 남아 있겠지요. 그리고 최근에 있던 중요한 문제가 있잖아요. 어떻게 보면 목회의 길을 접은 것이 아버지의 어깨를 많이 누를 것 같아요. 아버지가 서 있기는 한가요?

내담자: 아버지가 누워 있어요. (인형을 눕힌다.)

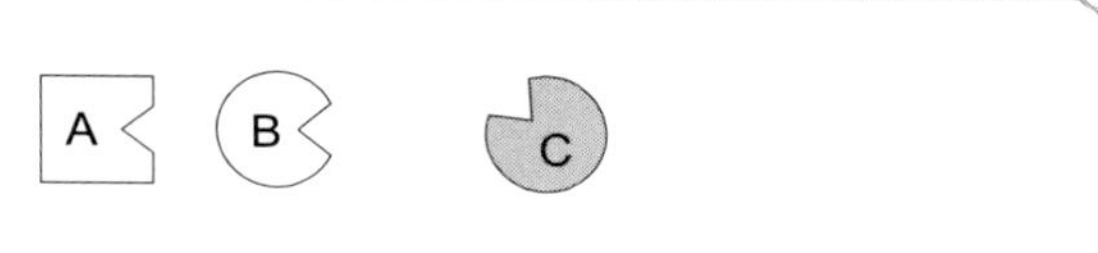

A-아버지: 누워 있다, B-어머니, C-내담자

치료사: 아버지에 대한 느낌은?

내담자: 아버지의 짐이 저한테 다 넘어온 것 같아요.

치료사: 어머니는?

내담자: 엄마는 괜찮은 것 같은데 다른 짐을 주세요.

치료사: 어떤 짐입니까?

내담자: 엄마도 힘들게 살아왔어요. 이제는 편안하게 살고 싶은데 동생들이 어려서 부담스러워합니다.

치료사: 지영 씨는 과도한 책임감을 받았는데, 그 책임감을 이수하지 못하는 것에 대한 부담감과 낮아짐이 있는 것 같아요.

내담자: 사랑은 받고 있는데 대화가 안 통해요. 엄마의 사랑보다는 의무가 느껴지고 '엄마와 같이 살지 말아야겠다. 나를 위해 살아야겠다.'는 생각이 들어요. 동생들한테는 아버지를 이해시켜야겠다는 생각이 들고…… 엄마를 힘들게 하는 사람이니까……. 가족 안에 무기력이 있어요. 이것을 풀어야겠다는 생각이 듭니다.

치료사: 가족 안에 있는 책임감은 딸의 책임감이 아니라 부모의 책임감입니다. 이 책임감이 나를 죄어 오고 무기력하게 하고 나의 장점이 나

타나지 않게 하네요. 그래서 내담자가 본인의 미래를 위해 쓸 에너지가 없는 것 같군요.

내담자: 의욕은 있는데 집에 가면 아무것도 할 수 없어요.

치료사: 이것은 누구의 책임이기보다는 가족을 누르고 있는 사이클입니다.

내담자: 주지도 않고 받지도 않고 나만을 위해 살고 싶다는 생각이 듭니다. 못되게 살고 싶은데 다른 사람들이 착하다고 해요.

치료사: 풀어 봅시다. (인형을 움직여 어머니와 내담자를 마주 보게 한다.)

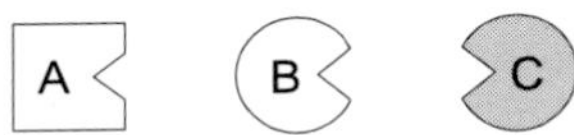

A-아버지, B-어머니, C-내담자

치료사: 어머니를 마주 볼 수 있겠습니까?

제가 하는 대로 따라 해 보세요. "엄마, 당신을 사랑합니다. 저는 엄마의 딸입니다. 엄마, 나를 사랑하시고 나에게 많은 것을 준 것을 감사드려요. 하지만 저는 이 집의 딸입니다. 그 이상도 아니고 그 이하도 아닌 당신의 자녀입니다. 나를 당신의 딸로서, 자녀로서 봐 주시를 부탁드립니다."

내담자: (내담자가 따라 한다.)

치료사: 이 말이 어떻게 느껴지세요?

내담자: 제가 갖고 있지 않아도 되는 부담감이었던 것 같아요. 엄마가 준 것은 아닌데……. 그래서 아버지가 부담스럽게 느껴졌나 봐요.

치료사: 실제로 부담의 원인은 아버지입니다.

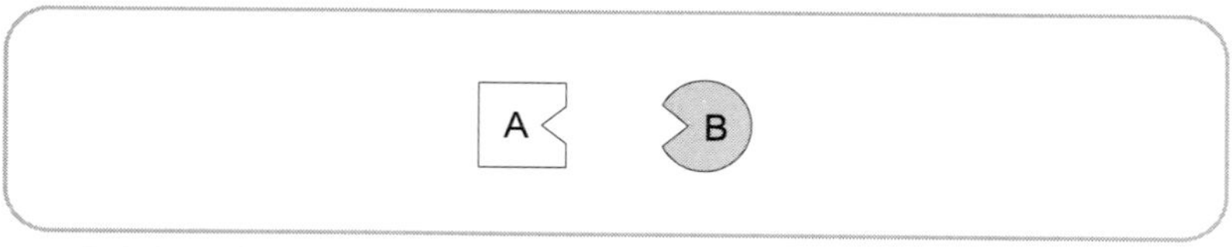

A B

A-아버지, B-내담자

치료사: 따라 해 보세요. "아버지, 저는 아버지의 딸입니다. 마음속으로 저를 아껴 주시고 사랑해 주신 것을 감사드려요. 저는 언제까지나 아버지의 딸로 남아 있을 겁니다. 저는 이 시간 저의 어깨를 짓누르는 의무감으로부터 벗어나고자 합니다. 이것은 저의 것이 아니라 아버지의 것입니다. 아버지를 사랑하고 아버지의 삶을 존중합니다."

내담자: (따라 한다.)

치료사: 어떻습니까?

내담자: 죄책감이 좀 풀린 것 같아요.

치료사: 아버지가 딸에게 무엇이라 합니까?

내담자: …….

치료사: 아버지는 이렇게 말합니다. "지영아, 너는 내 딸이다. 나의 자랑스러운 큰딸이란다. 내가 우리 가족 안에서 서 있지 못하고 언제나 누워 있는 이 모습은 지난날의 나의 반성, 후회, 상처란다. 나는 최선을 다했지만 성공하지 못했다. 내가 받았던 상처를 너에게 돌리기를 원치 않는단다. 그 몫은 나의 것이다. 내가 짊어져야 할 나의 일부란다. 이 시간 너를 사랑과 돌봄이 필요한 연약한 딸로 보기를 원한다. 너는 나에게 있어서 언제나 딸일 뿐이며 그 이상도 그 이하도 아니란다. 너를 놔 주기를……, 너의 삶이 편안하기를 바란단다."
어떠세요?

내담자: (끄덕이면서 눈물을 흘린다.)

치료사: 마음속으로 깊이 부모님께 인사하세요.

내담자: (자신의 인형을 잡고 아버지에게 90도로 숙이게 한다.)

치료사: 나를 낳아 주고 키워 준 존경을 표시하세요.
(아버지 인형과 어머니 인형에게 각각 존경의 표시로 인사를 하게 한다.) 어떠세요? (인형을 가리키며) 어떤 느낌과 감정이 담아진 것 같아요?

내담자: 내가 천진하게 웃고 있는 것 같아요.

치료사: 새롭게 가족을 세운다면 어떻게 세울 것 같나요? 세워 보세요.

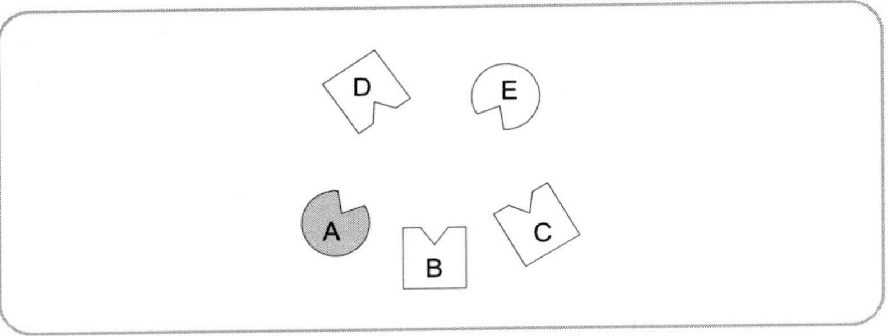

A-내담자, B-첫째 남동생, C-둘째 남동생, D-아버지, E-어머니

내담자: 마주보고 있는 것 같아요.

치료사: 아버지가 이 가정 안에서 어떤 것 같아요?

내담자: 편안하고 안정감이 있어 보여요.

치료사: 본인의 느낌은?

내담자: 제자리를 찾은 것 같아요.

치료사: 이 가족은 패배감, 아쉬움, 분노를 느낄 수 있었어요. 그리고 무력감이 가족을 누르고 있었어요. 아마 동생들도 느끼고 있었을 거예요. 딸로, 아들로 돌아갈 때 좋아질 수 있어요. 부모의 실패를 분노나 원망이 아닌 부모의 삶으로 받아들이고……, 자녀 모두 자신의 삶을 살아

가는 것이 부모님이 진정 원하는 것일 겁니다. 내게 주어진 위치(자녀)에서 살아가는 것, 질서를 잡는 것으로 회복될 수 있습니다.

내담자: 내가 짊어져야 할 것이 아닌데 그걸 풀어야 할 문제로 짊어지고 있었네요. 이제는 놓고 싶어요.

치료사: 맞아요.

내담자: 저는 실패의 룰을 따라갈 것 같은 두려움이 있었어요.

치료사: 이것을 깨는 것은 딸의 위치로 내려갈 때, 그리고 부모님을 존중할 때 벗어날 수 있습니다. 그분들의 삶을 존중할 때 불안감으로부터 벗어날 수 있습니다.

참고문헌

김용운, 김용국(2000). 프랙탈과 카오스의 세계. 서울: 우성.

김용태(2000). 가족치료 이론. 서울: 학지사.

김혜숙(2003). 가족치료의 이론과 기법. 서울: 학지사.

심광현(2005). 프랙탈. 서울: 현실문화연구.

Ackerman, N. (1966). *Treating the troubled family*. New York: Basic Books.

Amendt, G. (2000). Die Rache der Muttersöhne. *Spiegel reporter*, 5.

Berne, E. (1964). Pathological Significance of Games, *Transactional analysis,* Bulletin, Vol. 3, No. 160, (Jan).

Berne, E. (1966). *Principles of Group Treatment*. New York: Simon & Schuster.

Berne, E. (1970). *Sex in Human Living*. New York: Grove Press.

Böse, R., & Schiepek, G. (1989). *Systemische Theorie und Therapie. Ein Handwörterbuch*. Heidelberg: Roland Asanger.

Boszormenyi-Nagy, I. (1965). *Intensive family therapy as process*. In I. Boszormenyi-Nagy, & J. L. Framo (Eds.). *Intensive Family Therapy*. (pp. 87-142). New York: Harper & Row.

Boszormenyi-Nagy, I. (1966). From family therapy to a psychology of relationships. Fictions of the individual and fictions of the family.

Compr Psychiatry, 7, 408-423.

Boszormenyi-Nagy, I., Grunebaum, J., & Ulich, D. (1991). *Contextual Therapy in Handbook of Family Therapy, Vol II*. Alan S. Gruman & David P. Knisern (Eds.). New York: Brunner & Mazel Publishers.

Boszormenyi-Nagy, I., & Spark, G. M. (1973). *Invisible loyalies: Reciprocity in intergenerational family therapy*. New York: Harper & Row.

Bowen, M. (1976). Theory in the Practice of psychotherapy. In P. J. Guerin (Ed.). *Family Therapy*. New York: Gardner Press.

Bowen, M. (1990). *Family Therapy in Clinical Practice*. Northvale, London: Jason Aronson Inc.

Corey, G. (1977). *Theory and Practice of Counseling and Psychotherapy*. (2nd Ed.). Pacific Grove, CA: Brooks/Cole.

Dilts, R. (1995). NLP and Organization Theory. *Anchor Point, 6*.

Friedman, E. H. (1985). *Generation to Generation. Family Process in Church and Synagogue*. New York, London.

Goldenberg, I., & Goldenberg, H. (1997). 장혁표 · 제석봉 · 김정택 공역, 가족치료. 서울: 중앙적성출판사.

Haley, J. (1962). Family Experiments. In *Family Process, 1*, 265-293.

Haley, J. (1969). Die Interaktion von Schizophrenen. In Bateson, & Gregory (Hg.). *Schizophrenie und Familie*. Frankfurt a. M.: Suhrkamp.

Haley, J. (1977). *Direktive Familientherapie. Strategien für die Lösung von Problemen*. München: Pfeiffer.

Hargens, J. (1995). Kurztherapie und Lösungen. In *Familiendynamik, 20*, 32-43.

Hargens, J. (1994). Von der Theorie zur Praxis und zurück. In *Familiendynamik, 19*, 3-13.

Harris, T. A. (1967). *I'm OK - You're OK: A practical guide to transactional Analysis*. New York: Haper & Row.

Held, P. (1998). *Systemische Praxis in der Seelsorge*. Mainz, Uni. Diss.

Hellinger, B. (1994). *Ordungen der Liebe*. Heidelberg.

Hellinger, B. (1995). *Familienstellen mit Kranken. Dokumentation eines Kurses für Kranke, begleitende Psychotherapeuten und Ärzte*. Heidelberg.

Hellinger, B. (1996). *Finden, was wirkt: Therapeutische Briefe*. München.

Hellinger, B. (1997). *Schicksalsbindungen bei Krebs. Ein Buch für Betroffene, Angehörige und Therapeuten*. Heidelberg.

Hellinger, B. (1998). *Haltet mich, dass ich am Leben bleibe. Lösungen für Adoptierte*. Heidelberg.

Hellinger, B. (2000). *Was in Familien krank macht und heilt. Ein Kurs für Kraft*. Heidelberg.

Hellinger, B. (2001). *Wir gehen nach vorn. Ein Kurs für Paare in Krisen*. Heidelberg.

Hellinger, B. (2002a). *Der Austausch*. Heidelberg: Carl–Auer–Systeme Verlag.

Hellinger, B. (2002b). *Zweierlei Glück. Konzept und Praxis der systemischen Psychotherapie*. München: Wilhelm Goldmann Verlag.

Hellinger, B. (2004). *Liebe und Schicksal*. Heidelberg: Carl–Auer–Systeme Verlag.

Hellinger, B., & ten Hövel, G. (1997). *Anerkennen, was ist*. München

Hoffman, L. (1981). *Grundlagen der Familientherapie*. Hamburg: ISKO.

Jackson, R. (1995). *Mütter, die ihre Kinder verlassen alles Rabenmütter?* Wien, Müchen: Enropaverlag.

Leutz, G. A. (1974). *Das klassische Psychodrama nach J. L. Moreno*. Berlin, Heidelberg, New York.

Lidz, T. (1963). *The Family and Human Adaptation*. New York: International Universities Press.

Mahr, A. (1998). Die Weisheit kommt nicht zu den Faulen. In G. Weber, *Praxis des Familien-Stellens*. Heidelberg: Carl–Auer–Systeme Verlag.

Milgram, S. (1982). *Das Milglam-Experiment. Zur Gehorsamsbereitschaft gegenüber Autorität*. Reinbek bei Hamburg: Rowohlt.

Molnar, A., & Lindquist, B. (1984). Erkenntnisse über Verhalten und Strukturen verbinden. In *Systemische Therapie, 2,* 216-223.

Morgenthaler, C. (1999). *Systemische Seelsorge*. Stuttgart, Berlin, Köln: Kohlhammer.

Moskau, G., & Miller, G. (1992). *Virginia Satir Weg zum Wachstum*. Paderborn: Junfermann.

Mücke K. (2000). "Bert Hellinger. oder Wer verfügt über die Wahrheit?" *Zeitschrift für systemische Therapie, 17,* 94-100.

Mücke K. (2001). *Problem sind Lösungen*. Potsdam Ökosysteme Verlag.

Neuhauser, J. (2002). *Wie Liebe gelingt*. Heidelberg: Carl-Auer-Systeme Verlag.

O' Connor J., & McDermott, I. (1999). 설기문 역, NLP의 원리. 서울: 학지사.

O' Connor J. (2005). *Free Yourself From Fears*. London & Boston: Nicholsa Brealey Publishing.

Pillari, V. (1986). *Pathways to family myths*. New York: Brunner/Mazel.

Pillari, V. (2007). 김향은 역, 가족희생양이 된 자녀의 심리와 상담. 서울: 학지사

Reemtsma, J. P. (1998). *Im Keller*. Reinbek bei Hamburg: Rowohlt.

Reich, K. (2000). *Systemisch-konstruktivistische Pädagogik. 3.* Aufl. Neuwied: Luchterhand.

Richter, H. E. (1974). Die narzisstischen Projektionen der Eltern auf das Kind. *Jahrbuch d. Psychoanalyse, Bd. I.* 1974.

Richter, H. E. (1976a). *Familie und seelische Krankheit*. Reinbek: Rowohlt.

Richter, H. E. (1976b). Die Einbeziehung der Großeltern in die Familientherapie. In Strotzka, J. & Willi, Jürg (Hg.). *Familie und seelische Krankheit*. Reinbek: Rowohlt.

Sanford, J. A. (1994). 김중원 역, 만남, 대화 그리고 치유. 서울: 하나의학사.

Satir, V. (1979a). *Conjoint family therapy*. Palo Alto, CA: Science and

Behavior Books.

Satir, V. (1979b). *Familienbehandlung*. Stuttgart: Krett-Cotta.

Sautter, C., & Sautter, A. (2006). *Alltagswege zur Liebe*. Wien: Ibera.

Schäfer, T. (1997). *Was die Seele krank macht und was sie heilt*. München: Knaur Taschenbuch Verlag.

Schäfer, T. (2001). Wenn Dornröschen nicht mehr aufwacht. *Bekannte Märchen aus Sicht von Bert Hellingers Familienstellungen*. München.

Schäfer, T. (2002). *Wenn Liebe allein den Kindern nicht hilft. Heilende Wege in Bert Hellingers Psychotherapie*. München.

Schlippe, von A. (1995). *Familientherapie im Überblick*. Paderborn: Junfermann-Verl.

Schlippe von A., & Schweitzer, J. (1999). *Lehrbuch der systemischen Therapie und Beratung*. Paderborn: Vandenhoeck & Ruprecht.

Schmidt, G. (1985). Systemische Familientherapie als zirkuläre Hypnotherapie. In *Familiendynamik*, 10.

Schmidt, S. J. (1994). *Kognitive Autonomie und soziale Orientierung, Konstruktivistische Bemerkungen zum Zusammenhang von Kognition, Kommunikation, Medien und Kultur*. Frankfurt a. M.: Schrkamp.

Stevens, J. O. (1996). *Die Kunst der Wahrnehmung: Übungen der Gsetalttherapie*. Kaiser: Gütersloh.

Stierlin, H. (1982). *Delegation und Famlie. Beiträge zum Heidelberger familiendynamischen Konzept*. Frankfurt am Main: Suhrkamp Verlag.

Tisseron, S. (2005). 정재곤 역, 가족의 비밀. 서울: 궁리출판.

Ulsamer, B. (1999). *Ohne Wurzel keine Flügel*. München.

Ulsamer, B. (2001). *Das Handwerk des Familien-Stellens*. München: Wilhelm Goldmann Verlag.

Watzlawick, P. (1984). *Wie wirklich ist die Wirklichkeit? Wahn, Täuschung, Verstehn*. München: Piper.

Watzlawick, P., Beavin, J. H., & Jackson, D. D. (1969). *Menschliche*

Kommunikation, Formen, Stoerungen. Paradoxien. Bern & Stuttgart.

Weber, G. (1998). *Praxis des Familienstellens—Beiträge zu systemischen Lösungen nach Bert Hellinger*. Heidelberg.

Weber, G. (2000). *Praxis der Organisationsaufstellunhen*. Heidelberg.

Weber, G. (2002). *Praxis der Organisationsaufstellungen. Grundlagen, Prinzipien, Anwendungsbereiche*. Heidelberg: Carl-Auer-Systeme Verlag.

Winnicott, D. W. (1986). *Return of the goddess*. New York: The CrossRoad Publishing Co.

찾아보기

《인 명》

《내 용》

저자소개

최광현

연세대학교 대학원
독일 Bonn 대학교 가족상담전공 박사
독일 Ruhr 가족치료센터 가족상담사 역임
계명대학교 가족상담학 교수 역임
현 한세대학교 상담대학원 주임교수
한국트라우마 가족치료 연구소장

<대표저서>
가족의 발견(부키, 2014), 인형치료(학지사, 2013)
나는 남자를 버리고 싶다(부키, 2013), 가족의 두 얼굴(부키, 2012)
한국트라우마가족치료연구소
www.traumafamilytherapy.com

가족세우기 치료
트라우마에 대한 통찰력과 해결

2008년 9월 25일 1판 1쇄 발행
2023년 3월 20일 1판 8쇄 발행

지은이 • 최 광 현
펴낸이 • 김 진 환
펴낸곳 • (주) 학지사
04031 서울특별시 마포구 양화로 15길 20 마인드월드빌딩 5층
대표전화 • 02) 330-5114 팩스 • 02) 324-2345
등록번호 • 제313-2006-000265호
홈페이지 • http://www.hakjisa.co.kr
페이스북 • https://www.facebook.com/hakjisabook

ISBN 978-89-5891-901-8 93180

정가 **14,000원**

저자와의 협약으로 인지는 생략합니다.
파본은 구입처에서 교환하여 드립니다.